M.I.A program

U. MASS.

Rosenthal
19 Country Side Lane
Marblehead
631-4117

ANTHOLOGY OF DANISH LITERATURE

BILINGUAL EDITION

Middle Ages to Romanticism

EDITED BY

F. J. BILLESKOV JANSEN AND

P. M. MITCHELL

SOUTHERN ILLINOIS UNIVERSITY PRESS

Carbondale and Edwardsville

FEFFER & SIMONS, INC.

London and Amsterdam

LIBRARY OF CONGRESS CATALOGING IN PUBLICATION DATA

Jansen, Frederik Julius Billeskov, 1907-   comp.
    Anthology of Danish literature.
    (Arcturus books edition)
    Danish and English.
    English version, with corrections and additions, of the bilingual Danish-
French ed. published in 1964.
    CONTENTS: [1] Middle Ages to romanticism. — [2] Realism to
present.
    1. Danish literature (Collections)   2. Danish literature — Transla-
tions into English.   3. English literature — Translations from Danish.
I. Mitchell, Phillip Marshall, 1916-   II. Title.
[PT7951.J3 1972b]   839.8'1'08   72-5610
ISBN 0-8093-0586-8 (v. 1)

Middle Ages to Romanticism here published as a paperback volume is the
first half of the larger work under the title *Anthology of Danish Literature,
Bilingual Edition,* Edited by F. J. Billeskov Jansen and P. M. Mitchell, pub-
lished by Southern Illinois University Press. The second half of the volume,
Realism to the Present, is also published in a paperback edition as a sepa-
rate volume.

ARCT
URUS
BOOKS ®

TABLE OF CONTENTS
AND BIBLIOGRAPHY

THE RENAISSANCE AND THE BAROQUE

THE EIGHTEENTH CENTURY

ROMANTICISM

INTRODUCTION

THE GOLDEN HORNS

The invention of written letters or characters is a prerequisite to the history of literature as well as of language. In contemplating the earliest literature of the Germanic peoples, therefore, we must pause to consider the alphabet or runes which spread among the Germanic peoples during the first centuries of the Christian era. Artifacts of early Germanic civilization have furnished us with the most ancient inscriptions in the Germanic languages. They also give evidence of a civilization which was wealthy enough to purchase Roman *objets d'art* and to work in precious metals. At the dawn of Scandinavian culture we find an inscription in gold. Around the year 400, at the time of the great migrations of peoples, some accomplished artisan—a goldsmith—made a horn of gold, approximately two feet in length and surely intended for cultic use. He decorated it with numerous figures and scenes evidently drawn from Germanic mythology. He signed his work

EK HLEWAGASTIR HOLTJAR HORNA TAWIDO

I   Laegast   (son)   of   Holt   horn   made.

In Schleswig, in 1734, the horn was found buried in the ground. It was sent to the Royal Art Collection in Copenhagen to join another horn without an inscription which had been excavated in the same area a century before. In 1802 a thief stole both horns, which had been on display. Before being apprehended by the police, he was able to melt them down. Fortunately, molds of the ornamentation had been made, so that those copies could be made which are now to be viewed in the National Museum in Copenhagen.

At the very juncture when the two golden horns disappeared, a young poet named Adam Oehlenschläger had just been introduced to the new ideas of the so-called German Romantic school by another Scandinavian, Norwegian-born Henrik Steffens, who had returned to Denmark after spending several years in Germany.

Philosophy and poetry, of which the young poet had some familiarity and understanding, took on a new meaning for him. From that moment, he was aware of his vocation; he was among the foremost Danish poets in creating a national literature imbued with a new inspiration. In his initial enthusiasm, he seized upon the motif of the theft of the horns—and wrote a magnificent ballad on the subject, entitled "The Golden Horns." With this poem he inaugurated a new literary era.

In conformity with the doctrine preached by Steffens, Oehlenschläger praises the past; he would remind his readers of the time when the gods decided to reveal the existence of the two mystical horns buried in the soil of the country. Since men had subsequently failed to appreciate the great significance of the objects from the past which had been revealed to them, however, the gods withdrew their favor, and the divine gifts disappeared forever.

So it came about that the two horns of Germanic antiquity engendered one of the most original pieces of poetry which Danish literature possesses. The golden symbols of ancient ornamentation are translated into sublime verse. In place of the sacred designs which covered the horns, the poet presents us with a new myth, which he constructs, in a series of scenes sketched with grace and power: the search for a glimpse of an earlier age, two miraculous discoveries, the anger of legendary heroes, and the disappearance of the horns. The poem has indeed become a national myth. The verses which deplored the decadence of Danish poetry themselves breathed new life into that poetry.

"The Golden Horns" is the threshold of a golden age in Danish literature. Whenever a new generation looks to its country's indigenous past, there is a demand that some past golden age communicate a spark of divine splendor. In this spirit Oehlenschläger could write the verses

I gamle gamle	You old, old
Hensvundne Dage!	Ages of gold,
Da det straalte i Norden	Flaming forth
Da Himlen var paa Jorden	Light from the North
Giv et Glimt tilbage!	When heaven was on earth;
	Give us a single glimpse back.

The new generation hopes that the plowshare will once more strike a golden horn in the soil.

Da klinger i muld   Then rings in the mould
Det gamle Guld   The timeless gold.

Youth promises, perhaps in vain, to show itself worthy of a gift from the gods.

MIDDELALDER

RIGET OG LOVEN

De sønderjyske guldhorn, som andre rige fund fra folkevandrings-
tiden, vidner om magt, velstand og høj kultur. Fra o. 800 begyndte
vikingetogene, formentlig bl. a. forårsaget af overbefolkning. I
løbet af det 10. århundrede forenedes de danske provinser eller
lande definitivt under een konge. På et pragtfuldt runemindesmærke
fra omkring 980, rejst i Jelling (Jylland), roser kong Harald sig af
at have vundet sig alt Danmark og Norge og gjort danerne kristne.
Hans efterfølgere satte sig for en tid fast i England; efter indre
stridigheder omkring midten af det 12. århundrede blev Danmark
under Valdemarerne stormagten i Norden.

Dansk ret er opstået som sædvaneret, knyttet til rigets provinser:
Jylland (med Fyn), Sjælland og Skåne. Retsreglerne bevaredes i
særlige lovkyndiges erindring; men omkring 1200 begyndte man
at nedskrive dem. 1241 udstedte kong Valdemar Sejr, på et danehof
i Vordingborg, *Jyske Lov,* som vistnok senere blev tiltrådt af lands-
tinget i Viborg, dvs. en forsamling af landsdelens mest indflydelses-
rige mænd. I denne *codex,* som øjensynlig er blevet til ved et kom-
missionsarbejde, ser vi side om side to stiltendenser. Som sædvane-
ret grunder hvert kapitel i loven sig på enkelttilfælde, hvoraf reglen
er uddraget. Stilen i lovens kapitler er stadig overvejende kasuistisk.
Der er noget praktisk fortællende, næsten anekdotisk over denne
konkrete lovstil. I modsætning til de enkelte kapitler er fortalens
stil abstrakt. Forfatteren er en lærd mand. Hvis han, som tradi-
tionen siger, er den biskop Gunner af Viborg, der nævnes mellem
andre stormænd ved fortalens afslutning, har han studeret i Paris.
Uden tvivl har fortalens ophavsmand lært at reflektere på latin;
hans begreber om retfærdighed og uretfærdighed er stærkt påvirket
af kanonisk ret. Det er derfor forbavsende, at han udtrykker sig

THE MIDDLE AGES

THE KINGDOM AND THE LAW

The South Jutland golden horns, like other rich finds from the period of the great migrations, bear witness to power, wealth, and a high culture. Around the year 800, the Viking expeditions began, presumably caused, *i.a.*, by overpopulation. During the course of the tenth century, the Danish provinces, or "lands," were united once and for all under a single king. On a magnificent runic monument from about 980, erected at Jelling (in Jutland), King Harald boasts of having conquered all of Denmark and Norway and having made the Danes Christians. His successors established themselves for a time in England. After internal conflicts around the middle of the twelfth century, Denmark under the Valdemars became the major power in the North.

Danish law originated as a law of custom, identified with the provinces of the kingdom: Jutland (with Funen), Zealand, and Scania. The rules of law were preserved in the memories of those who were especially trained in law, but about the year 1200, the process of writing them down began. At a diet in Vordingborg in 1241, King Valdemar the Victorious promulgated the "Jutland Law" which presumably was later adopted by the *landsting,* (that is, an assembly of the most influential men of the region), in Viborg. In this code, which apparently is the result of the work of a commission, we see side by side two stylistic tendencies. Like the law of custom, each chapter in the Law is based on individual cases from which the rule is derived. The style in the chapters of the Law is predominantly casuistic throughout. There is something practical-descriptive—almost anecdotal—in this concrete law style. In contrast to the individual chapters, the introduction is abstract in style. The author was a learned man. If he was, as tradition has it, that bishop Gunner of Viborg who is mentioned among other magnates at the conclusion of the introduction, he studied in Paris. Without doubt, the author of the introduction learned to reflect in Latin; his concepts of justice and injustice are strongly influenced by canon law. Thus, it is surprising that he expresses himself with

med fuldkommen beherskelse af modersmålet: han former store
ideer uden at stamme. Denne første side af abstrakt prosa i den
danske litteratur er samtidig en af de skønneste:

Mæth logh scal land byggæs. Æn wildæ hwær man oruæs at sit
eghæt, oc late men nytæ iafnæth, tha thyrftæ men ekki logh with.
Æn ængi logh ær æm goth at fyllughæ sum sanænd. Æn hwaræ sum
mæn æuær um sanænd, thæræ scal logh letæ hwilt sannænd ær.

Waræ ey logh a landæ tha hafthæ hin mest thær mest matæ gripæ.
Thy scal logh æftær allæ men goræs, at rætæ men oc spakæ oc sac-
løsæ nytæ theræ spækæ, oc uræte men oc folæ ræthæs thet thær i
loghæn ær scriuæt, oc thor ey for thy fulkumæ theræ undscap thær
thø hauæ i hughæ. Wal ær thet oc ræt, at then thær guz ræzæl oc
rætæns ælscughæ mughæ ey lockæ til godz, at høfthings ræzlæ oc
landæns withær logh for fangæ them at gøræ illæ oc pinæ them af
the gøræ illæ.

Logh scal wæræ ærlic oc ræt, thollich, æftær landæns wanæ, quæ-
mælich oc thyrftælic oc opænbæræ, swa at allæ mæn mughæ witæ oc
undærstandæ hwat loghæn sighær. Logh scal ey gøræs æth scriuæs
for ænnæn manz særlic wild, num æftær allæ mænz thyrft thær i land
bo. Ængæ man scal oc dømæ gen thæn logh thær kunungh giuær
oc land takær withær, num æftær thæn logh scal land dømæs oc
rætæs. Thæn logh thær kunung giuær oc land takær with, then ma
han oc ey skiftæ æth af takæ utæn landzæns wiliæ, utæn hun ær
opænbarlic gen guth.

Thet ær kunungs æmboth oc høfthings thær i land ær, at gømæ
dóm oc gøræ ræt, oc frælsæ them thær mæth wald thuyngæs, swa
sum ær widue oc weriløsæ børn, pelegrim oc ut lanz mæn oc fatøkæ
men, them gøræs tithæst wald, oc latæ illæ men thær ey wilæ rætæs,
i hans land ey lifuæ, for thy at thær han pinær æth dræpær u dæthæs
men, tha ær han gudz thianæstæ man oc landz giætzlæ man, for thy
at swa sum hin hælghæ kyrki styræs mæth pauæn oc biscop, swa
scal hwart land styræs mæth kunung æth hans undærrætær oc we-
riæs. Thæræ mæth æræ oc allæ skyldygh thær i hans land bo at wæræ
hanum hørsum, oc lythæn oc undærdanugh, oc for thy ær han oc
scyldich at gøræ thæm al frith. Thet sculæ oc witæ allæ wærælz

complete control of his native language—he formulates important ideas without faltering. This first page of abstract prose in Danish literature is, at the same time, one of the loveliest.

"Land must be settled through the rule of law. But were each person willing to be satisfied with his own property and to let others enjoy equal justice, then men would not need laws. But no law is as good to follow as truth. But wherever men are in doubt about the truth, there the law shall seek out what the truth is.

Were there not law in the land, then he would have the most who could seize the most. Therefore shall the law be made for all men, that just men and the peaceful and the innocent may enjoy their peace, and unjust men and the evil obey that which is written in the law and, for that reason, not dare to carry out the evil which they have in mind. Indeed it is also right for them whom the fear of God and the love of justice are unable to attract to good, that the fear of the authorities and the penal code of the land prevent them from doing evil and punish them if they do evil.

The law shall be honorable, just, and tolerable, in accordance with the customs of the land, appropriate and useful and clear, so that all men are able to know and understand what the law says. The law shall not be made or written for any man's special advantage but in accordance with the needs of all men who live in the land. Nor shall any man judge contrary to that law which the king gives and the assembly adopts, but in accordance with that law shall the land be judged and governed. That law which the king gives and the assembly adopts, the king can not change or revoke without the consent of the country, unless it is obviously contrary to God.

The function of the king and of the authorities who are in the land is to supervise judgments and exercise justice and to save those being subjected to coercion, such as widows and defenseless children, pilgrims, foreigners and poor men—those who are most often coerced—and not to let evil men who will not mend their ways live in his land; for in punishing or killing evil-doers, he is the servant of God and the guardian of the land. Just as the Holy Church is governed by the Pope and bishop, so shall each land be governed and defended by the king or his officials. For this reason, all who live in his land owe him obedience, subservience, and obeisance, and in return he is obliged to give them all peace. This

høfthyng, at mæth thet wald thær guth saldæ them i hand i thæs wæræld, tha saldæ han oc them sin hælugh kyrki at weriæ for alt thet thær a bethæs. Æn worthæ the glømønd æth wildugh oc weriæ ey sum ræt ær, tha sculæ the a domæ dagh swaræ af kyrkiæns frælsæ oc landzæns frith minzkæs for theræ scyld i theræ timæ.

Witæ sculæ allæ men thær thænne bok se, at waldemar kunungh annæn waldemar sun thær sancte knuts sun war, then timæ han hafthæ wæræt kunungh ni wintær oc threthyughæ, oc at wor hærræ war fød waræ gangæn thusænd wintær oc tu hundræth wintær oc fyur thyugh wintær, i marz manæth thær næst æftær loot han scriuæ thænnæ book oc gaf thennæ logh thær hæræ standær scriuæn a danskæ, i worthingburgh mæth hans synær rath, thær wit waræ, kunungh erich, hærtogh abel, iunchærræ kristofor, oc uffæ thær tha war ærkibiscop i lund, oc biscop niclæs i roskæl, biscop ywar i fyun, biscop pætær i arus, biscop Gunnær i ripæ, biscop Gunnær i wybærgh, biscop ionæs i wændæl, oc biscop ionæs i hethæby, oc thæræ til allæ bæstæ menz rath thær i hans rikie waræ.

Som prøve på lovens konkrete, kasuistiske stil hidsættes dens kapitel om et retsbegreb, der ikke findes i romerretten: *hærværk* (hærwærki) er oprindelig udtryk for voldsforbrydelser, der udføres ikke af enkeltperson, men af en flok, en bande; en forbrydelse begået i fællesskab betragtedes med yderste strenghed. Da Jyske Lov blev nedskrevet, havde begrebet hærværk udvidet sig, så at det også gjaldt en enkelt mands overgreb på fremmed person og ejendom (Bog ii, Kap. 29):

Gangær man mæth rathæt raath i annæns mansz hws oc brytær hws oc takær wt antugh fæ, æth klæthæ, æth wapnæ, æth andræ costæ thær bondæn a, fra bondæ sialf, æth hans hioon thær a haldær, tha ær thæt hærwærki. Bæriær man oc bondæn æth sær, æth hans hwsfrø æth hans hioon thær i fællagh æræ i hans eghæt hws, thæt ær oc hærwærki. Æn hittæs the allæ sattæ i ænnæn bondæ garth, oc wrthæ sithæn a at skiliæ, thæt ær æi hærwærki, for thy at thæt wrth at wathæ. Æn bindær man bondæ i siit eghæt hws vtæn hans skyld, æth takær bondæ dottær æth bondæ kunæ, oc før burth mæth wald, thæt ær oc hærwærki.

shall all temporal officials also know, that with the power which God placed in their hands in this world, He also gave them His holy church to defend against all demands upon it. But if they become forgetful or biased and do not defend it as is right, then they shall on Judgment Day answer for it, if the freedom of the church and the peace of the land have been diminished on their account in their time.

All men who see this book shall know that King Valdemar, the second son of Valdemar, who was the son of St. Knud, when he had been king thirty-nine winters, and a thousand two hundred and forty winters had passed since our Lord was born, had this book written in the month of March and gave this law, which here is written in Danish, at Vordingborg with the approval of his sons who were present, King Erik, Duke Abel, Junker Christoffer, and Uffe, who then was archbishop of Lund, and Bishop Nicholas of Roskilde, Bishop Iver of Funen, Bishop Peter of Aarhus, Bishop Gunner of Ribe, Bishop Gunner of Viborg, Bishop Johannes of Vendsyssel, and Bishop Johannes of Hedeby, and, in addition, with the approval of all the best men who in his kingdom."

As a sample of the law's concrete, casuistic style there follows the chapter on a legal concept which does not exist in Roman law: *hærværki*. This word was originally used to designate crimes of violence committed not by an individual but by a group, a gang; a crime committed jointly was looked upon with extreme severity. When the Jutland Law was written down, the concept of *hærværki* had been extended, so that it also concerned an individual's encroachment on another person and his property (Book II, Chapt. 29).

"If a man goes deliberately into another man's house and breaks into the house and takes away either cattle or clothes or weapons or other objects which the householder owns, from the householder himself or his servants who are taking care of them, then that is *hærværki*. Also, if a man strikes or wounds the householder or his wife or his servants who are together in his own house, that is also *hærværki*. But if they all meet peaceably at a householder's place and afterward come to disagree, that is not *hærværki,* because that was a chance happening. But if a man binds a householder in his own house—without his being at fault—or takes and forcibly abducts a householder's daughter or wife, that is also *hærværki*."

MIDDELALDERENS FOLKEVISER

Dansen til visesang bredte sig fra Frankrig ad to veje til Norden, over England-Skotland og via Tyskland. Fra det 12. århundrede har man trådt runddansen eller kædedansen i Danmark. Stroferne fremførtes af en forsanger, medens alle dansende sang med på omkvædet. Efter 1550 begyndte danske adelsdamer i deres poesibøger at indføre gamle og nye folkeviser; i disse samlinger, som i skillingstryk og i ubrudt folkelig overlevering, er et stort antal viser bevaret for eftertiden. På grund af de talrige, indbyrdes afvigende opskrifter er det ikke muligt at fastlægge en vises oprindelige eller fuldt autentiske form. Enhver redaktion er en rekonstruktion. Her meddeles fire folkeviser. Den første er kun bevaret i een form, i et håndskrift fra midten af det 17. århundrede; denne tekst gengives her efter den klassiske videnskabelige udgave af *Danmarks gamle Folkeviser* (1853–1966), så at læseren får et filologisk indtryk af folkevisernes overleveringsform. De tre øvrige trykkes efter *Danske Folkeviser i Udvalg* (1899; 5. udgave 1922), hvor Axel Olrik, med grundlag i en enkelt opskrift, har suppleret med verslinier fra andre kilder. – Der er blevet gjort flere forsøg på at oversætte disse folkeviser til engelsk. De mest kendte af disse fra det 19. århundrede var George Borrows. R. C. A. Prior udgav en tre-binds udgave i London i 1860. Blandt de heldigste forsøg i det tidlige 20. århundrede er oversættelserne af E. M. Smith-Dampier.

I disse gamle folkeviser støder slægt mod slægt, menneskene mod dæmonerne. Der er sorte tragiske viser, hvor vildskaben regerer, og der er lyse viser, fulde af kåd munterhed.

THE BALLADS OF THE MIDDLE AGES

Dance accompanied by song spread from France to Scandinavia by two routes, via England and Scotland, and via Germany. From the twelfth century on, there was round dancing and chain dancing in Denmark. The stanzas were sung by a leader, while all the dancers joined in the refrain. After 1550, noble Danish ladies began to write down old and new ballads in their albums; in these collections, as in broadsheet ballads and unbroken popular tradition, a large number of songs have been preserved for posterity. Because of the numerous transcripts which vary among themselves, it is not possible to ascertain the original or fully authentic form of a song. Every redaction is a reconstruction. Four ballads are given here. The first has been preserved in a single version, in a manuscript from the middle of the seventeenth century; the text is reproduced here from the classic scholarly edition of *Danmarks gamle Folkeviser* (1853–1966) so that the reader may get a philological impression of the form in which ballads have been handed down. The three others are reproduced from *Danske Folkeviser i Udvalg* (1899; 5th edition 1922) in which Axel Olrik, on the basis of single copies, has made emendations with verses from other sources. Several efforts have been made to translate these ballads into English, the most renowned of which in the early part of the nineteenth century was George Borrow's. R.C.A. Prior published a three-volume edition of ballads in London in 1860. Among the more successful attempts in the early twentieth century were translations by E.M.Smith-Dampier.

In these old ballads, generation clashes with generation, men with demons. There are gloomy tragic songs where savageness reigns and there are merry songs full of wanton gaiety.

TORBENS DATTER OG HENDES

FADERBANE

Wy warre saa mange søskene smaa,
– under liden –
saa aarligh falt oss faderren fraa.
Der dagen hand dagis, och duggen den driffuer saa wide.

Om en søndag at afften skured de derris spiud,
om en mandag at morgen rede de saa wrede udt.

Der de komme for norden skou,
der gick her Thorben och holt sin plou.

"Her gaar du, her Thorben, faffuer och fin!
iegh will nu haffue bodt for frende min!"

"Iegh will giffue eder huss och gard
der-thill min datter, saa wen en maard!"

"Wie erre icke kommen for huss eller iord,
men wie erre kommen for dit hierte-blod!"

Saa hugge dee herr Torben saa smaa
alt som løff, udi lunden laa.

Saa rede de thill her Torbens gard,
ude stod hans datter, den wenne mard.

Ude stoed hans datter, saa small som en wond,
met it guld-kar paa huer sin hand.

Hun skenckedt der-i med lyst och spill,
hun drack først hendis faderss bane-mand thill.

"Haffde iegh wist, du haadt werredt saa goed,
aldrig skulle ieg sett din faders hierte-blod!"

TORBEN'S DAUGHTER AND HIS SLAYER

Brothers and sisters many were we
—in the swale—
So early departed our father he,
—Comes dawn, and the dew it drifts over hill and dale.

In the evening they polished their spears, on Sunday,
In the morning they rode out wrathful, on Monday.

They left the forest, and to the North
Sir Torben was ploughing back and forth.

"Well, here's Sir Torben, so gay and fine;
I'll now have revenge for that kinsman of mine."

"I'll give you my land, my country seat
And also my daughter, so fair and sweet."

"We are not come for your house or your home,
But for your own life blood we are come."

They cut Sir Torben into pieces small
No bigger than leaves from the tree so tall.

They rode to Sir Torben's country seat,
Outside stood his daughter, the maid so sweet.

Outside stood his daughter as lithe as a wand
With a golden goblet in each hand.

She filled the goblets unto the brim
For her father's slayer and drank to him.

"Had I but known you were so good,
I'd never have seen your father's blood."

"Och haffuer i slagedt min fader thill død,
da haffuer i giort migh saa stor en nød!"

"Haffuer ieg nu icke giort well mod dig,
daa skalt du her-effter haffue saa gat som iegh!"

Hand sette hende paa ganger graa,
saa slo [hand] offuer hende kaaben blaa.

Saa red hand offuer de sorte hieer,
– under liden –
aldrich saa hun sin faader meer.
Der daugen hand dages, och dugen den driffuer saa wide.

"If my father you've struck, if he is slain,
You have brought to me the deepest pain."

"If I have done you wrong before,
Now you'll share my fortunes evermore."

He set her onto charger gray,
His dark blue cape on her did lay.

And then he rode across the lea,
—in the swale—
Never she her father did see.
—Comes dawn, and the dew it drifts over hill and dale.

ELVERSKUD

Hr. Oluf rider saa vide,
alt til sit Bryllup at byde.
Men Dansen den gaar saa let gennem Lunden.

Hr. Oluf rider med Bjerge,
der dansed Elver og Dverge.

Der dansed fire, der dansed fem,
Elverkongens Datter rækker Haanden frem.

Elverkongens Datter rækker Haanden fra sig:
"Og lyster Hr. Oluf træde Dansen med mig?"

"Jeg ikke tør, jeg ikke maa!
i Morgen skal mit Bryllup staa."

"Og hør du, Hr. Oluf, træd i Dansen med mig!
to Bukkeskinds Støvler saa giver jeg dig.

To Bukkeskinds Støvler, sidder vel om Ben,
forgyldene Sporer derom spændt.

Hør du, Hr. Oluf, træd i Dansen med mig!
en Silkeskjorte giver jeg dig.

En Silkeskjorte saa hvid og fin,
den blegte min Moder ved Maaneskin."

"Jeg ikke tør, jeg ikke maa,
i Morgen skal mit Bryllup staa."

"Hør du, Hr. Oluf, træd i Dansen med mig!
et Hoved af Guld saa giver jeg dig."

"Et Hoved af Guld kan jeg vel faa,
men danse med dig jeg ikke maa."

ELFIN SORCERY

Sir Oluf rides both west and east,
inviting all to his wedding feast.
—So blithely they tread the dance in the grove.

Sir Oluf rides along the knolls
where dance the elves, where dance the trolls.

Four danced, five danced, of their band
the elf king's daughter waves her hand.

The elfin king's daughter her hand holds out,
"And would Sir Oluf with me dance about?"

"Neither I dare to, nor I may,
tomorrow is my wedding day."

"Listen, Sir Oluf, thou dance with me,
two buckskin boots shall I give to thee.

Two buckskin boots, so well they fit,
and golden spurs upon them sit.

Listen, Sir Oluf, thou dance with me,
a shirt of silk shall I give to thee.

A shirt of silk so fine and white,
my mother bleached in the moon's pale light."

"Neither I dare to, nor I may,
tomorrow is my wedding day."

"Listen, Sir Oluf, thou dance with me,
a measure of gold shall I give to thee."

"A measure of gold thou canst give me,
but I don't dare to dance with thee."

"Og vil du ikke danse med mig,
Sot og Sygdom skal følge dig!"

Hun slog ham for hans Hærdeblad,
det gjalded under hans Hjærterod.

Hun løfte Hr. Oluf paa Ganger rød:
"Du rid nu hjem til din Fæstemø!" –

Der han kom til Borgeled,
der staar hans Moder og hviler sig ved.

"Hør du, Hr. Oluf, kær Sønne min:
hvi bær du saa bleg en Kind?"

"Jeg maa vel være om Kinden bleg,
for jeg har været i Elvekvinders Leg."

"Hør du, Hr. Oluf, kær Sønne min:
hvad skal jeg svare unge Brud din?"

"Du sige, jeg er i Lunde,
at prøve Hest og Hunde."

Aarle om Morgen, det var Dag,
da kom den Brud med Brudeskar'.

De skænkte Mjød, og de skænkte Vin:
"Hvor er Hr. Oluf, kære Brudgom min?"

"Hr. Oluf er i Lunde,
at prøve Hest og Hunde."

"Har han kærer' sin Hest og Hund,
end han har sin unge Brud?"

Hun ledte i Lofte, hun ledte i Vraa,
hun fandt Hr. Oluf paa Bolster blaa.

"And willst thou not tread the dance with me,
plague and sickness shall follow thee."

She gave his shoulder a blow so smart,
it echoed deep down in his heart.

Sir Oluf she lifts on his bay astride:
"Ride now home to your young bride."

When he came to the castle gate,
there was his mother waiting so late.

"Listen, Sir Oluf, my dearest son,
why is thy cheek so white and wan?"

"My cheek may well be wan and white,
I saw the elf maids sport tonight."

"Listen, Sir Oluf, my son so fine,
what shall I tell the young bride of thine?"

"Say that I've taken horse and hounds
Off to the woods to go their rounds."

Early that morning when it was light
the bride and her retinue came in sight.

They poured the mead, and they poured the wine.
"Where is Sir Oluf, dear bridegroom of mine?"

"Sir Oluf has taken horse and hounds
Off to the woods to go their rounds."

"In horse and hound he takes more pride
than he does have in his young bride?"

Lofts and corners she did search through,
Sir Oluf she found on pillows blue.

Hun tog op det Skarlagen rød,
da laa Hr. Oluf og var død.

Hun minded ham for sin røde Mund,
saa døde hun i den samme Stund.

Aarle om Morgen, før det var Dag,
da var der tre Lig i Hr. Olufs Gaard.

Den ene Hr. Oluf, den anden hans Mø,
den tredje hans Moder, af Sorgen var død.
Men Dansen den gaar saa let gennem Lunden.

She raised the cover of scarlet red,
there was Sir Oluf and he was dead.

She kissed him on his mouth so red,
that self-same moment she dropped down dead.

Early that morning 'ere it was day,
In Oluf's courtyard three corpses lay.

The one Sir Oluf, the other his bride,
the third his mother, of sorrow had died.
—So blithely they tread the dance in the grove.

EBBE SKAMMELSØN

Skammel han bor sig nør i Ty,
han er baade rig og kaad;
saa væne har han Sønner fem,
de to fores ilde ad.
Fordi træder Ebbe Skammelsøn saa mangen Sti vild.

Ebbe han tjener i Kongens Gaard
baade for Guld og Ære;
hjemme sidder Peder, hans Broder,
han lokker hans Hjertenskære.

"Hil sidder I, stalten Adelus,
og syr Hr. Ebbe Klæder!
Ebbe han tjener i Kongens Gaard,
han spotter eder og hæder."

"Saa grant da kender jeg Ebbe,
og Ebbe kender grant sig:
han spotter ingen stalt Jomfru,
halv mindre spotter han mig."

"Hør I, stalten Adelus,
vil I være min Fæstemø?
det vil jeg for Sanden sige:
Ebbe, min Broder, er død."

Drukke de det Fæstensøl
end den samme Nat,
Brylluppet end før Maanedsdag,
de raadte det i-saa brat.

Det var Ebbe Skammelsøn,
han vaagned om Midjenat;
talte han for sin næste Svend
af sin Drøm saa brat.

EBBÈ SKAMMELSEN

Skammel he lives up north in Ty,
merry and well to do;
he has five sons so proud and strong,
two of them came to woe.
—And thus treads Ebbè Skammelsen so many and wild a trail.

Ebbè serves in the court of the king
for honor and for gold;
Peter, his brother, stays at home,
and Ebbè's beloved tempts bold.

"Here sit you, haughty Adelus,
on Ebbè's clothes you sew;
Ebbè serves in the court of the king
and shames your honor so."

"So well I know Sir Ebbè,
and Ebbè his heart knows he,
and scorns he never a maiden proud
much less has scorn for me."

"Harken, haughty Adelus,
will you be my bride?
Now the truth I tell thee,
Ebbè, my brother, has died."

Drank they then the betrothal ale
upon that very night,
their wedding in less than a month
they decided on forthright.

There was Ebbè Skammelsen,
at midnight he awoke;
to his nearest squire
about his dream he spoke,

"Mig tyktes, at min Stenstue
stod al i lysen Lue;
der brændte inde Peder, min Broder,
og saa min skønne Jomfrue."

"Det I tykte, jer Stenstue
stod al i brændende Glød,
det er: Peder, jer Broder,
holder Bryllup med jer Fæstemø."

Det var Ebbe Skammelsøn,
han bandt sig Sværd ved Side;
saa bad han sig Orlov,
hjem til sin Fader at ride.

Det var Ebbe Skammelsøn,
han kom saa vel i Lag:
han kom til sin Faders Gaard
den første Bryllupsdag.

Ud kom Ebbes Søstre to
med Guldkar paa hviden Haand:
"Velkommen, Ebbe, vor Broder,
hjem til vort eget Land."

"Hør I det, mine Søstre to,
hvad jeg spør eder ad:
hveden er dette møgle Folk,
her er samlet i Dag?"

Svared hans yngste Søster:
udaf saa megen Nød:
"Det er Peder, din Broder,
holder Bryllup med din Fæstemø."

Sin ene Søster gav han Guldbrase paa Bryst,
den anden Guldring paa Haand:
"Dem havde jeg agtet min Fæstemø,
førte dem af fremmed Land."

"I thought I saw my stone house
in flames, and then inside
there burned my brother Peter,
and with him my fair bride."

"You thought you saw your stone house
in flames and all alight;
that is because your brother
betrothed your lovely bride."

There was Ebbè Skammelsen,
he tied the sword at his side;
then he asked for furlough,
for homeward he would ride.

There was Ebbè Skammelsen,
he rode so fast away;
arrived there at his father's house
on that first wedding day.

Out came then his sisters two,
with golden goblets in hand:
"Welcome, Ebbè, dear brother,
home to our own land."

"Harken to me, my sisters two,
what I ask you now to say:
Who are then the many folk
that gather here today?"

Answered his youngest sister,
and said with great dismay:
"It is that Peter, your brother,
will marry your fiancé."

The one he gave a diadem,
the other a golden band:
"Both did I buy for my lovely bride,
and bring from a foreign land."

Den ene Søster bad ham hjemme være,
den anden bad ham heden ride:
"Tøver du her i denne Nat,
det bliver os alle til Kvide."

Ebbe han vendte sin Ganger omkring,
han vilde af Gaarden ride;
hans Moder fik i Tøjlen og holdt,
hun bad ham hjemme bide.

Hans Moder fik ham Hynde og Stol,
at sidde paa de øverste Bænke;
hans Fader fik ham Kande i Haand,
bad, han skulde gaa at skænke.

Skænked han den brune Mjød
og saa den klare Vin;
hver Sinde han til Bruden saa,
da randt ham Taar paa Kind.

Silde om den Aften,
Rimen han faldt paa,
det da var den unge Brud,
hun skulde til Senge gaa.

Fulgte de den unge Brud,
alt til det Brudehus;
for gaar Ebbe Skammelsøn,
han bær for hende Blus.

Ledte han den unge Brud,
alt ad den Højeloftsbro:
"Mindes I det, stalten Adelus,
I gav mig eders Tro?"

"Al den Tro, jeg eder gav,
den har Peder, eders Broder;
men alle de Dage, jeg leve maa,
jeg vil eder være for Moder."

One sister bade him stay at home,
the other to ride away:
"If you linger here tonight,
we'll suffer woe and dismay."

Ebbè he turned his steed around,
he wanted to ride away;
but quick his mother took the reins,
demanding he should stay.

His mother offered him cushion and chair,
at the uppermost benches to dine;
his father a pitcher handed him
and asked him to pour the wine.

Ebbè poured the mead so brown
and then the wine so clear;
every time he looked at the bride,
he shed a sorrowful tear.

Later in the evening,
when fallen had the dew,
to her bed and chamber then
the fair young bride withdrew.

They followed then the fair young bride
up to the bridal door,
ahead went Ebbè Skammelsen,
a torch for her he bore.

Up to the lofty balcony
the fair young bride led he:
"Remember you, proud Adelus,
your troth you plighted me?"

"All the troth I once gave you,
has Peter now your brother;
but all the days that I may live
I'll be for you a mother."

"Jeg loved jer ikke til min Moder,
jeg loved jer til min Viv!
derfor skal Peder Skammelsøn
lade sit unge Liv.

Hør I, stalten Adelus,
I rømmer med mig af Lande!
jeg vil slaa Peder, min Broder, ihjel,
og taale for eder den Vaande."

"Slaar I Peder, eders Broder, ihjel,
siden skal I mig miste!
saa maa I sørge jer selv til Døde
som vilden Fugl paa Kviste."

Det var Ebbe Skammelsøn,
han sit Sværd uddrog;
det var stalten Adelus
han til Jorden vog.

Saa tog han det blodige Sværd
alt under sit Skarlagenskind;
saa gik han i Stenstuen
for Peder, sin Broder, ind.

"Hør du, Peder Skammelsøn,
du tøver altfor længe;
Bruden længes fast efter dig
udi sin Brudeseng."

Mælte det Peder, hans Broder,
svared han alt saa brat:
"Saa gerne vil jeg dig unde
at sove hos Bruden i Nat."

Det var Ebbe Skammelsøn,
han sit Sværd uddrog;
det var Peder, hans Broder,
han til Jorden vog.

"I wanted you not as my mother,
I wanted you as my wife;
for this must Peter Skammelsen
give up his own young life.

"Harken to me,-proud Adelus,
will you fly from the land with me;
then I'll kill my brother
and bear the blame for thee."

"If you slay Peter your brother
you must then too lose me;
and you shall grieve yourself to death
like a wild bird in a tree."

It was Ebbè Skammelsen
his sword from his side he drew;
it was haughty Adelus
that to earth he slew.

Underneath his scarlet cloak
his bloody sword he took;
into the stone house then he went
for Peter his brother to look.

"Harken, Peter Skammelsen,
too long do you abide;
the bride in bridal bed does long
to have you at her side."

Spoke then Peter his brother,
he answered all forthright:
"Gladly I shall grant you
to sleep with the bride tonight."

It was Ebbè Skammelsen,
the sword from his side he drew;
it was Peter, his brother
that to earth he slew.

Hans Fader gjorde han ilde saar,
hans Moder miste en Haand;
fordi træder Ebbe Skammelsøn
saa mangen vild Sti om Land.
Fordi træder Ebbe Skammelsøn saa mangen Sti vild.

He wounded his father sorely,
his mother lost a hand;
and thus treads Ebbè Skammelsen
so many wild trails in the land.
—And thus treads Ebbè Skammelsen so many and wild a trail.

LAVE OG JON

Jeg beder eder, alle mine Mænd,
    I være vel bon!
I binder op Hjelmen af røden Guld
    og følger Hr. Jon!

Hr. Peder han kom fra Tinge hjem,
    – I være vel bon! –
liden Kirsten ganger ham ud igen,
    at spørge om Jon.
I binder op Hjelmen af røden Guld og følger Hr. Jon!

"Velkommen Hr. Peder, kær Fader min:
    – I være vel bon! –
og hvad var Tidende i Dag paa Ting?
    alt om Hr. Jon."

"Det var Tidende allermest:
    – I være vel bon –
hin unge Hr. Lave har dig fæst,
    og ikke Hr. Jon."

"Har den unge Hr. Lave mig fæst,
    – I være vel bon –
da skal det blive ham Sorgen mest,
    om lever Hr. Jon!"

Hr. Lave lader sit Bryllup bo,
    – I være vel bon –
Hr. Jon han lader sin Ganger sko.
    "Jeg vil med," sagde Jon.

Hr. Jon han red i den Bryllupsgaard,
    – I være vel bon –
højen Hest og Brynje paa.
    "Jeg kommer," sagde Jon.

LAURENCE AND JON

I bid you, all my trusted men,
—to arms! ride on!—
fasten your helmets of gold so red
and follow Sir Jon.

From session Sir Peter homewards rode
—to arms! ride on!—
young Kirsten out of the castle strode
to ask about Jon.
—Fasten your helmets of gold so red and follow Sir Jon

"Welcome, Sir Peter, my father dear,
—to arms! ride on!—
what tidings at the sessions were
about Sir Jon?"

"The foremost tidings you demand:
—to arms! ride on!—
Young Sir Laurence has won your hand,
and not Sir Jon."

"Has young Sir Laurence got my hand,
—to arms! ride on!—
may his grief be greatest in all the land,
while lives Sir Jon."

Sir Laurence makes his wedding plans:
—to arms! ride on!—
Sir Jon his charger to shoe commands:
"I'll come," said Jon.

Sir Jon rides into the wedding hall,
—to arms! ride on!—
in armor clad on charger tall:
"I'm coming, said Jon.

Sildig om Aftenen, Rim faldt paa,
– I være vel bon –
Bruden hun skulde til Senge gaa.
"Jeg vil med," sagde Jon.

Ledte de Bruden til Brudehus,
– I være vel bon –
Hr. Jon han bar selv de Blus.
"Jeg først", sagde Jon.

Hr. Jon han lukte den Brudehus-Dør brat:
– I være vel bon –
"I siger Hr. Lave saa mange Godnat!
alt fra Hr. Jon."

Brat kom Bud for Hr. Lave ind:
– I være vel bon –
"Hr. Jon han sover hos unge Brud din!
Det gør Hr. Jon."

Aarle om Morgen, det var Dag,
– I være vel bon –
Hr. Lave gaar for Kongen at klag'.
"Jeg vil med," sagde Jon.

"Min ædelig Herre, vil I mig høre?
– I være vel bon –
jeg har en Sag for eder at føre."
"Om mig," sagde Jon.

"Jeg havde mig en unge Brud fæst,
– I være vel bon –
en anden Ridder har sovet hende næst."
"Det var mig," sagde Jon.

"Meden I har baade den Jomfru saa kær,
– I være vel bon –
da skal I bryde om hende et Spær."
"Da vinder jeg," sagde Jon.

Late in the evening, the dew fell low,
—to arms! ride on!—
the bride she would to her chamber go.
"I'll come," said Jon.

To the bridal chamber they led the bride,
—to arms! ride on!—
Sir Jon he carried the torch outside:
"I'm first," said Jon.

Sir Jon he closes the door so tight;
—to arms! ride on!—
"Good people, bid Sir Laurence good-night
from me, Sir Jon."

A message soon came for Laurence inside;
—to arms! ride on!—
"Sir Jon is sleeping with your bride—
that does Sir Jon."

When early morning the day did bring
—to arms! ride on!—
Sir Laurence went to complain to the king.
"I'll come," said Jon.

"Sire, I beg you listen to me;
—to arms! ride on!—
a case I have to present to thee."
"About me," said Jon.

"I had just taken me a bride;
—to arms! ride on!—
another knight did sleep at her side."
"'twas me," said Jon.

"As both of you hold the maiden dear,
—to arms! ride on!—
you shall for her sake break a spear."
"I'll win," said Jon.

Den første Dyst, de sammen red,
– I være vel bon –
Hr. Laves Hest den gik i Knæ.
"Stat op," sagde Jon.

Den anden Dyst, de sammen red,
– I være vel bon –
Hr. Laves Hals den gik i tre.
"Lig der," sagde Jon.

Den Jomfru hun slog sine Hænder sammen:
– I være vel bon –
"Jeg saa ret aldrig en fejrre Gammen.
Nu vandt Hr. Jon."
I binder op Hjelmen af røden Guld og følger Hr. Jon!

The first joust they together fought,
—to arms! ride on!—
Sir Laurence's horse to its knees was brought.
"Arise," said Jon.

The second joust they together fought,
—to arms! ride on!—
with wounds Sir Laurence's neck was fraught.
"Lie there," said Jon.

The maiden clapped her hands in glee:
—to arms! ride on!—
"A better game did I never see.
He won, Sir Jon."
—Fasten your helmets of gold so red and follow Sir Jon.

MORTEN BØRUP : VERIS ADVENTUS

Denne fine lille vise er digtet af Morten Børup (o.1446–1526), der sent kom fra ploven til bogen; han endte som rektor for Latinskolen i Århus. Den er med sin melodi bevaret i et sangværk fra 1582, Piæ cantiones ecclesiasticæ et scholasticæ ("Fromme Kirke- og Skolesange"). I sangen mødes naturfølelse og teologi. De to første strofer skildrer forårets virke i naturen og mennesket. I den tredje strofe siger digteren, i tilslutning til Bonaventura, at skabningen er en afspejling af Gud. Men som ægte middelalderlig teolog sikrer han sig straks mod den misforståelse, at afglans skulle betyde lighed. Det blev ved Laterankonciliet i 1215 fastslået, at "der kan mellem skaberen og skabningen ikke udsiges nogen lighed, uden at den indbefatter en endnu større ulighed".

VERIS ADVENTUS

In vernalis temporis
ortu letabundo,
dum recessum frigoris
nunciat hirundo,
terre, maris, nemoris
decus adest deforis
renovato mundo;
vigor redit corporis,
cedit dolor pectoris
tempori jocundo.

Terra vernat florisbus
et nemus virore;
aves mulcent cantibus
et vocis dulcore;
aqua tempestatibus
caret, aër imbribus,
dulci plenus rore;
sol, consumptis nubibus,
radiis potentibus
lucet cum calore.

O quam mira gloria,
quantus decor dei!
quanta resplendentia
sue faciei!
A quo ducunt omnia,
summa, ima, media
formam speciei:
maior hec distantia
cum sit differentiâ
noctis et diei.

MORTEN BØRUP: SPRING SONG

This exquisite little song was written by Morten Børup (ca. 1446–1526), who late in life left the plow for the book: he eventually became headmaster of the grammar school in Aarhus. Both words and tune have been preserved in a collection of songs of 1582: *Piæ cantiones ecclesiasticæ et scholasticæ*. ("Pious Church and School Songs"). A feeling for nature is combined with theology in this song. The first two stanzas depict the activity of spring in nature and in man. In the third stanza the poet, following Bonaventura, tells us that creation is a reflection of God. But, like the true medieval theologian he is, he immediately guards himself against any misconception that reflected glory should mean similarity. In 1215 it had been decreed by the Lateran Council that "no similarity between the creator and creation can be expressed without its including an even greater dissimilarity."

SPRING SONG

Now the happiness of spring;
Gone the frost and cold,
And the swallows sweeping, bring
Beauties manifold.
Charms of every outdoor thing
To land and sea and forest cling;
New the earth so old;
Strength the body makes to sing;
Sorrow from the soul takes wing;
Joyous time foretold.

Earth is decked with flowers;
Fragrant is the glade.
Birds delight in airy bowers;
Their songs the world pervade.
Water free of stormy hours;
The air is clear of showers;
Nature in sweet dew arrayed.
With its tireless powers,
The sun each cloud devours,
Its warmth quite unallayed.

O what glory wondrous great,
The beauty of the Lord.
And splendors many radiate
From his face adored.
From him all things emanate,
Of highest or of lowest state.
In beauteous forms are stored
Divergences innate
That greater differences create
Than night and day accord.

RENÆSSANCE OG
BAROK

H. J. RANCH : KARRIG NIDING

1560–1630 blomstrede skoledramaet i Danmark. Efter Luthers og
Melanchthons forbillede anbefalede kirken latinskolernes rektorer
at lade deres elever opføre skuespil på latin og på modersmålet, og
de teaterglade konger Christian IV og Frederik II lod gerne de
lærde skolers disciple optræde for sig. Det var oftest rektorerne og
præster, der forfattede de danske skuespil, og blandt disse lærde eje-
de een, H. J. Ranch, præst i Viborg, dramatisk håndelag og folkeligt
fynd i stilen. Når Ranch o.1598 på latin opførte Plautus' komedie
om den gerrige, Aulularia, lod han den efterfølge af et djærvt dansk
sidestykke dertil, han selv havde skrevet, *Karrig Niding*. Med samme
udgangspunkt som Molière, men 70 år før denne, former Ranch en
karakterkomedie om en gerrig, den rige mand der for at bevare og
forøge sin ejendom er parat til alt. Af Plautus har Ranch i øvrigt
intet lånt; komediens handling har han delvis fra en ældre folkelig
vise. For tilskuernes skyld indleder *Prologus* med at fremføre per-
sonerne og fortælle handlingen. I de første vers hentydes til "Aulu-
laria", der lige var opført og som foregår i Grækenland:

> Her kommer Niding, en Dansk Mand,
> Den anden hafd hiem i Græcken Land.
> Niding haffde got Guld i Skrin,
> Den Jutta var hans Ecte-Qvind',
> Disse to Børn dem haffde de,

THE RENAISSANCE AND THE
BAROQUE PERIOD

H. J. RANCH: NITHING THE NIGGARD

In the period between 1560 and 1630 school drama flourished in Denmark. Following the example of Luther and Melanchthon, the Church recommended that headmasters of the Latin schools allow their pupils to perform plays in Latin and in the vernacular. Christian IV and Frederick II, both theatre enthusiasts, gladly invited these schoolboys to perform for them. The Danish plays were usually written by the headmasters and clergymen themselves, and one of these learned men, H. J. Ranch, clergyman in Viborg, possessed both dramatic flair and a forceful, popular style. About 1598 Ranch performed Plautus' comedy about greed, *Aulularia* ("The Pot of Gold"), and followed it with an outspoken parallel piece of his own in Danish, entitled *Karrig Niding* ("Nithing the Niggard"). Using the same point of departure as Molière, but writing seventy years before the great French dramatist, Ranch creates a character comedy about a miser, a rich man who will do anything to keep and increase his wealth. From Plautus, meanwhile, Ranch has borrowed nothing; the plot of the comedy is partly taken from an older folksong. In order to orient the audience, the Prologue begins by introducing the characters and explaining the action. The second line alludes to *Aulularia,* which had just been performed and which takes place in Greece:

> Here comes Nithing, a worthy Dane,
> The other's home was in Greek domain.
> Nithing had gold under lock and key,
> His good wife was Jutta, whom you see,
> These two children were also theirs,

Mand matte høre stor Ry oc Væ,
De Børn aff Hunger græde saa saar[e],
Oc Jutta lild feldet saa modig Taare.

Den Knep var deris Tienist Dreng,
Den Pig' Philissa red' deris Seng,
Beengier hun var Juttis Mund Kock,
Dog gaff dem aldrig halffpart nock,
Thi hun haffde intet at siude eller kaage,
Men effter Spisen matt hun snage.

Niding oc Beengier kunde aldrig magis,
Mauffrkaal oc Knep ku[n]de aldrig fordragis,
Thi Mauffverkaal, den karrig Hund,
Hand tient Niding til Haand oc Mund.

Eubulus, den fromme Raadmand,
Hand raad Niding til paa stand
At giffve nock baad' Øll oc Brød,
Paa det hans Folck ey skuld' lide Nød.

Det hialp dog intet, hand drog aff sted,
Langt hen fra Huus, tog Nøglene med
Oc slog i Laase baade Øll oc Mad,
Hans Hustru var der ved lit glad.

Der hun nu sad oc gremmet sig saare,
Den Staader Jeppe kom lackend [i] Gaard[e]
Oc denne Tocki ret Skalckemester,
De actet at bliffve Juttis Giester.

Hun haffde intet, de haffde i Sæck
De skøne Rætter, lod Bordet dæck,
De haffde oc Vjn i deris Flaske,
Thi begynder Jeppe at braske;
Hand drack Jutta til, tracterit hinde best,
Den Nat laa hand Jutta lilde nest.

Om Morgenen klædde hun Jeppe saa,
At hand i Nidings Klæder mon gaa.

Der Niding da kom lackende i Gaarde,
Da matte hand staa uden faare,
De narred ham saa baade ude oc inde,
At hand ey kiende sin egen Qvinde,
Saa gick hand hen fra Qvinden bort
At lede oc spørge, hand viste ey hvort,

Nothing was heard but woe and cares,
The children wailed from hunger sheer,
And gentle Jutta shed a tear.
Knep, their servant, did what they said,
Philissa here made up their bed,
Bonecrone cooked the broth and meat,
But never served enough to eat,
Nothing she had to make a meal,
Each bite of food she had to steal.
Nithing and Bonecrone reached no accord,
Meagrecole and Knep each other abhorred,
For Meagrecole, that stingy cur,
To Nithing's wishes he'd defer.
Eubulus, selectman good,
Told Nithing that he really should
Supply enough of beer and bread
Or his flock would soon be dead.
But nought availed, he went away,
Took the keys and far did stray,
Locked up tight the beer and food;
His wife was in a somber mood.
While thus she sat in fit of spleen,
A gay tramp, Jep, came on the scene,
And with him Tocki, arrant scamp,
At Jutta's they would now encamp.
She had naught, but in their sack,
Of tasty morsels was no lack.
With food and wine they filled the table,
And Jeppè soon began to fable;
He drank with Jutta in delight;
He lay with Jutta all that night.
Next day she dressed Jeppè so
That he in Nithing's clothes could go.
When Nithing home again did ride,
He was compelled to stand outside,
They chased his wits both to and fro,
So his own wife he did not know,
And from that wife he did turn there,
To search and ask, he knew not where,

> Hand leder endnu effter sit Huus,
> Den galne, Rjge, sulten Lus.
> Værer stille qver oc acter vel,
> Om denne Niding skeer Uskel!
> Hvad gielder, i skal dømme saa,
> At Niding sin rette Løn mon' faa?

Det er Nidings evige bekymring, at han en dag skal stå og mangle. De andre tænker med desperation på de dejlige skinker og andet, som Niding lader hænge til rotter og mus, medens de selv må æde skimlet brød og råddent sul. Niding vil rejse bort for en rum tid med alle nøgler hos sig og betle sin føde, så vil husholdningen i den tid slet ikke koste ham noget.

Efter 1. akts hungerscener følger som en virkningsfuld kontrast de velforsynede tiggeres gavmilde beværtning af Jutta og hendes udsultede børn og tyende. Det er blevet aften (2. akt, 5. scene):

JEP SKALD   Det er paa tjd at vandre bort.

TOCKI   Hvad vandring er det? siger mig hvort!

BEENGIÆR   I Afften kand I ingensteds vandre.

JUTTA   Lader os nyde Pladtz hos hver andre!
> Mand maatte mig kalde en lusige Trippe,
> Om jeg i Afften lod eder saa slippe.
> Kand jeg eder ey andet bevise,
> Alt maa I nyde Nat Ro oc Ljse,
> En Seng maa I alt ligge paa,
> Giffve det Gud, hvor siden kand gaa.

JEP SKALD   Jeg tacker eder, deylig Qvinde,
> For eders Fromhed, jeg nu kand finde,
> At jeg ey nu skal vandre oc gaa,
> Da under mig at ligge i en Vraa.
> Tag hen de Staffve i Pugens Naffn!
> Jeg haabis, at jeg dem vel kand saffn.

BEENGIÆR   Ah, seer nu til, min kiere Frue,
> Er dette Menniske ey værd at skue?

JUTTA   Min kiere Jeppe, det er stor skade,
> At I skal tigge i saadan Maade:
> I er jo skabt ret deylig forvist,
> Foruden Lyde, saa hielpe mig Christ!

> He's searching still for his old house,
> That stingy, wealthy, starving louse.
> Be quiet now, observe with care,
> If Nithing's lot is not unfair!
> What is right, is up to you,
> Does Nithing gets his own just due?

Nithing worries constantly that one day he will be destitute. Meanwhile, the others are desperate, thinking about the fine hams and other delicacies that Nithing allows to hang for the rats and mice to feed on, while they themselves must eat mouldy bread and rancid pork. Nithing decides to go on an extended trip, and takes all the keys with him. He plans to beg for food, and thus his household will cost him nothing during that period.

In effective contrast to the starvation scenes of the first act, the sumptuous feast given by the two vagabonds to Jutta and her famished children and retainers follows. It is now evening (Act II, scene 5):

JEP SKALD	The time has come for us to go.
TOCKI	Where would you go, I'd like to know!
BONECRONE	This evening you can't find your way.
JUTTA	So let's here together stay!
	People would call me harsh and sour,
	To send you away at such an hour;
	I've nothing else to offer a guest,
	But at least you'll have a good night's rest.
	A bed for you I shall provide,
	Whatever follows will God decide.
JEP SKALD	Lovely lady, my heartfelt thanks
	For your kindness, it's true, my shanks
	Are glad to wander and travel no more;
	I'll sleep in a corner on the floor.
	Take these crutches for God's sake,
	I hope that I can them forsake!
BONECRONE	O madam, come, don't you agree!
	Is this man not a sight to see!
JUTTA	My dear Jeppè, it seems a great shame,
	That you must beg as though you were lame:
	Your form is fine, your body whole,
	Without a fault, upon my soul!

BEENGIÆR Icke er I gifft, min kiere Jep Skald?
              Som mend, I burde it andet Kald.
JEP SKALD Var jeg kon rijg, da vilde jeg beyle
              Oc haabis, det skulle mig icke feyle.
              Ah, dricker nu, der som I gjd!
JUTTA   I maa vel sidde nermer hid!

Det var kun af professionelle hensyn, at Jeppe gik med krykker!
Nidings kone undergår en fint nuanceret forvandling. I begyndel-
sen af 2. akt var hun endnu den forkuede hustru, der ikke turde
bryde husets gemmer op. Men under måltidet gør den stigende
forelskelse hende stadig mere frimodig, og efter natten med Jep
Skald viger hun ikke tilbage for at klæde elskeren i ægtemandens
fineste klæder og udskifte husets låse. Da Niding i 4. akt kommer
tilbage, vil hverken huset eller dets beboere kendes ved ham, og i
sidste akt tror han at have drømt sin tidligere tilstand som husets
herre og Juttas mand og beder på stoddervis om husly for natten.
Nidings komiske ydmygelse når sit højdepunkt, da Jutta skænker
ham Jep Skalds tiggerkappe, som han med tak tager imod. Da
Niding kom hjem, var hans sind ængstet af en drøm: en stodder
havde taget pladsen hos hustruen. Men nu, da han, selv tigger, har
fået mad og drikke, er hans sind lettet, og han tænker sig et øjeblik
selv at være den stodder, der skal ligge hos konen i huset! (5. akt,
1.–3. scene):

NIDING   Da har jeg drømt det som en Daare,
                   I maa mig kalde en galen Taabe;
                   Drømte jeg, att disse Huse vare mine,
                   Oc Juta var min Hustru fine,
                   At Knep var min tienist Dreng,
                   Philissa pleyed at rede min Seng,
                   Oc Beengiær var min Konis Tærne.
                   Det drømte jeg nødig oc icke gierne,
                   O Gud, bevar hver ærlig Mand
                   Fra sligen Drøm, siger Amen paa stand!

BONECRONE	Why, dear Jep Skald, are you not married?
	Your calling seems to have miscarried.
JEP SKALD	Were I but rich, I would propose,
	And hope to win the girl I chose.
	Now fill your glasses with good cheer!
JUTTA	I don't mind if you sit too near!

It was thus for purely professional reasons that Jep used crutches!

Nithing's wife undergoes a subtle transformation. At the beginning of the second act she was still the intimidated housewife, afraid to break into her husband's locked cupboard. During the course of the banquet, meanwhile, her growing amorousness makes her increasingly bolder, and after spending the night with Jep Skald she has no hesitation about dressing her lover in her husband's best clothes and changing the locks on the doors. When Nithing returns in the fourth act, neither the house nor its inhabitants seem to recognize him. In the final act, now believing that his previous state as master of the house and Jutta's husband was all a dream, Nithing begs like a vagabond for shelter for the night. His comic humiliation reaches its climax when Jutta gives him the cape worn by Jep Skald as a beggar, a donation which he gratefully accepts. When Nithing returned home, his thoughts had been troubled by a dream, in which a vagabond had appropriated his place beside his wife. At the end of the play, however, Nithing is himself a beggar and, his spirits revived by food and drink, he now imagines for a moment that he himself is the vagabond who will lie with the lady of the house! (Act v, scenes 1-3):

NITHING	Then it was all a frightful dream;
	To you a witless fool I seem;
	I dreamt I lived here all my life,
	And Jutta was my faithful wife,
	Knep, my servant, did what I said,
	Philissa used to make my bed,
	Bonecrone my wife's servant still,
	All this I dreamt against my will.
	O God protect all honest men
	From dreams like that, I say, amen!

Gud maa best vide, hvor det er fat,
Jeg beder, laaner mig dog Hus i Nat.

JEP SKALD　　Jo, Hus vil jeg dig icke stønne.

MAUFFVERKAAL Det skal Gud igien belønne!

ACTUS 5. SCENA 2

Jutta. Jep Skald. Beengiær. Niding. Mauffverkaal.

JUTTA　　　Hør, Beengiær, giff den Staader Mad,
Giff Øll i Kande oc Kaal i Fad!

JEP SKALD　O, giff de Staader nock at tære!

BEENGIÆR　Saa gierne ma jeg lade det være:
Kand skee naar de faa Brød i Hænde,
At æde der aff har de ey Nænde.

JUTTA　　　En Staader døde her for en Dag,
Hans Kappe ligger her til Mag,
Den vil jeg [gierne?] Niding skiencke.

NIDING　　Herren skal eder igien betencke!

JUTTA　　　Den kand i bruge, naar i trenger,
Thi den, i har, duer ey lenger.
Her er oc en anden Staader Kappe,
Den maa du, Mauffverkaal, oc hensnappe.

MAUFFVERKAAL Gud vær eders Løn i Himmerig!
Hvor tage vi saadan en Qvindis lijg?

JEP SKALD　Skienck flux i Skaalen, bær dem ind,
[Saa] faar de it lætter Hu oc Sind.

BEENGIÆR　Hør, Niding, drick nu, mens du gid,
Det skal ey koste dig en Hvid.
Nu dricker Niding vor Moders Skaal,
Det samme giør oc Mauffverkaal.

ACTUS 5. SCENA 3

Niding. Mauffverkaal.

NIDING　　Nu lættis baade Hierter oc Sind,
O Gud vær med den Danneqvind!
Jeg aad ey saa vel i femten Aar
Eller veed, jeg saa lystig vaar.

God must watch over each man's plight,
I beg for shelter for the night.

JEP SKALD   I won't deny you a place to stay.

MEAGRECOLE God your goodness will surely repay!

ACT V, SCENE 2

Jutta. Jep Skald. Bonecrone. Nithing. Meagrecole.

JUTTA   Bonecrone, give this beggar a dole,
A pint of beer and a bowl of cole!

JEP SKALD   O, give these beggars enough to eat!

BONECRONE That order I would sooner delete:
Why, if they get their hands on bread,
To hoard it they may wish instead.

JUTTA   A beggar who died the other day
Left his cape here, and if I may,
I'll give it to Nithing in his need.

NITHING   May the Lord reward your generous deed!

JUTTA   You can use it in rain or cold,
The one you have looks rather old.
Here Meagrecole, yourself to drape
Take this other beggar's cape.

MEAGRECOLE God reward you in afterlife!
Where could we find so good a wife.

JEP SKALD   Fill the wine jug and bring it here,
That will revive your spirit and cheer.

BONECRONE Now, Nithing, drink your fill with glee,
You should enjoy it since it's free.
To Jutta Nithing lifts his bowl:
A toast—he's joined by Meagrecole.

ACT V, SCENE 3

Nithing. Meagrecole.

NITHING   Unburdened are my heart and mind,
To this fine woman God be kind!
I never dined so well before,
My blood is warm, my spirits soar.

Jeg haabis alt at finde min Kone,
Skuld jeg end leede her fra til Skaane,
Thi vil vi vandre Bye fra By,
Høre oc spørge om Tiding ny,
Ja leede det hele Land omkring.

MAUFFVERKAAL Alt faar i først liuse til Lands Ting,
Om ingen veed eders Gaard oc Grund,
Eders Kone oc Børn nogen lund,
Saa faar i nogen Kundskab paa stand.

NIDING   O, du raader som en forstandig Mand!
Hvad troer du, Mauffverkaal, jeg tæncker?

MAUFFVERKAAL Kand skee paa listige Reuffve Rencker?

NIDING   Jeg drømte en selsom Drøm i Nat,
At en Stader haffde min Kone fat,
Giff dette icke end saa monne gaa,
At sligt Jep Skalds Kone gielder paa:
Seer, hvor hindis Øyne paa mig løbe,
Det var nock, hun skuld mig kiøbe.
Ah, var det saa, at det kunde skee,
Da vilde jeg skogre oc hiærtelig lee.
Ney, mig skal neppe timis den ære,
Icke vilde jeg det end heller begere,
At soffve hos Jep Skald[i]s Qvinde,
Jeg haabis, jeg maa min egen finde.

Som den engelske *Everyman* har den med held været opført i nyere
tid.

My hopes of finding my wife are high,
I'll search and seek both far and nigh;
We'll make our way from town to town,
And ask for tidings up and down
And through the land we'll search with zeal.

MEAGRECOLE   But first in court you must appeal:
Does anyone know your farm and land,
Your wife and children, we'll demand.
That may bring you nearer your goal.

NITHING   Your counsel's wise, good Meagrecole!
Of what am I thinking, do you deem?

MEAGRECOLE   Is it some clever and foxy scheme?

NITHING   I dreamt the strangest dream last night,
A beggar held my good wife tight,
Let's hope it does not indicate,
That Jep Skald's wife will meet that fate:
See how her eyes now take my measure,
As though she'd buy me for her pleasure.
And if perchance it came to pass,
I'd laugh until I burst, alas!
But to her love I don't aspire,
Neither is it my desire,
To sleep in Jep Skald's woman's bed,
I hope to find my own instead.

Like the English *Everyman,* the Danish play has been successfully revived in modern times.

DEN FANGNE GREFWINNE

LEONORÆ CHRISTINÆ JAMMERS MINDE

Således kaldte forfatterinden selv sine erindringer. Leonora Christina (1621–98) var datter af kong Christian IV og hans morganatiske hustru Kirstine Munk. Hun var rigt begavet og fik en alsidig kulturel uddannelse. Kun 15 år gammel blev hun gift med grev Corfitz Ulfeldt, 1643–51 rigets højeste embedsmand, rigshovmester. Under et diplomatisk besøg i Paris 1647 vakte Leonora Christina hoffets beundring ved sin ynde og klogskab. Da Frederik III 1648 efterfulgte Christian IV, formindskede han Ulfeldts magt; af had til kongen sluttede den grænseløst ærgerrige mand sig til rigets fjender; 1660-61 sad han og Leonora Christina i fangenskab på Bornholm; 1662 forlød det i København, at Ulfeldt havde tilbudt at skaffe kurfyrsten af Brandenburg Danmarks krone. Leonora Christina, som med dyb hengivenhed og trofasthed fulgte sin ægteherre overalt, tog alene til London for at indkræve en sum penge, som Karl II havde lånt af Ulfeldt; den engelske konge spillede imidlertid Leonora Christina i hænderne på den danske gesandt, som lod hende føre til København, hvor hun på Københavns slot holdtes fængslet i 22 år, 1663–85. Under de senere år af sit fangenskab nedskrev hun, for sine børns skyld, sine erindringer fra fængselstiden. Af disse memoirer, de ypperste i dansk litteratur, lyser den fangne kongedatters sjælsstyrke; hendes personlighed hævder sig under de mest ydmygende omstændigheder. Som fortæller og skribent ejer hun en enestående evne til at få en situation til at stråle af liv og bevægelse. – Med stor troværdighed gengiver hun talesproget, også når hendes omgivelser har benyttet fransk, højtysk eller plattysk. –

Den 8. august indsattes Leonora Christina i et smudsigt fængselsrum uden vinduer; her blev hun straks kropsvisiteret. Døren blev "opluct, oc kom ind til mig Dronningens Hoffmesterinne, hendis Kammer-Quinde oc Prouiant-Skriffuerens Quinde, Abel Catharina. Den sidste kiendte ieg. Hun oc Dronningens Kammer-Quinde

THE CAPTIVE COUNTESS

LEONORA CHRISTINA'S MEMORY OF WOE

This was the title which the authoress gave to her memoirs. Leonora Christina (1621–1698) was the daughter of King Christian IV and his morganatic wife Kirstine Munk. She was highly talented and received a broad, cultural education. When she was only fifteen she was married to Count Corfitz Ulfeldt who from 1643–1651 was seneschal, the highest official in the kingdom. During a diplomatic visit to Paris in 1647, Leonora Christine evoked the admiration of the court because of her grace and intelligence. When Frederick III succeeded Christian IV in 1648, he diminished Ulfeldt's power; out of hatred for the king, this boundlessly ambitious man joined forces with enemies of the kingdom. In 1660––1661 he and Leonora Christina were imprisoned on the island of Bornholm; in 1662 it was rumored that Ulfeldt had offered to obtain the crown of Denmark for the Elector of Brandenburg. Leonora Christina, who with deep devotion and faithfulness followed her husband everywhere, travelled alone to London in order to collect a sum of money which Charles II had borrowed from Ulfeldt. The English king, however, played into the hands of the Danish envoy, who had Leonora Christina taken to Copenhagen, where she was held prisoner in the Copenhagen Castle for twenty-two years, 1663–1685. During the later years of her imprisonment, she wrote down her memoirs of the time in prison for the sake of her children. The spiritual strength of the captive daughter of a king glows in these memoirs, the most outstanding in Danish literature; her personality asserts itself under the most humiliating circumstances. As a narrator and writer, she possesses an unique ability to make a situation radiate life and movement. With great veracity, she reproduces spoken language, even when the people around her used French, High German, or low German.

On 8 August, Leonora Christina was locked up in a dirty cell without windows; here she was immediately bodily searched. The door "was again opened, and there entered the Queen's Mistress of the Robes, her Woman of the Bed-chamber, and the wife of the Commissariat Clerk, Abel Catharina. I knew the last-named. She and the Queen's Woman of the Bed-chamber carried clothes, which

haffde Klæder att bære, som bestoede vdi en lang Silcke stoppet Natkiortel, offuer dragen med Liifarffue Skillert oc huid Skillerts Vnderdret, et Lærritz Skiørt, tryckt med sort i Kniplings Munster omkring, et Par Silcke Strømper, et Par Tøffler, en Serck, ett Forklæde, en Nattmantel oc tuende Kamme. De helsede mig icke. Abel Cath. holt Orded oc sagde: "Ded er Henders Majts. Dronningens Befaling, att wi skal klæde Eder aff Eders Klæder, oc att I skal haffue disse igien". Ieg suarte: "I Guds Naffn!" Saa løste de aff mit Hoffuet min Walck, vdi huilcken ieg Ringe oc mange løse Demanter haffde indsyet. Abel Cath. følte offuer alt i mit Hoffuit, om intet war stucken i Haaret; sagde til de andre: "Der er intet, wii haffuer icke Kammene behoff". Abel Cath. begierte Armbaandene oc Ringene. Ieg tog dennem aff oc flyde hender, saa nær som en liden Ring, mig gick paa ded yderste Leed aff min Liden-Finger, kunde werret lit meer end som en Rdr. wært; den bad ieg om att maatte beholde. "Nein" (suarte Hoffmesterinnen), "Ihr sollet nichts behalten". Abel Cathr. sagde: "Ded er os saa høyt forbøden att lade Eder ded allerringeste; ieg haffuer maat swære Dronningen paa min Siæl oc Salighed, att ieg skulle flittig søge oc icke lade Eder ded allerringste, men der for skal I icke miste ded; ded skal altsammen forseglis oc Eder til beste forwaris, ded haffuer, som Gud, Dronningen sagt". "Wel, wel, i Guds Naffn!" suarte ieg. Hun drog mig alle mine Klæder aff. Vdi mit Vnder-Skiørt haffde ieg giemt *Ducater* vnder de brede Guld-Kniplinger, vdi min Silcke *Camisolle* ett lided Demants-Smycke, vdi Foeden aff miine Strømper *Iacobusser* oc Saphirer i mine Skoe. Der hun wille drage mig Sercken aff, bad ieg den att beholde. Ney, soer hun wed sin Siæl ey att torde. Saa blottede de mig gandske, oc gaff Hoffmesterinnen Abel Cathr. en Nick, huilcken hun icke strax forstoed, huorfor Hoffm. sagde: "Wisset Ihr wol, was Euch befohlen ist?" Derpaa søgte Abel Cathr. med sin Haand paa ett himlig Sted oc sagde til Hoffm.: "Neen, bii Gott! dar ist nichts". Ieg sagde: "I handler v-christeligen oc v-tilbørligen med mig". Abel Cathr. suarte: "Wii erre ickun Tiennerinder, wii faar att giøre, huad os er befalet; wii skal leede effter Breffue oc icke effter anded, alt ded anded skal I faa igien, ded skal wel forwaris". Der de mig saaledis spoleret oc i de Klæder, de mig bragte, igien i klæd haffde, kom Hoffmesterindens Dreng ind oc leete offuer alt med Able Cathr., fant oc alt, huis ieg haffde skiult. Gud forblindede dennem alligewel, saa de icke bleffue mine Demants Ørringe war oc nogle *Ducater,*

consisted of a long dressing-gown stitched with silk, made of flesh-coloured taffeta and lined with white silk, a linen under-petticoat, printed over with a black lace pattern, a pair of silk stockings, a pair of slippers, a shift, an apron, a night-dress, and two combs. They made me no greeting. Abel Cath. spoke for them, and said: 'It is the command of Her Majesty the Queen that we should take away your clothes, and that you should have these in their place.' I answered, 'In God's name!' Then they removed the pad from my head, in which I had sewn up rings and many loose diamonds. Abel Cath. felt all over my head to see if anything was concealed in my hair; then she said to the others, 'There is nothing there; we do not require the combs.' Abel Cath. demanded the bracelets and rings. I took them off and gave them to her, except one small ring which I wore on the last joint of my little finger, and which could not be worth more than a rix-dollar, this I begged to be allowed to keep. 'Nein,' said the Mistress of the Robes, 'Ihr sollet nichts behalten.' Abel Cath. said, 'We are strictly forbidden to leave you the smallest thing; I have been obliged to swear on my soul and salvation to the Queen that I would search you thoroughly, and not leave you the smallest thing; but you shall not lose it; everything will be sealed up and kept for you, for this I swear the Queen has said.' 'Good, good, in God's name!' I answered. She drew off all my clothes. In my under-petticoat I had concealed some ducats under the broad gold lace; there was a small diamond ornament in my silk camisole, in the foot of my stockings there were some Jacobuses', and there were sapphires in my shoes. When she attempted to remove my chemise, I begged to be allowed to retain it. No; she swore upon her soul that she dared not. She stripped me entirely, and the Mistress of the Robes gave Abel Cath. a nod, which she did not at once understand; so the Mistress of the Robes said: 'Wisset Ihr wol, was Euch befohlen ist?' Upon this, Abel Cath. put her hand in a private place, and said to the lady in waiting, 'Neen, bii Gott! dar ist nichts.' I said: 'You act towards me in an unchristian and unbecoming manner.' Abel Cath. answered: 'We are only servants; we must do as we are ordered; we are to search for letters and for nothing else; all the rest will be given back to you; it will be well taken care of.' After they had thus despoiled me, and had put on me the clothes they had brought, the servant of the Mistress of the Robes came in and searched everywhere with Abel

ieg vdi Lær indsyed haffde om mit eene Knæ; en Demant paa en
200 Rdr. reddede ieg oc, den haffde ieg paa Skiibet bit vd aff Gullet
oc kast Gullet i Stranden; Steenen haffde ieg da i Munden."
    Den 17. Aug. flyttedes Leonora Christina til et fangerum i Slots-
tårnets 3. stokværk: "Her wil ieg mit Fengsels Sted beskriffue. Ded
er ett Kammers, som er 7 aff mine Skrit lang oc 6 breed; der vdi
staar tuende Senge, ett Bord oc toe Stoele. Ded war nys kalcket,
huilcket gaff en stoer Stanck; ellers war Gulffuet saa tyck med Skarn,
att ieg meente, ded war aff Leer, der ded dog er lagt med Muur-
steen. Ded er 9 Allen høyt, hualt, oc allerhøyest sidder ett Windue,
som er en Allen i Fiirkant. Der er dobbelt tycke Ierntraller for,
derforuden ett Sprinckelwerck, som er saa tet, att icke en liden
Finger kand stickis i Hullerne". Hun fik rigelig forplejning og en
kvinde til sin opvartning, men de første år var al slags beskæftigelse
hende forbudt. Slotsfogden, d. v. s. slotsforvalteren, Jochim Walt-
purger, "war fuld aff Galskab, giorde Putzerier, som Drenge pleier
at giøre; wille fixere sig med Quinden, men hun kunde intet der
med. Hand war nesten fuld hwer Dag om Middagen, naar hand
kom op.... Hand wille oc gante sig med mig, gabte for mig, oc ieg
skulle kaste noget hen oc see, om ieg kunde ramme hands Mund.
Ieg loe oc sagde: "Wo doll siet Ii!" bad ham komme nærmere, saa
wille ieg see, om ieg kunde ramme den. "Neen, neen" (sagde hand),
"so wehr ick doll! Ii skolle mii wol en Orfigen gäffwen!"... En
Afften war hand drucken eller stillede sig saa; begynte paa sin Wiis
at wille *carressere* mig oc søge att wille føle miine Knæ, tog til Enden
aff mit Skiørt. Ieg støtte ham med Foeden oc sagde intet anded [end]:
"Wan Ii duen siedt, so blifft van mii vnd kombt hir nicht binnen,
dat säg ick Iu!" Hand sagde intet, stoed op oc gik bort; kom oc
siden icke ind, naar hand war fuld, men bleff vden for i ded anded
Rom, lagde sig der neer i Wiinduet, huor der er en breed Benk murit
aff Steen; der laae hand oc soff et Tag, effter att miine Døre ware
lucte, saa kom hands Kusk oc Christen oc slæbte ham neer. Støn-

Cath., and found everything that I had concealed. God blinded their eyes so that they did not observe my diamond earrings, nor some ducats which had been sown into leather round one of my knees; I also saved a diamond worth 200 rix-dollars; while on board the ship I had bitten it out of the gold, and thrown the gold into the sea; the stone I had then in my mouth."

On 17 August, Leonora Christina was moved to a cell in the third story of the castle tower. "I will here describe my prison. It is a chamber, seven of my paces long and six wide; there are in it two beds, a table, and two chairs. It was freshly whitewashed, which caused a terrible smell; the floor, moreover, was so thick with dirt, that I imagined it was of loam, though it was really laid with bricks. It is eighteen feet high with a vaulted ceiling, and very high up is a window which is two feet square. In front of it are double thick iron bars, besides a wire-work, which is so close that one could not put one's little finger into the holes." She received sufficient food and a woman to attend her, but during the first years, every kind of activity was forbidden her. The castle bailiff, that is to say, the castle steward, Jochim Waltpurger, "was full of foolish jokes, and played tricks such as boys enjoy; he tried to jest with the woman, but she would not join him. Almost every day he was drunk at dinner-time when he came up. He wanted to jest with me also, and opened his mouth, telling me to throw something in and see if I could hit his mouth. I laughed and said, 'Wo doll siet Ii!' and begged him to come nearer, and I would see if I could hit him. 'Neen, neen,' said he; 'so wehr ick doll, Ii skolle mii wol en orfigen gäffwen.' ... "One evening he was intoxicated, or behaved as such; and began, after his fashion, to try and caress me, endeavouring to feel my knees and seized the edge of my petticoat. I thrust him away with my foot, and said nothing more than: 'Wan Ii duen siedt, so blifft van mii vnd kembt hir nicht binnen, dat säg ick Iu.' He said nothing, got up and went away; but he did not come in afterwards when he was tipsy, but remained outside in the anteroom, lying down in the window, where there was a broad stone bench against the wall; there he lay and slept for some time after my doors were locked, then the coachman and Chresten came and dragged him down. Occasionally he came in when he was not drunk, and he gave me at

nem, naar hand war icke fuld, saa kom hand ind, oc gaff hand mig effter Begiæring nogle gamle Kortblade, som ieg syde sammen oc giorde mig et Skrin aff. Christian beslog ded med tynne Fyrpiinde, som ieg siden syde paa oc sneeg mig til att male med Farffwe. Ded er endnu til. Slosf. saae ded siden, men spurte aldrig, hwordant ded Beslag war kommen til. I ded Skrin (om ded saa kand kaldis) haffwer ieg alt mit Arbeed oc Reedskab, oc staar [ded] i min Seng om Dagen."

De vekslende opvartersker var Leonora Christina til opmuntring eller fortræd efter deres karakter. Cathrine Wolff var fordrukken; hun ses her i en scene af flamsk realisme: "Hun fik... en halff Potte frans Wiin hwær Maaltiid, oc ieg en halff Potte rinsk Wiin. Begge de Deele kunde hun dricke foruden att være heel fuld; thi til hinders Maed drak hun den franske Wiin, lagde sig derpaa; naar hun saa stoed op om Efftermiddagen, saa drak hun min Wiin. Om Afftenen skaanede hun miin Wiin til Frokaast, men engang forwarte hun i en Potte baade min oc henders Wiin om Afftenen, saa hun til Middag haffde 2 Potter Wiin; dem saed hun oc listede saa sacte i sig, oc ieg actede ded icke, saed iust i en *Speculation* om et Munster til att knøtte. Endelig saae ieg til hender, att ded warte saa lenge, førend hun lagde sig; da hælte hun alle Kar et effter anden, oc der war intet vdi. Saa talte ieg til hender oc sagde: "Wo is et? Häb Ii alle de Wiin utdrunken?" Hun kunde ille sware, wille staa op oc kunde icke. "Tho Bäd, Ii fulle Söwge!" (sagde ieg). Hun wille gierne, men kunde icke, spiide langs need aff sig, krøb langs ad Wæggen for att faa fat paa en Koost. Der hun haffde den, kunde hun intet giøre dermed. Ieg sagde, hun skulle krybe til Sengen oc legge sig. Hun krøb did oc falt næskrues ned paa Sengen, oc Benene stoede paa Gulffwet. Der spyde hun igien, bleff saa liggendis oc soff (huorledis ieg war til Fritz, er læt att tencke). Hun soff et Par Tiimer saaledis liggendis, haffde dog icke soffvet Ruusen gandske vd; thi der hun skulle giøre reent for sig oc om sig, bleff hun siddendis et swart Tag paa en law Stoel, Kooste Skafftet med Koosten imellem Beenene, Haaret om Ørene. Snørliffwet tog hun aff for at toe ded, saed saa i

my request some old maps, which I sewed together and made into a box. Christian covered it with thin sticks of fir, which I afterwards stitched over, and I even secretly contrived to paint it. It still exists. The prison governor saw it afterwards, but he never asked where the covering had come from. In this box (if I may call it so) I keep all my work and implements, and it stands by day on my bed."

The maid servants who succeeded one another were a source of encouragement or harm to Leonora Christina, each according to her character. Catherine Wolff was given to drink; she is shown here in a scene of Flemish realism: "She received half a pint of French wine at each meal, and I half a measure of Rhine wine. She could drink both portions without being quite intoxicated, for at her meal she drank the French wine and lay down; and when she got up in the afternoon she drank my wine. In the evening she kept my wine for breakfast, but once she preserved in a vessel both my wine and her own, so that at noon she had two pints of wine; she sat there and drank it so quietly, and I paid no attention to her, being at the moment engaged in speculation about a pattern which I wanted to knit; at length I looked at her because it was so long before she lay down; then she turned over all the vessels, one after another, and there was nothing in them. I accosted her and said, 'Wo is et? Häb Ii alle de wiin utdrunken?' She could scarcely answer. She tried to stand up, and could not. 'Tho bäd, Ii fulle söwge!' said I. She tried to move, but could not; she vomited down her front, and crept along by the wall to fetch a broom. When she had the broom, she could do nothing with it. I told her to crawl into bed and lie down; she crawled along and fell with her face on the bed, while her feet were on the ground. There she vomited again, and remained so lying, and slept. It is easy to imagine how I felt. She slept in this way for a couple of hours, but still did not quite sleep off her intoxication; for when she wanted afterwards to clean herself and the room, she remained for a long time sitting on a low chair, the broom between her knees and her hair about her ears. She took off her bodice to wash it, and so she sat with her chemise

Oplet, som stoed aaben for til, oc toe slæmme soorte brune Flasker hengte vd; iamrede sig, bad Gud hielpe sig: hun haffde sin Død. Ieg war baade wree, oc ieg kunde icke holde mig for Latter aff ded slæmme Skilderi."

Over for en anden, Inger, der var fuld af ondskabsfuld drilagtighed, måtte Leonora sætte sig i respekt ved hårde midler. Længe har kvinden opirret hende. "Ieg sagde: "I drister paa min Taalmodighed, men løber Gallen offwer for mig engang, saa skal I wist faa noget anded att see, I forbandede slemme Ting!" "Forbandede slemme Ting!" sagde hun wed sig selff oc loe saa sacte. Ieg bad Gud regiere mig, att ieg icke skulle forgriibe mig paa ded Affskum. Oc som ieg da haffde ded anded Rom, saa gik ieg der op, spatzerte imellem 4 oc 5 Slæt. Hun slaskede oc toede der vde, spilte Wand ret der, som ieg tog min Gang. Ieg sagde hender nogle Gange, hun skulle lade sin Toen være, hun kaste alt Wanded hid oc ·did paa Gulffwet, ieg giorde miine Klæder skiden, oc stønnem war der icke en Taar til Hunden att dricke, oc Taarngiemmeren skulle hente Wanded henne wed Køcken Posten. Alt ded hialp intet. En Dag lystede ded hender, att ret som Klocken haffde slaget 4, gik hun vd i ded anded Rom oc slog all Wanded vd paa Golffwet, kom saa ind igien. Der ieg kom i Døren, bleff ieg ded war; foruden nogen Ord slog ieg hender først paa den eene oc saa paa den anden Kiæffte, saa Bloded stoed vd aff Næse oc Mund, oc hun falt imod sin Slabenk oc støtte sit Skinnebeen Hudden aff. Hun begynte att bruge Mund oc sige, att hun aldrig fik saadan Ørfigner i siine Dage. Ieg sagde stax: "Holder Kiæfften, ellers I skal faa fleere aff dem! Ieg er endnu ickun lit wree, men giør I mig ret wree, ieg skal lemmelæste Eder!" Hun taw for den Gang, men giorde all den smaa Fortred, hun kunde. Ieg tog ded alt med Sactmodighed an, frygtede for, att ieg skulle forgriibe mig paa hender."

Engang i 1670 fik den fangne grevinde fornemt besøg; nogle damer kom, uden at give sig tilkende, i hendes fængselsrum; en af

open, from which hung two black-brown leather bottles; she kept bemoaning herself, praying to God to help her, as she was nigh unto death. I was angry, but I could scarcely help laughing at this sad picture."

From another, Inger, who was full of evil mischievousness, Leonora had to win respect by using harsh means. The woman had irritated her for a long time. "I said, 'You tax my patience sorely; but if once my gall runs over, you will certainly get something which will astonish you, you base accursed thing!' 'Base accursed thing!' 'Base accursed thing,' she repeated to herself with a slight laugh. I prayed to God that he would restrain me, so that I might not lay violent hands on this base creature. And as I had the other apartment (as I have before mentioned), I went out and walked up and down between four and five o'clock. She washed and splashed, and spilled water there where I was walking. I told her several times she should stop; she spilled water here and there on the floor, so that I dirtied my clothes, and often there was not a drop of water for my dog to drink, and the tower warder had to fetch her water from the kitchen pump. This was of no avail. One day it occurred to her, just as the bell had sounded four, to go out and pour all the water on the floor, and then come back again. When I went to the door, I perceived what she had done. Without saying a word, I struck her first on one cheek and then on the other, so that the blood ran from her nose and mouth, and she fell against her bench, and knocked the skin from her shin-bone. She began to be abusive, and said she had never in her life had such a box on her ears. I said immediately, 'Hold your tongue, or you will have others like it! I am now only a little angry, but if you make me really angry I shall maim you.' She was silent for the time, but she caused me all the annoyance she could. I received it all with gentleness, fearing that I might lay violent hands on her."

Sometime in 1670, the captive countess received distinguished visitors; some ladies came into her cell without identifying themselves; one of them, the Duchess of Glücksborg, asked humiliating

dem, hertuginden af Glücksborg, gjorde ydmygende spørgsmål – og fik svar: "Hun spurte mig, om ieg haffde Lopper. Ieg swarte att wille lewere hender et Regiment Lopper, om hun wille haffwe dem. Hun swarte hastig med en Eed oc soer, hun begierte dem icke. Ieg bleff noget spotsk offwer henders Spørgsmaal oc fortreden offwer den Glæde, hun wiiste i min elendige Tilstand, huor for, der hun spurgte mig, om ieg oc haffde "Filz- oder Wandtleüse", swarte ieg hender med et Spørsmaal oc spurte hender, "ob mein Schwager *Hanibal* Sehested noch lebte?" Ded Spørsmaal giorde hender lit taws, thi derpaa formerkte hun, att ieg kiente hender" – den kvinde-kære Sehested, som var gift med en søster til Leonora Christina, havde engang stærkt kurtiseret den paagældende dame, hvad der havde givet anledning til en del omtale.

1670 døde Frederik III; det nye kongepar var Leonora Christina mildere stemt; hun fik bl. a. lov at anskaffe bøger; men først da enkedronning Sophie Amalie døde 1685, gav Christian V Leonora Christina friheden. Han lod dog ordren udføre, medens han var på rejse til Norge.

Den 19. maj 1685, klokken 8 om morgenen kom slotsfogdens fuldmægtig "Tøtzløff op til mig oc berettede, att Gros *Canzeler* Greff *Allefeldt* haffde sendt Slosfogden en kongl. *Ordre,* att ieg skulle mit Fengsel entledigis oc gaa der ud, naar ieg wille (den *Ordre* war aff Kl. *Majt*. underskreffwen, Dagen førend *Majt*. reiste). Hands høye *Exc*. war reist med Kongen. Tøtzløff spurte, om ieg wille, hand skulle lucke, efftersom ieg nu alt war frii. Ieg swarte: "Saa lenge ieg er inden Fængsels Dørene, saa er ieg icke frii; wil oc ud med Manner. Lucker Døren oc hører, hwad Søster Daatter, Frøcken *Anna Catharina* Lindenow, siger, om Hands høye *Exc*. ingen Bud haffwer sendt hender (effter Løffte,) førend hand drog bort". Tøtzløff lucte oc gick mit Ærinde. Der Tøtzløff war borte, sagde ieg til Ionatha: "Nu i Iesu Naffn, i Afften kommer ieg ud! Sancker Eders Tøy tilsammen oc lucker ded i Laas; saa wil ieg giøre wed mit oc lade ded staa her, intil ieg kand lade ded affhente". Hun bleff noget betuttet, dog icke bedrøffwet; tackede Gud med mig, oc der til Middag bleff opluct, oc ieg spiisede, loe hun aff Ole, som war meget bedrøffwet. Ieg sagde hender, att Ole maatte wel sucke, der falt et fit Stycke Flæsk aff hands Kaal.

questions and was answered. "She asked me if I was plagued with fleas. I replied that I could furnish her with a regiment of fleas, if she would have them. She replied hastily with an oath, and swore that she did not want them. Her question made me somewhat ironical, and I was annoyed at the delight she exhibited at my miserable condition; so when she asked me whether I had 'Filz-oder Wandtleüse,' I answered her with a question, and enquired, 'ob mein Schwager Hanibal Sehested noch lebte?' This question made her somewhat taciturn for she perceived that I knew her." Sehested, a ladies' man, who was married to Leonora Christina's sister, had once courted the lady in question, and this had caused considerable talk.

In 1670, Frederick III died; the new royal couple was more kindly disposed toward Leonora Christina; among other things she was permitted to acquire books, but not until the dowager queen Sophie Amalie died in 1685 did Christian V give Leonora Christina her freedom. He had the order executed while he was travelling in Norway.

On 19 May 1685 at 8 o'clock in the morning, the castle steward's clerk, "Tötzlöff, came up to me and informed me that the Lord Chancellor Count Allefeldt had sent the prison governor a royal order that I was to be released from my imprisonment, and that I could leave when I pleased. (This order was signed by His Royal Majesty the day before his Majesty left.) His Excellency had accompanied the King. Tötzlöff asked whether I wished him to lock the doors, as I was now free. I replied, 'So long as I remain within the doors of my prison, I am not free. I will moreover leave properly. Lock the door and enquire what my sister's daughter, Lady Anna Catharine Lindenow, says, whether his Excellency sent any message to her (as he promised) before he left.' Tötzlöff locked the door and went on my errand. When Tötzlöff was gone, I said to Jonatha, 'Now, in Jesus' name, this very evening I shall leave. Gather your things together, and pack them up, and I will do the same with mine; they shall remain here till I can have them fetched.' She was somewhat startled, but not cast down. She thanked God with me, and when the doors were unlocked at noon and I dined, she laughed at Ole, who was greatly depressed. I told her that Ole might well sigh, for that he would now have to eat his cabbage without bacon.

Tøsløff bragte mig Swar fra Søster Daatter, att Hands høye *Exc.*
haffde laded hender wiide, att ded stoed hender friit for att følge
mig need aff Taarnet, om hun wille; bleff saa foraffskeeded, att hun
wille komme sille op samme Dags Afften.

Slosf. hastede meget for att bliffwe aff med mig, sendte Taarn-
giemmeren imod Afftenen til mig oc loed spørge, om ieg wille icke
ud. Ieg loed sware, att ded war for lyst (maaske att der ware *curieuse,*
som haffde Lyst att see mig).

Ieg loed wed en goed Wen fornemme hoes Hendis *Majt.* Dron-
ningen, om ieg icke maatte haffwe den Naade att neederkaste mig
for Hs. *Majts.* Fødder (ieg kunde komme paa Dronningens Gemack
igiennem Løngangen, saa ingen kunde see mig). Hendis *Majt.* loed
sware, at hun torde icke tale med mig.

Der Klocken war imod 10 Slæt om Afftenen, lucte Slosf. Døren
op for Søster Daatter (i toe Aar haffde ieg icke seet hannem). Hands
Compliment war: "Nu, skøllen wii uns nu scheden?" Ieg swarte:
"Ia, nu is de Tiid gekaamen". Saa bød hand mig Haanden oc sagde:
"*Ade !*" Ieg swarte med samme Ord, oc Søster Daatter loe hierteli-
gen.

Stacket effter Slosf. war gaaen bort, gick ieg oc Søster Daatter ud
aff Taarnet. Hs. *Majt.* Dronningen formeente att see mig, der ieg
gick ud; war gaaet hen paa en *Balcon.* Men ded war temmelig
mørckt; tilmed haffde ieg et soort Floer for Ansictet. Slos-Platzen
langs need aff Broen oc uden for war saa forfylt aff Mennisker, saa
wii næppeste kunde trenge os igien til *Careten.*

Miine Fængsels Dage haffwer wærret 21 Aar, 9 Maaneder oc 11
Dage."

Ubrudt på legeme og sjæl forlod Leonora Christina sit fangetaarn
og levede, under standsmæssige forhold og rig åndelig beskæfti-
gelse, i det tidligere birgittinerkloster i Maribo til sin død, 76 Aar
gammel. – Manuskriptet til Jammers Minde beroede hos hendes
efterkommere, den østrigske adelsslægt Waldstein og var ukendt i
Danmark, indtil S. Birket Smith udgav det 1869. (Sammes Tredie

"Tötzlöff brought me word from my sister's daughter that his Excellency had sent to her to say that she was free to accompany me from the tower, if she chose. It was therefore settled that she was to come for me late the same evening.

"The prison governor was in a great hurry to get rid of me, and sent the tower-warder to me towards evening, to enquire whether I would not go. I sent word that it was still too light (there would probably be some curious people who had a desire to see me).

"Through a good friend I made enquiry of her Majesty the Queen, whether I might have the privilege of throwing myself at her Majesty's feet (I could go into the Queen's apartment through the secret passage, so that no one could see me). Her Majesty sent me word in reply that she dared not speak with me.

"At about ten o'clock in the evening, the prison governor opened the door for my sister's daughter. (I had not seen him for two years). His compliment was, 'Nu sköllen wii uns nu scheden?' I answered, 'Ia, nu is de tiid gekaamen.' Then he gave me his hand, and said 'Ade!' I answered in the same manner, and my niece laughed heartily.

"Soon after the prison governor had gone, I and my sister's daughter left the tower. Her Majesty the Queen thought to see me as I came out, and was standing on her balcony, but it was rather dark; moreover I had a black veil over my face. The palace-square, as far as the bridge and further, was full of people, so that we could scarcely press through to the coach.

"The time of my imprisonment was twenty-one years, nine months, and eleven days."

Unbroken in body and spirit, Leonora left the tower prison and lived in a manner consistent with her station, and engaged in profuse intellectual activity in the former Bridgetin convent in Maribo until her death at the age of 76. The manuscript of "Memory of Woe" was preserved by her descendants, the Austrian noble family Waldstein and was unknown in Denmark until S. Birket Smith edited it in 1869. (Smith's third edition of 1885 has been used here.)

Udgave, 1885, benyttes her). Dens fremkomst fik, bl.a. ved sin
sprogform, betydning for J. P. Jacobsens Fru Marie Grubbe. In-
terieurer fra det syttende Aarhundrede (1876).

Its publication was important, *inter alia* because of its language, for J.P. Jacobsen's *Marie Grubbe, Interiors from the Seventeenth Century* (1876).

NIELS STENSEN

I det 16. og endnu mere i det 17. århundrede tog naturvidenska-
berne et glimrende opsving overalt. Hertil bidrog Danmark i høj
grad, takket være nogle førsterangs forskere. Da Tycho Brahe 1601
døde i Prag, efterlod han sig et videnskabeligt livsværk, der skulle
få den største betydning for astronomien; i 1676 forelagde Ole Rø-
mer i Journal des Sçavans sin opdagelse af lysets hastighed, og
1661–69 offentliggjorde Niels Stensen, på latin og fransk, en række
epokegørende naturvidenskabelig iagttagelser. Niels Stensen er en
af de sjældne få, som umiskendeligt bærer geniets præg. En eminent
naturforsker, en fin og konsekvent filosof, en karakter så ægte og
lødig, som man knap troede mulig.

Niels Stensen fødtes i januar 1638 i København. På fædrene side
stammede han fra vellærde og agtede præster; faderen var guld-
smed. Stensen selv havde, som det skulle vise sig, både hoved og
håndelag. Som lille dreng havde han et skrøbeligt helbred og var
derfor mere blandt voksne end blandt børn. Skønt han mistede sin
fader, da han var seks år, fik han gode kår i barndommen hos en
slægtning, der var rentemester. Han kom i Vor Frue skole – dvs.
Metropolitanskolen – og blev i november 1656 immatrikuleret ved
universitetet. Der var betydelige mænd i de medicinske og dermed
også naturvidenskabelige fag ved Københavns universitet. Stensen
priser senere Simon Paulli og Thomas Bartholin som sine mestre.
Den første var afgået som professor 1648, men foretog stadig højt
vurderede botaniske exkursioner med de medicinske studerende, og
Bartholin, der i 1656 ophørte med regelmæssig undervisning, fore-
tog dog fra tid til anden anatomiske demonstrationer. Der skal så
lidt vejledning til for en begavet student: han har snart fat i den
rigtige ende og kan selv. Kun tre år studerede Stensen i København
– og i den tid indfaldt krigen med svenskerne 1657–60, med Køben-
havns belejring i vinteren 1658–59, der kulminerede med Karl Gu-
stavs forgæves storm på byen natten mellem den 10. og 11. februar
1659. Niels Stensen stod i 1. kompagni af studenternes og professo-

NIELS STENSEN

In the sixteenth century, and even more in the seventeenth, the natural sciences were making amazing advances everywhere. Denmark made a considerable contribution, thanks to several first-class investigators. When Tycho Brahe died in Prague in 1601 he left behind him a life's work of scientific achievement which was to have the greatest significance for astronomy. In 1676 Ole Rømer published in the *Journal des Sçavans* his discovery of the velocity of light, and between 1661 and 1669 Niels Stensen published in Latin and in French a series of epoch-making scientific observations. Niels Stensen is one of the select few who bear the unmistakable stamp of genius. An eminent natural scientist, a noble and consistent philosopher, he had a character so true and genuine as to be almost beyond belief.

Niels Stensen was born in Copenhagen in January 1638. He was descended on his father's side from a line of learned and highly respected clerics; his father was a goldsmith. Stensen, as was soon to be seen, could use both his brain and his hands with dexterity. When he was a small boy, he had delicate health, and for this reason was more in the company of adults than children. In spite of the fact that he lost his father when only six, he had a good childhood, which he spent with a relative who was a royal treasurer. He went to Our Lady's School—that is to say, the "Metropolitan School"—and in 1656 he matriculated at the university. At this time there were outstanding men in medicine, and thus also the natural sciences, at the University of Copenhagen. Later, Stensen was to pay tribute to Simon Paulli and Thomas Bartholin as his masters there. Paulli had retired as a professor in 1648, but still undertook highly praised botanical excursions with medical students, and Bartholin, who gave up regular teaching in 1656, undertook anatomical demonstrations from time to time. A gifted student needs but little guidance; he very soon has a clear grasp of matters and can proceed by himself. Stensen studied for only three years in Copenhagen—and during that time a war with the Swedes occurred (1657–1660) with the siege of Copenhagen in the winter of 1658–59, which culminated in Charles X's abortive storming of the city on the night between the tenth and the eleventh of February 1659. Niels Stensen fought with the First Company of the Students'

rernes regiment. Det regelmæssige universitetsarbejde blev natur-
ligvis væsentlig hindret af krigshandlingerne. Men derfor standsede
ånden ikke sin virksomhed. Man har tit nok erfaret, også under den
sidste krig, at store og nære begivenheder kan stimulere evnen til
at iagttage og reflektere. I hvert fald kan det bevises, at Niels Sten-
sen knap en måned efter stormnatten har taget fat igen på studierne.
For nogle år siden fandt Stensen-forskeren Gustav Scherz i national-
biblioteket i Firenze et manuskript, som består af 90 foliosider, i to
spalter, tæt beskrevne med Stensens lille og tætte håndskrift. Midt
over den første side står "In nomine Jesu" og derunder: *Chaos,* og
foroven i venstre hjørne: Die 8. Martii Anno 1659. Det er den 21-
åriges studiebog! Mest på latin findes heri en fylde af excerpter og
observationer. Den unge mand refererer og citerer medicinske og
naturvidenskabelige oversigtsværker og specialundersøgelser. Man
kan se ham notere sine egne naturiagttagelser, f. ex. om snekrystal-
ler – det er jo endnu vinter – om lysets brydning i vinduesruder
eller som denne iagttagelse fra en tur ved volden: "Jeg saa i dag
før middag, at vandet i voldgraven nær ved Vesterport [prope por-
tam Occidentalem] havde en blodrød farve, og at denne farve steg
op fra bunden ligesom bløde skyer." (Nicolai Stenonis Epistolae,
II, 1952, 920).

Hele det unge intellekt er i fuld bevægelse. Ikke mindst kritikken
er vågen. Man skal passe på dem, skriver han, der begår den fejl
at ville forklare naturfænomener ved andre, som ligner dem. Således
har man sagt, at fostret er forbundet ved navlestrengen med livmo-
deren, ligesom planterne ved rødderne er forbundet med jorden,
eller at venerne som rør suger næring af indvoldene som rødderne
af jorden. Man ser fra denne optegnelse frem til den danske arvelig-

and Professors' Regiment. The regular work of the university was of course disrupted by military action, but the spirit did not cease its activity because of this. We have frequently experienced— and even as recently as during the last war—how important and nearby events often stimulate the ability to observe and reflect. In any case, it can be demonstrated that scarcely a month after the night of the storming, Niels Stensen had taken up his studies again. A few years ago, the Stensen scholar Gustav Scherz found in the National Library in Florence a manuscript consisting of ninety folio leaves in two columns which were tightly packed with Stensen's small, close handwriting. In the middle of the top of the first page was written "In nomine Jesu", and under this: *Chaos,* and in the top left-hand corner: "Die 8. Martii Anno 1659." This is the twenty-one-year-old's notebook. In it there is an abundance of excerpts and observations, most of them in Latin. The young man summarizes and quotes general medical and scientific works and special studies. We can see him recording his own observations of nature, e. g., about snow-crystals (it is still winter), about the refraction of light in the windowpanes, or the following observation after a walk on the city walls: "This morning I saw that the water in the moat near Vesterport *(prope portam Occidentalem)* was a blood-red colour, and that this colour was rising from the bottom like soft clouds." *(Nicolai Stenonis Epistolae,* II, 1952. p. 920).

The whole of his young intellect is in complete activity at this time, and not least is his critical sense wide awake. Those men, he writes, are to be watched with care who make the mistake of wanting to explain natural phenomena in terms of others which resemble them. In this way it has been stated that the embryo is connected to the womb by the umbilical cord, just as plants are connected to the earth by their roots, or again, that the veins as capillaries suck nourishment from the bowels just as roots do from the earth. This observation foreshadows the warning given by W. Johannsen, the famous Danish geneticist, against "False Analogies" (1914) in

hedsforsker W. Johannsens advarsel mod "Falske Analogier" (1914) i videnskaben. Et andet sted hedder det, at de folk synder mod Guds storhed, som ikke selv vil betragte naturens værker, men nøjer sig med at læse, hvad andre har skrevet derom og på det grundlag danner sig diverse indbildte forestillinger derom. Stensen har sit forskningsprincip aldeles klart: "I fysiske sager er det bedst ikke at binde sig til nogen videnskab, men at ordne alle enkeltheder af hvad der kan iagttages i bestemte rubrikker og heraf på egen hånd at uddrage om ikke andet så dog en delvis sikker erkendelse." (Ibid 911 f.) I disse ord har vi allerede Stensens kritiske og empiriske metode, som den skulle udfolde sig under den unge forskers rejser i det følgende tiår. I Holland, Frankrig og Italien blev Niels Stensen optaget i videnskabelige kredse, som gav ham lejlighed til både at forske og i drøftelser at fremstille sine resultater. Dengang som nu var der en tropisk vækst i naturvidenskaberne, og deres dyrkere var hinandens gæster som i vore dage på de natur- og lægevidenskabelige institutter.

I stedet for nu at følge Stensens opdagelser i deres hastige kronologiske tilblivelse vil vi med nogle eksempler se hans metode i virksomhed, som omfatter flere led.

Det første er den uimponerede holdning til, hvad der er skrevet om et emne. Der findes et portræt af Descartes ved skrivebordet; hans ene fod træder på en udgave af Aristoteles. Da Stensen i Paris 1665 holdt et foredrag om hjernens anatomi, gjorde han op med alle tidligere behandlinger af dette emne, derunder ikke blot antikkens forfattere, men også samtidens, lige til Descartes selv, som i et posthumt arbejde, Tractatus de homine (1662), uden tilstrækkeligt grundlag ræsonnerer over hjernens indretning. Stensens franske

science. In another place, we read that those people sin against the greatness of God who are not willing to observe the works of nature for themselves, but are content with reading what others have written about them, and on this basis form various fanciful conceptions of their own. The young Stensen's principle of research is perfectly clear: "In physical matters it is best not to be bound to any discipline, but to arrange all the details of what can. be observed under definite headings, and from this to deduce on one's own at least a partial understanding of the problem." (*op. cit.*, 911 f.).

In these words, we can already see Stensen's critical and empirical method as it was to develop during the young scientist's travels in the subsequent decade. In Holland, France, and Italy, Niels Stensen was received into scientific circles, which gave him the opportunity both to carry on investigations and to put forward his results in discussions. At that time, just as now, there was an enormous growth in the natural sciences, and those who pursued them exchanged visits, just as is done nowadays in the institutes of medicine and natural sciences.

Instead of going through Stensen's discoveries in their swift chronological order, we will look at some examples of his method in action, which consists of several elements.

The first is his refusal to be impressed by what had been written about a subject. A portrait exists of Descartes seated at his desk; with one foot he is treading on an edition of Aristotle. When Stensen gave a lecture in Paris in 1665 about the anatomy of the brain, he made a clean sweep of all earlier treatments of the subject, among these not only those by the ancients, but also by contemporary scholars, including even Descartes himself, who in a posthumous work, *Tractatus de homine* (1662), argues about the composition of the brain from an insufficient basis of facts. Stensen's French lecture is a model of unprejudiced scientific stocktaking.

foredrag er et mønster på en fordomsfri videnskabelig statusop-
gørelse.

Det udkom i Paris 1669, som Discours sur l'anatomie du cerveau,
og blev optaget i en lærebog i anatomi, som den danskfødte profes-
sor J. B.Winslow [Winsløw] udgav i Paris 1732, Exposition ana-
tomique de la structure du corps humain.

For Stensen gjaldt kun een vej til kundskaben om naturen: *se
selv!* I Firenze kom han ind i en kreds af videnskabsmænd, hvoraf
de fleste tilhørte Accademia del Cimento, dvs. forsøgets eller ex-
perimentets akademi, hvis ånd var udtrykt i dets valgsprog pro-
vando e riprovando, undersøg og undersøg atter! Selvsyn, autopsi,
var den nye naturvidenskabs devise, men ikke alle formåede som
Stensen at se selv og tænke selv, det er jo altid lettere og mageligere
at samle henvisninger til litteraturen end til naturen!

Men Gud, hvor Niels Stensen kunne se! Først ganske bogstave-
ligt. Ole Borch, der studerede i Leyden sammen med ham, skrev
hjem, at Stensen "har et ualmindeligt skarpt øje for nære genstande"
Da Stensen i Leyden dissekerede et fårehoved, løsnede han øjen-
låget, fjernede den ydre hud, og da han holdt den indre op for
lyset, opdagede han tårevædsken i de mange små kar, som fra tåre-
kirtlen udmunder på lågets indre flade. Og han så eller indså da
straks, at tårernes funktion simpelthen var at holde øjet fugtigt –
og det havde ingen tidligere tænkt sig. Man troede, at tårerne kom
fra hjernen, der trak sig sammen som følge af sorg og derved lige-
som pressede vædsken ud igennem nerverne! Det var denne ana-
toms sikre hånd og skarpe øje, som førte ham til de iagttagelser,
hvis rækkevidde hans induktive tanke straks åbenbarede for ham,

It was published in Paris in 1669 under the title: *Discours sur l'anatomie du cerveau,* and was included in a text-book of anatomy which the Danish-born Professor J.B. Winsløw published in Paris in 1732 entitled *Exposition anatomique de la structure du corps humain.*

For Stensen there was only one way to find out about nature: to see for oneself. In Florence, he joined a circle of scientists, most of whom belonged to the *Accademia del Cimento,* that is to say, the academy of experimentation, the spirit of which was expressed in its motto: *provando e riprovando*—examine and re-examine. Seeing for oneself, *autopsi,* was the motto of the new science, but not everyone had Stensen's ability to see and think for himself; it is always easier and more comfortable to collect references to literature than to nature.

But how sharp Stensen's vision was! In a literal sense, first of all. Ole Borch, who studied with him in Leyden, wrote in a letter home that "Stensen has an unusually keen eye for close objects." When Stensen was dissecting a sheep's head in Leyden, he freed the eyelid and removed the outer skin. When he held the inner skin up to the light he saw the lachrymal fluid in the many small vessels leading from the lachrymal gland and discharging on to the inner surface of the lid. And he had the insight to see immediately that the function of tears was simply to keep the eye moist—and nobody had thought of this before. It was believed that the tears came from the brain which contracted as a result of sorrow and, so to speak, pressed the fluid out through the nerves! It was the sure touch and the keen eye of this anatomist that enabled him to make observations the scope of which was immediately revealed to him by his inductive way of thinking. Such cases were his discovery of the

således opdagelsen af ørespytkirtlens udførselsgang til mundhulen og påvisningen af, at hjertet er en muskel og ikke, som man endnu troede, en substans for sig og sæde for de såkaldte livsånder.

Niels Stensens evne til at se og slutte af det sete førte ham til hans livs allerstørste opdagelser. Medens han i Firenze undersøgte hajens anatomi, til hvilken han skulle give glimrende bidrag, fik han forevist nogle genstande af sten, der var fundet på Malta, og som lignede hajtænder. Ingen kunne forstå, hvorledes de var blevet til. Stensen konstaterer, at genstandene må være hajtænder, som er blevet forstenede; han slutter, at dette må være sket i havet og drager den videre konsekvens, at Malta altså en gang må have været dækket af hav. Med disse slutninger gør han springet ud fra anatomien, hvor iagttagelsen begyndte, ind i en ny videnskab, som ikke eksisterede, men hvis grundlægger han skulle blive. Eller rettere tre nye videnskaber. Igennem et helt år foretog han omfattende exkursioner i Firenzes omegn, indsamlede et vældigt materiale, hvis foreløbige resultater han nedlagde i en latinsk bog fra 1669. I dette lille skrift foregribes geologien, palæontologien og krystallografien. Man kan i bogen se alle led i Stensens videnskabslære: 1. kritikken af fortidens spekulationer; 2. den direkte attak på genstandene, autopsi og verifikation; 3. de klare slutninger, som iagttagelserne må føre til, og 4. den sikre erkendelse af de indvundne resultaters grænse. Her som overalt går Stensen nøjagtig så langt, som de foreliggende fakta berettiger ham til. –

Vi har intet vidnesbyrd om Stensen i Italien før 28. februar 1666; det samme efterår skriver han en bog om musklerne og om hajen; vinteren 1666–67 er opfyldt af exkursioner og andre rejser, Stensen er som besat af sine nye tanker – og dog, i de samme måneder er hans sjæl stedt i en religiøs krise, som 2. november 1667 fører til

opening of the parotid gland into the oral cavity, and his demon-
stration that the heart was a muscle and not, as was still held, a
substance peculiar to itself, and the seat of the so-called vital spirits.

Niels Stensen's ability to observe and to draw conclusions from
what he saw led him to the most important discoveries of his life.
While he was in Florence investigating the anatomy of the shark—
in which field he was later to make some brilliant contributions—he
was shown some objects of stone which resembled shark's teeth
and which had been found in Malta. Nobody could understand
how they had come into existence. Stensen determined that the
objects must be shark's teeth which had been petrified; he conclu-
des that this must have taken place in the sea, and draws the further
conclusion that Malta must thus at some time have been covered
by the sea. In drawing these conclusions, he is making a leap from
the study of anatomy, where his observation began, into a new
science which did not then exist, but the founder of which he was
to become. Or, we may rather say, three new sciences. All through
one year, he undertook extensive excursions in the neighbour-
hood of Florence and collected a large mass of material, and then
presented his provisional conclusion in a Latin work in 1669. In
this short publication, he anticipates geology, paleontology, and
crystallography. All the elements of Stensen's scientific principles
can be seen in this book: 1. his criticism of the speculations of the
past; 2. his direct approach to the objects of study, personal obser-
vation and verification; 3. clear conclusions plainly deduced from
the observations; and 4. his firm recognition of the limitations of
the results achieved. In this work, as everywhere, Stensen goes exact-
ly as far as the facts of the case justify him.

We have no evidence for Stensen's being in Italy before 28 Fe-
bruary 1666, and it was in the autumn of that year that he wrote
his work on muscles and the shark. The winter of 1666–1667 was
taken up with excursions and other travels, for Stensen was like one
possessed of his new thoughts, and yet, during the same months
his soul was entering a religious crisis, which on 2 November 1667
led to his accepting the Catholic faith. From this moment, his life

hans antagelse af den katolske tro. Fra dette øjeblik tog hans liv en ny retning; med årene blev naturvidenskabsmanden teolog, den sirlige verdensmand en pjaltet og hulkindet asket. Hvordan denne forvandling er sket, vil nok altid forblive et mysterium. Men vi kan dog i Stensens religiøse udviklingshistorie finde nogle af de momenter, der karakteriserede hans forhold til videnskaben.

Før Stensen kom udenlands, havde han sikkert aldrig reflekteret over sin tro, han hvilede trygt i hjemlandets lutheranisme. I Holland, Frankrig og Italien lagde han mærke til, at katolikker ikke var så moralløse, som de havde ord for i Norden. Tværtimod, han traf adskillige katolikker, hvis livsførelse var beundringsværdig. Idet han således opdager, at det ikke er rigtigt, hvad der var sagt og skrevet om katolikkernes moral, bliver han ligeså skeptisk over for protestantisk polemik som over for den naturvidenskabelige dilettantisme. Da han senere kommer i en latinsk pennefejde med en protestant, skriver han: "Når jeg læser denne mands fordømmelse af papisternes hellighed, så kommer jeg til at tænke på en erfaring, jeg fordum så ofte gjorde i anatomien: hvor tit hørte jeg ikke folk, som betragtede de præparede dele eller selve præparationen, holde lange og efter deres egen mening lærde taler både om delene og måden at præparere og fremføre ting, om hvis grundløshed den mindste tålmodighed til selv at se ville have overbevist dem. Så let er det at falde i de groveste vildfarelser, når vi vil gøre os til dommere i ting, vi ingen erfaring har om (quando de rebus inexpertis judices nos facimus)". (Opera theologica I, 1944, 396; cit. A.D. Jørgensen, Niels Stensen, 1958, 125).

Det er netop begrebet *erfaring,* som er nøglen både til Stensens videnskabelige og religiøse verden. Det var først i Italien, at han mødte den katolske propaganda og gav sig til for alvor at sammenligne protestantisme og katolicisme, dogmatisk, etisk og historisk.

followed a new course; as the years passed, the natural scientist became a theologian, the dapper man of the world became a ragged and hollow-cheeked ascetic. How it was that this transformation came about will always remain a mystery. But in Stensen's religious development, we can find some of the characteristics of his relationship to science.

Before Stensen went abroad, he had undoubtedly never reflected about his faith; he rested secure in the Lutheranism of his homeland. In Holland, France, and Italy he observed that Catholics were not so immoral as they had the reputation for being in Scandinavia. On the contrary, he met several Catholics whose conduct was admirable. The discovery that what was written and said about the morals of Catholics was incorrect, made him just as skeptical about Protestant polemics as he was about scientific dilettantism. When later he entered into a Latin controversy with a Protestant, he wrote, "When I read this man's condemnation of the saintliness of the Papist, then I begin to think of an experience which I so often had in the study of anatomy. How frequently have I not heard people, even while they were actually viewing prepared specimens or the preparation itself, hold long and—in their own opinions—learned discourses about both the specimens and the ways of preparing them, and make claims, the groundlessness of which could have been demonstrated by their only being patient enough to look for themselves. It is so easy to fall into the crudest errors if we set ourselves up as judges in matters of which we have no experience *(quando de rebus inexpertis judices nos facimus)*" *(Opera theologica* I, 1944 p. 396; quoted after A. D. Jørgensen, *Niels Stensen,* 1958, p. 125).

It is precisely this conception of experience that is the key to both Stensen's religious and his scientific world. Not until he came to Italy did he meet with Catholic propaganda and set himself seriously to compare Protestantism and Catholicism dogmatically, ethically, and historically. Two distinguished and pious ladies did

To fornemme og fromme kvinder lagde hele deres sjæl i at over-
bevise ham om katolicismens sandhed. Det gjorde et dybt indtryk
på Stensen, at den ene af dem en dag erklærede, at hun, om det
behøvedes, ville give sit liv for hans frelse. Kort tid efter oplevede
han, i et stille øjeblik, at katolicismens sandhed blev ham fuldstæn-
dig klar og indlysende. Denne troserfaring stod for ham med en
åbenbarings magt; den havde øjensynlig for ham samme evidente
karakter som en videnskabelig erfaring.

Som mange omvendte brændte Stensen efter at omvende andre.
Han henvender sig i en stor latinsk epistel til Spinoza, som han
havde omgåedes i Leyden, og for hvem han nu vil bevise den katol-
ske kristendoms sandhed. Kernen i dette bevis er atter erfaringen;
det er de troendes livsvandel, der beviser eller afkræfter deres tros
sandhed. "Livets hellighed beviser lærens sandhed", siger han til
Spinoza: doctrinae veritatem vitae sanctimonia demonstrat, og det
udvikler han således: Alene den katolske kirke har "i hvert århun-
drede frembragt fuldkomne forbilleder på dyder, og endnu den dag
i dag skænker den eftertiden sådanne forbilleder..., og der er ingen
grund til at tvivle på den tro, hvorved den lover en evig sikkerhed,
når den med den største troskab yder alle de midler – lige indtil
miraklet – som tjener dette formål". (Opera theologica 1, 98. 102;
Stenoniana 1933, 118. 125).

Vi mærker, hvilken magt tanken om gerningshelligheden har
over Stensen. Og det blev den vej, han selv måtte vandre. Han
havde, skønt katolik, taget imod en kaldelse fra København, hvor
han 1672–74 var lærer i anatomi. Men det religiøse kald havde nu
overtaget; han drog tilbage til Firenze, lod sig 1675 præstevie og
1677 overtale til at blive biskop i Hannover og samtidig apostolisk
vikar for de frafaldne nordiske lande; 1680 rykkede han til Mün-
ster, 1685 til Schwerin, hvor han døde 1686, 48 år gammel. Hans
hele liv i kirkens tjeneste er bestemt af, at han med sit eksempel, og
dog i dybeste ydmyghed, vil bevise sin tros sandhed. Han vil, i or-
dets kristelige forstand, være et sandhedsvidne. Og tegnet for denne
var den fuldstændige selvfornægtelse; ved at give afkald på alt

their utmost to convince him of the truth of Catholicism. It made a deep impression on Stensen that one of them declared one day that, if necessary, she would give her life for his salvation. Shortly thereafter, he felt, in a quiet moment, that the truth of Catholicism had become completely clear and self-evident to him. For him, this experience of faith had the power of a revelation; it evidently had for him the same manifest character as a scientific experience.

Like many converts, Stensen was burning to convert others. He addressed himself in a long letter to Spinoza, whose companion he had been in Leyden, and to whom he now wished to demonstrate the truth of Catholic Christianity. Once again, the nucleus of this demonstration is experience; it is the conduct of the believers which proves or disproves the truth of their faith. "Sanctity of life demonstrates the truth of the doctrine," he writes to Spinoza *(doctrinae veritatem vitae sanctimonia demonstrat),* and he develops the theme in this way: The Catholic church alone "has produced in every century perfect examples of the virtues, and even today, it is presenting posterity with such examples, ... and there is no reason to doubt the faith by which it promises an eternal security, when, with the greatest faithfulness, it provides all the means—even unto miracles—which serve this end." *(Opera theologica* I, 98 p. 102; *Stenoniana,* 1933, p. 118, p. 125).

We observe what a power the thought of holiness through works has over Stensen. And it was to be the path he himself had to tread. Although a Catholic, he had accepted a call from Copenhagen, where from 1672 until 1674 he taught anatomy. But his religious calling now took precedence; he went to Florence, where in 1675 he was ordained, and in 1677 he allowed himself to be persuaded to become Bishop of Hanover, and at the same time the Apostolic Delegate to the apostate Scandinavian countries; in 1680 he moved to Munster, and in 1685 to Schwerin, where he died in 1686, 48 years old. His whole life in the service of the church was determined by his desire to prove the truth of his faith by his example and yet in the deepest humility. He wanted to be a witness to the truth in the Christian sense of the term. And the sign of this was his complete self-denial—by renouncing everything, one could

kunne man give Gud æren for alt. En livlandsk adelsmand, Johannes Rose, har på fransk givet en skildring af Stensens liv i Schwerin:
"Jeg fandt ham uden hus, uden tjener, blottet for alle livets bekvemmeligheder, mager, bleg og udtæret, men trods alt så glad, at hans ansigt alene indgød en gudsfrygt. Han var klædt på som en fattig, bar en gammel kappe, som han brugte både vinter og sommer, og levede som en virkelig fattig i fuldkommen tillid til Guds forsyn, af hvilket han ventede sit udkomme og sin føde fra dag til dag. Han fastede hver dag i ugen lige til aften, med mindre han var ganske overordentlig syg. Søndag, tirsdag og torsdag spiste han kun en mager suppe og en ret urter, grøntsager eller saltet fisk, og han nød aldrig kød, æg, mælk eller fersk fisk. Mandag, onsdag, fredag og lørdag nød han kun tørt brød og øl, som var hans daglige drik, da han slet ikke drak vin. Om natten sov han kun nogle timer, fuldt påklædt, i en stol; og når han pintes af sit sædvanlige onde, vindkolik, lagde han sig på lidt strå uden dog at klæde sig af og dækkede sig til med sin elendige kappe eller med et gammelt sengetæppe, som udgjorde alle hans ejendele, og som han benyttede på sine rejser især om vinteren, der var den tid, hvor han mest drog rundt og besøgte sine missioner. Han rejste på åbne lastvogne, i sne og regn, ved nat og ved dag, i disse landes barske klima, for hvilket han af naturen var meget ømfindtlig, helt gennemisnet af kulde, uden at han nogensinde kunne bevæges til at bruge muffe eller handsker. Han havde en vidunderlig evne til at skjule sine lidelser, og han ønskede hverken, at man skulle beklage ham eller hjælpe ham. – Det var meget behageligt at underholde sig med ham, skønt talen altid drejede sig om religiøse emner, og han forstod udmærket at vende betragtninger af enhver art og over ethvert emne til Guds ære og menneskenes gavn. – Så godt som jeg har kunnet lære denne hellige prælats ydre fremtræden og hans indre at kende i den lange tid, jeg har haft den lykke at leve sammen med ham, vover jeg at sige, at hans tanke på Gud og hans liv i ham var næsten uden afbrydelse og af den dybeste inderlighed. Hans glæde og hans henrykkelse var synlige, når han drøftede gudelige emner, og han gjorde det med så megen ynde og lethed, at han bedårede selv kætterne, som hans

give God the honour for everything. A Livonian nobleman, Johannes Rose has given us a description in French of Stensen's life in Schwerin:

"I found him without a house, without a servant, stripped of all the comforts of life, thin, pale, and emaciated, but in spite of everything, so happy that his face alone inspired one with piety. He was dressed like a poor man: he was wearing an old cloak which he used both summer and winter. He was living like a truly poor man in complete reliance upon God's providence from which he expected his livelihood and his food from day to day. He fasted until evening every day of the week, unless he was quite unusually ill. On Sundays, Tuesdays, and Thursdays he ate only a thin soup and a dish of herbs, vegetables, or salted fish, and he never ate meat, eggs, milk, or fresh fish. On Mondays, Wednesdays, Fridays, and Saturdays he took only dry bread and ale, which was his daily drink, as he never drank wine. At night, he slept but a few hours and stayed fully clothed in a chair; and when he was afflicted with his usual complaint, wind colic, he lay down on a little straw, but without undressing, and covered himself with his wretched cloak or with an old blanket which made up the whole of his property, and which he used on his travels, particularly in winter, which was the time he went about most and visited his missions. He travelled in open carts, in snow or rain, by night and by day, in the harsh climate of these lands, to which he was, by nature, very sensitive, and although he might be chilled to the bone by the cold, it was always impossible to persuade him to wear a muff or gloves. He had an amazing ability to conceal his sufferings, and he wanted no one to pity or help him. It was very pleasant to converse with him, although the talk always dwelt upon religious topics, and he knew how to turn observations of all kinds, and upon every subject, to the glory of God and the profit of man. I have come to know the conduct and the heart of this holy prelate so well in the time that I have had the pleasure of living with him, that I venture to say that his thoughts of God and his life in Him were almost uninterrupted, and of the deepest intensity. His happiness and delight were to be seen when he talked of divine subjects, and he did it with so much grace and ease that he captivated even the heretics, who

samtale ofte har omvendt." Rose skildrer også hans smertefulde
død: "Jeg lider hæftige smerter, min Gud, sagde han, og jeg håber
de vil nøde dig til at tilgive mig, om jeg ikke uafbrudt tænker på
dig. Jeg beder dig ikke, min Gud, om at du skal tage smerterne fra
mig, men giv mig tålmodighed til at bære dem!" (Med overspringel-
ser og rettelser efter Johannes Rose, Nicolaus Stenos Liv og Død.
Oversat af Vilh. Maar 1906, S. 10–13, 18).

Niels Stensen er en af de mærkeligste skikkelser i det 17. århund-
redes europæiske åndsliv. Han hører til de store, hos hvem den skar-
peste intelligens mødes med en lidenskab, som aldrig går på akkord.

For Niels Stensen var al samvittighedsfuld forskning af naturen
et arbejde til Guds ære. Videnskab er gudsdyrkelse. Stensen klagede
over, at mænd ikke blot undværer den liflige betragtning af Guds
undere, men taber også tid, som kunne anvendes til nødvendige
sysler og til næstens bedste, ligesom de hævder meget, der er Gud
uværdigt (Epistolae II, 1952, 912). Da Stensen i januar 1673 kunne
begynde sine anatomiske forelæsninger i København, holdt han en
latinsk tiltrædelsesforelæsning, hvori han priser skabningen, som
bliver jo mere underfuld, des nøjere vi lærer den at kende:

"Hvilken magt den menneskelige form har over menneskers
sind, og hvor stærkt den virker, vil alle erkende, som mindes no-
gensinde at have betragtet en yndefuld form med et sind, utilstræk-
keligt forberedt mod tillokkelser ... [Men] hvad viser sig for andre
af hele det synlige menneske end ansigt og hænder, og hvor be-
grænset en del af overfladen selv af disse er det ikke, som påvirker
vore sanser? ... Hvis en ganske lille del af den menneskelige over-
flade er så skøn og i den grad påvirker beskueren, hvilke skønheder
ville vi da ikke få at se, hvilken henrykkelse ville vi da ikke føle,
hvis vi kunne skue hele legemets kunstfærdige indretning, sjælen
der har så mange og så sindrige midler til sin rådighed, og alle disse
tings afhængighed af den årsag, som kender alt, hvad vi er uvi-
dende om. Skønt er det vi ser, skønnere det, vi har erkendt, men
langt det skønneste er det, vi ikke fatter" (*Prooemium demonstratio-
num anatomicorum, Opera philosophica* II, 1910, 254; Oversættelsen,
ved Knud Larsen, efter *Stenoniana*, 1933, 106 ff.).

Med den sidste passus har Stensen formuleret en naturforskers
forhold til sin videnskab: *Pulchra sunt quae videntur, pulchriora quae
sciuntur, longe pulcherrima quae ignorantur.*" På den tidligere omtalte
håndbog i anatomi brugte forfatteren dette ord af Stensen som mot-

were often converted through his conversation." Rose describes too his painful death: "I am suffering violent pains, O my God," he said, "And I hope they will constrain Thee to forgive me if I do not ceaselessly think of Thee. I pray not, O my God, that Thou shouldest take these pains from me; give me but the patience to bear them." (With some omissions and corrections, taken from Johannes Rose, *Niels Stensens Liv og Død*).

Niels Stensen is one of the most remarkable figures in seventeenth-century European cultural life. He is among those great men in whom the highest intelligence is confronted with a passion which never compromises itself.

For Niels Stensen, all conscientious research was by nature work to the glory of God. Science is worship of God. Stensen complained that men not only do without the active consideration of God's wonders but also lose time which could be employed for necessary occupations and for the good of one's fellow man, just as they make assertions which are unworthy of God (*Epistolae* II, 1952, 912). When in January, 1673, Stensen could begin his anatomical lectures in Copenhagen, he gave a Latin inaugural lecture in which he praised creation, that becomes the more marvelous the more precisely we get to know it.

"What power human form has over the human mind and how powerfully it operates, all will recognize who remember ever having viewed a lovely form with a mind insufficiently prepared against allurements... [but] what of the entire sinful human being is seen by others besides face and hands, and how limited a part of the exterior of these affects our senses... if a very small part of the human exterior is so beautiful and affects the viewer to such a degree, what beauties would we not get to see, what delight would we not feel, if we could view the entire body's ingenious organization, the soul which has so many and such clever means at its disposal, and all these things' dependence on the cause which knows all that we are ignorant about. Beautiful is that which we see, more beautiful that which we have perceived, but by far the most beautiful is that which we do not comprehend." ("Pröemium demonstrationum anatomicorum," *Opera philosophica* II, 1910, 254, translated by Knud Larsen after *Stenoniana* 1933, 106ff.).

In this last passage, Stensen formulated a natural scientist's relationship to his science. "*Pulchra sunt quae videntur, pulchriora quae*

to. Og herfra hentede Goethe det, da han satte det som afslutning
på 1. binds 3. hefte af det naturvidenskabelige værk *Zur Morphologie,*
som han udgav 1820, men som var udarbejdet adskillige år i for-
vejen. Goethe ændrede verbalformerne (til *videmus, scimus, ignora-
mus*), men citerede ellers korrekt og uden forfatternavn. Stensens
ord var således blevet en selvstændig sentens, som en Goethe kunne
tilegne sig, samtidig med at han lagde en ny tidsalders naturfromhed
ind deri.

Hver gang man i tankerne gennemgår Niels Stensens korte
levnedsløb, bliver man slået af forundring over denne hjernes kriti-
ske genialitet og mageløse kombinationsevne, og over denne hjertes
bundløse religiøse lidenskab. Men sætter vi manden ind i hans tid,
forstår man ham dog noget bedre. De største i det 17. århundrede
arbejdede netop på at sammensvejse fysik og metafysik, erfaring og
tro, fornuft og passion. Stensen hører til mellem Pascal, Descartes,
Bossuet og de store tragiske digtere, hos hvem ånden er tanke og
lidenskab på een gang.

BIBLIOGRAFI

Adskillige af Niels Stensens videnskabelige afhandlinger foreligger i dansk oversæt-
telse:

STENONIANA. Udgivet af Vald. Meisen og Knud Larsen, 1933.
VÆRKER I OVERSÆTTELSE. Ved R.E.Christensen, Axel Hansen og Knud Larsen,
  1939.
FORELØBIG MEDDELELSE TIL EN AFHANDLING OM FASTE LEGEMER. Ved
  Aug. Krogh og Vilh. Maar, 1902.
FOREDRAG OM HJÆRNENS ANATOMI. Ved Vilh. Maar, 1903.
En ypperlig biografi, NIELS STENSEN, af A.D.Jørgensen, udkom 1884; 1958 i 2.
  udvidede udgave ved Gustav Scherz.

sunt sciuntur, longe pulcherrima quae ignorantur." In the above mentioned handbook of anatomy, the author used these words by Stensen as a motto; and from here Goethe borrowed it when he put it at the end of the third fascicle of the first volume of the scientific work *Zur Morphologie,* which he published in 1820, but which had been worked out several years before. Goethe changed some verbal forms (to *videmus, scimus, ignoramus*), but quoted it otherwise correctly and without the author's name. Stensen's words had thus become an independent sentence which Goethe could appropriate, while at the same time he imbued it with another age's piety towards nature.

Every time we recall the short life of Niels Stensen, we are overcome with amazement at his matchless intellectual penetration, and, at the same time, the infinite religious passion of his heart. But if we see him against the background of his own time, we understand him somewhat better. The greatest men of the seventeenth century were labouring to combine physics and metaphysics, experience and faith, reason and passion. Stensen finds his place amongst Pascal, Descartes, Bossuet, and the great tragic poets, for whom the human spirit was thought and passion at one and the same time.

BIBLIOGRAPHY

Niels Stensen did not actually write anything in Danish. The complete works of the Danish scholar are contained in the following publications.

OPERA PHILOSOPHICA I-II, edited by Vilh. Maar, Copenhagen, 1910. These three volumes contain all his works concerning the natural sciences. The text is preceded by a biography in English.

OPERA THEOLOGICA I-II, edited by Knud Larsen and Gustav Scherz, Copenhagen, 1941-47.

EPISTOLAE I-II, edited by Gustav Scherz, Copenhagen, 1952.

A recently discovered description of crystals and other natural objects by Stensen is the subject of a book by Gustav Scherz. Vom Wege Niels Stensens. Beiträge zu seiner naturwissenschaftlichen Entwicklung. (Copenhagen, 1956.)

In NICOLAS STENO AND HIS INDICE. (Copenhagen, 1958), Gustav Scherz includes a biography in English and five articles by various scholars about Steno as a zoologist, a paleontologist, a geologist, and crystallographer, as well as about Steno's relationship with Cartesianism.

NICOLAS STENO'S LECTURE ON THE ANATOMY OF THE BRAIN. Introduction by Gustav Scherz. Copenhagen, 1965.

THOMAS KINGO

1660 indførtes enevælden i Danmark. Rigets arvekonge fik da en magt og glans som aldrig før. Den nye kongelov udformedes af Griffenfeld, en af de mest begavede statsmænd, Danmark har fostret. Men denne mægtige mand styrtedes i 1676, dømt for misbrug af sit høje embede. Resten af livet, 33 år, henslæbte han i et afsides fængsel. Vældige udsving åbenbarer sig således i Griffenfelds tilværelse som i Leonora Christines og Niels Stensens. I det 17. århundrede følte man stærkt kontrasterne i menneskelivet; det ser vi af den rige salmedigtning, som Thomas Kingo (1634–1703), Fyns biskop, gav sin samtid. Nedenstående digt er fra Kingos *Aandelig Sjungekor,* Anden Part, som udkom 1681, fem år efter Griffenfelds fald.

HVER HAR SIN SKÆBNE

Sorrig og Glæde de vandre tilhaabe,
    Lykke, Ulykke de ganger paa Rad,
Medgang og Modgang hin anden anraabe,
    Soelskin og Skyer de følgis og ad!
        Jorderiigs Guld
        Er prægtig Muld,
Himlen er Ene af Salighed fuld.

Kroner og Scepter i Demant-spill lege,
    Leeg er dog ikke dend kongelig Dragt!
Tusinde Byrder i Kronerne hvege,
    Tusindfold Omhu i Scepterets Magt!
        Kongernis Boe
        Er skiøn Uroe!
Himlen allene giør salig og froe!

THOMAS KINGO

In 1660, absolute monarchy was instituted in Denmark. The realm's hereditary king then obtained unprecedented power and brilliance. The new royal law was formulated by Griffenfeld, one of the most gifted statesmen Denmark has produced. This powerful man, however, condemned for abuses of his high office, suffered a reversal in 1676. The rest of his life—thirty-three years—he wasted away in a remote prison. Just as with Leonora Christina and Niels Stensen, great fluctuations are revealed in Griffenfeld's existence. The seventeenth century was conscious of the strong contrasts in human life. This is evident in the rich store of hymns which Thomas Kingo (1634–1703), bishop of Funen, gave to his contemporaries. The poem printed below is from Kingo's *Spiritual Choir,* Part Two, which appeared in 1681, five years after Griffenfeld's fall.

EVERYONE HAS HIS DESTINY

Sorrow and joyfulness walk with each other,
  Fortune, misfortune—they come in a pair,
Luck and adversity call one another,
  Sunbeams and clouds intermittently fare.
   Earthly realm's gold
   Is pretty mold.
Heaven alone can true blessedness hold.

Sceptres and crowns in bright crystals make merry,
  Yet this regalia is not a mere sport!
Thousands of burdens the crown has to carry,
  Manifold care for sceptre and court!
   Kings' lives are blest
   With sweet unrest!
Heaven alone peaceful bliss can bequest!

Alle Ting hâr sin foranderlig Lykke!
　　Alle kand finde sin Sorrig i Barm!
Tiit ere Bryst, under dyrebar Smykke,
　　Fulde af Sorrig og hemmelig Harm!
　　　　Alle hâr sit,
　　　　Stort eller Lit!
Himlen allene for Sorgen er qvit!

Velde og Vijsdom og timelig Ære,
　　Styrke og Ungdom i blomstrende Aar,
Høyt over andre kand Hovedet bære,
　　Falder dog af og i Tjden forgaar!
　　　　Alle Ting maa
　　　　Enden opnaa,
Himmelens Salighed Ene skal staa!

Deyligste Roser hâr stindeste Toorne,
　　Skiønneste Blomster sin tærende Gift,
Under en Rosen-kind Hiertet kand foorne,
　　For dog at Skæbnen saa sælsom er skift!
　　　　I Vaade-vand
　　　　Flyder vort Land,
Himlen hâr Ene Lyksaligheds Stand.

Vel da! saa vil jeg mig aldrig bemøye
　　Om ikke Verden gaar efter min Agt!
Ingen Bekymring skal kunde mig bøye,
　　Intet skal giøre mit Hierte forsagt!
　　　　Sorrig skal døe,
　　　　Lystigheds Frøe
Blomstris paa Himle-Lyksaligheds Øe!

Angist skal aule en varende Glæde,
　　Quide skal vinde sin Tott udaf Teen!
Armod skal prydis i rjgeste Klæde,
　　Svaghed skal reysis paa sundeste Been!
　　　　Avind skal staa
　　　　Fengsled i Vraae,
Himlen kand Ene alt dette formaa!

Everything's subject to Fortune that's cruel!
    All can discover their cares of the heart!
Oft is the breast under sumptuous jewel
    Filled with vexation and deep-seated smart!
       All have their fate,
       Both small and great!
Heaven alone can sorrow abate.

Power and wisdom and temporal fame,
    Vigour and youth in flowering year
Which over others contempt may proclaim,
    Waste but away and in time disappear!
       All has to bend
       Towards one end,
Heaven's rewards over all can transcend!

Loveliest roses have sharpest of thorns,
    Prettiest flowers with poison destroy,
Under a rose-cheek the withered heart mourns,
    Therefore does Fortune strange happ'nings employ.
       In watery zone,
       Our land floats alone,
The raptures of bliss are indeed heaven's own.

Very well! So I shall never despair,
    Although the wide world my wish won't obey!
No sorrows my spirit shall ever impair,
    Nothing will burden my heart with dismay!
       Sorrow will die,
       Joy's seed on high
Bloom on the islands of bliss in the sky!

Anguish will harvest a lasting delight,
    Pain from the distaff will draw out its thread!
Poverty clad in rich garments bright,
    Weakness will move with a vigorous tread.
       Envy will pale
       Cornered in jail,
Heaven alone over all can prevail!

Lad da min Lod og min Lykke kun falde
    Hvordan min GUd og min HErre hand vill,
Lad ikkun Avind udøse sin Galde,
    Lad kun og Verden fulddrive sit Spill!
        Tjdernis Bom
        Bliver dog tom,
Himlen skal kiøre altingest her-om!

Let then my fortune and fate only fall
    Howe'er my God and my master will aim,
Let then sore Envy spew out its gall,
    Let then the world only finish its game!
        Time's warning sign
        Now can't confine,
Heaven will everything newly incline.

DET ATTENDE ÅRHUNDREDE

LUDVIG HOLBERG

1380–1814 var Danmark og Norge forenet under den danske krone. Dobbeltmonarkiets største søn var Ludvig Holberg (1684–1754), som fødtes i Bergen i Norge og tilbragte sit liv som voksen i København, hvor han var professor ved Universitetet. Holberg grundlagde den nyere danske litteratur. I en poetisk raptus omkring 1725 skabte han et komedierepertoire for et nyoprettet nationalteater i København. Derefter fornyede han fuldstændigt sit lands historieskrivning. I en fantastisk roman, Niels Klims underjordiske Rejse (1741), som blev skrevet på latin og snart efter oversat til en halv snes sprog, gør Holberg sig, som Montesquieu og Voltaire, til talsmand for religiøs tolerance. Endelig skærper han, i essayets form, sin tanke og stil. Han bruger paradokset for at vække sin samtid til eftertanke. –

Her følger nu nogle scener af *Jeppe paa Bjerget* (1723), hvis dybe farcekomik er uden sidestykke hos Molière. Dernæst et kapitel fra *Moralske Tanker* (1744), hvor man ser det 18. århundredes sunde og kølige fornuft forene sig med Montaignes klogskab for at bekæmpe det 17. århundredes uforsonlighed. – Over hvert kapitel i Moralske Tanker anbringer Holberg et af sine egne latinske epigrammer (fra 1737); det nærværende forklarer han mod slutningen af essayet.

JEPPE PAA BIERGET
ELLER DEN FORVANDLEDE BONDE

ACTUS I
SCEN. I

NILLE *(allene)*. Jeg troer neppe, at der er saadan doven Slyngel i det heele Herret, som min Mand; jeg kand neppe faae ham vaagen, naar jeg trækker ham efter Haaret af Sengen. I Dag veed nu den

THE EIGHTEENTH CENTURY

LUDVIG HOLBERG

Between 1380 and 1814 Denmark and Norway were united under the Danish crown. The double monarchy's most famous son was Ludvig Holberg (1684–1754), who was born in Bergen in Norway and who spent his adult life in Copenhagen, where he was a professor at the University. Holberg is the founder of modern Danish literature. In a poetic rapture, about 1725, he created a comic repertoire for the newly established national theatre in Copenhagen. He then went on completely to rejuvenate his country's historiography. In a fantastic novel, *Niels Klim's Journey to the World Underground* (1741), which was written in Latin and soon translated into ten languages, Holberg, like Montesquieu and Voltaire, was an advocate of religious tolerance. Finally, in the genre of the essay, he increased the acuteness of his thoughts and his style. He used the paradox in order to arouse his own time to introspection.

Below are some scenes from *Jeppe of the Hill* (1723), the profound comical nature of which is without parallel in the work of Molière. There follows a chapter from the *Moral Thoughts* (1744), where one sees that the sound and cool reasoning of the eighteenth century has combined with Montaigne's sagacity in order to combat the intolerance of the seventeenth century. At the beginning of every chapter in *Moral Thoughts* Holberg places one of his own Latin epigrams (from the year 1737). He explains the epigram toward the conclusion of the essay.

JEPPE OF THE HILL
or
THE TRANSFORMED PEASANT

ACT I
SCENE I
Nille, alone

NILLE. I hardly believe there's another such lazy lout in all the village as my husband; it's all I can do to get him up in the morning by pulling him out of bed by the hair. The scoundrel knows

Slyngel, at det er Torv-Dag, og dog alligevel ligger og sover saa længe. Hr. Poul sagde nyelig til mig: Nille! du est alt for haard mod din Mand, han er og bør dog være Herre i Huset; men jeg svarede ham: Nej! min gode Hr. Poul! dersom jeg vilde lade min Mand regiere i Huset et Aar, saa fik hverken Herskabet Land-Gilde eller Præsten Offer, thi han skulde i den Tid drikke op alt hvad der var i Huset; skulde jeg lade den Mand raade i Huset, der er færdig at sælge Boeskab, Kone og Børn, ja sig selv, for Brændeviin? hvorpaa Hr. Poul tiede gandske still, og strøg sig om Munden. Ridefogden holder med mig og siger: Moerlille! agt du kun ikke hvad Præsten siger. Der staaer vel i Ritualen, at du skal være din Mand hørig og lydig, men derimod staaer der i dit Fæstebrev, som er nyere end Ritualen, at du skal holde din Gaard ved lige, og svare din Land-Gilde, hvilket du umueligt kand giøre, dersom du ikke trækker din Mand hver Dag efter Haaret og prygler ham til Arbeide. Nu trækkede jeg ham af Sengen, og gik ud i Laden at see hvordan Arbeidet gik for sig; da jeg kom ind igien, sad han paa Stolen, og sov med Buxerne, reverenter talt, paa det ene Been, hvorudover Crabasken strax maatte af Krogen, og min gode Jeppe smørres, til han blev fuldkommen vaagen igien. Det eeneste, som han er bange for, er Mester Erich (saa kalder jeg Crabasken). Hej Jeppe! er din Fæhund endnu ikke kommen i Klæderne? har du Lyst at tale med Mester Erich end engang? hej Jeppe! her ind!

SCEN. 2
Jeppe. Nille.

JEPPE. Jeg maa jo have Tid at klæde mig, Nille! jeg kand dog ikke gaae som et Sviin foruden Buxer og Trøje til Byen.

NILLE. Har du, Skabhals, ikke kundet tage ti par Buxer paa dig, siden jeg vækkede dig i Maares?

JEPPE. Har du lagt Mester Erich fra dig Nille?

NILLE. Ja, jeg har, men jeg veed strax hvor han er at finde igien, dersom du ikke er hurtig. Her hid! see hvor han kryber. Her hid! du skal til Byen at kiøbe mig to Pund grøn Sæbe; see der har du

today is market day, and yet he lies there asleep at this hour of the morning. The pastor said to me the other day. "Nille, you are much too hard on your husband; he is and he ought to be the master of the house." But I answered him, "No, my good pastor! If I should let my husband have his way in the household for a year, the gentry wouldn't get their rent nor the pastor his offering, for in that length of time he would turn all there was in the place into drink. Ought I let a man rule the household who is perfectly ready to sell his belongings and wife and children and even himself for brandy?" The pastor had nothing to say to that, but stood there stroking his chin. The bailiff agrees with me, and says, "My dear woman, pay no attention to the pastor. It's in the wedding-service, to be sure, that you must honor and obey your husband, but it's in your lease, which is more recent than the service, that you shall keep up your farm and meet your rent—a thing you can never do unless you haul your husband about by the hair every day and beat him to make him work." I pulled him out of bed just now and went out to the barn to see how things were getting along; when I came in again, he was sitting on a chair, asleep, with one leg in his trousers—saving your reverence; so the switch had to come down from the hook, and my good Jeppe got a basting till he was wide awake again. The only thing he is afraid of is "Master Eric," as I call the switch. Hey, Jeppe, you cur, haven't you got into your clothes yet? Would you like to talk to Master Eric some more? Hey, Jeppe! Come in here!

SCENE II

Jeppe. Nille.

JEPPE. I've got to have time to get dressed, Nille! I can't go to town like a hog without my breeches or my jacket.

NILLE. Scurvy-neck! Haven't you had time to put on ten pairs of breeches since I waked you this morning?

JEPPE. Have you put away Master Eric, Nille?

NILLE. Yes, I have, but I know mighty well where to find him again, if you don't step lively. Come here!—See how he crawls.— Come here! You must go to town and buy me two pounds of

Penge dertil. Men hør! hvis du inden fire Timer ikke er her paa
Stedet igien, da skal Mester Erich dantze Polsk Dantz paa din
Ryg.

JEPPE. Hvor kand jeg gaae fire Miil i fire Timer, Nille?

NILLE. Hvem siger, du skal gaae? du Hanrej! Du skal løbe. Jeg
har engang sagt Dommen af, giør nu hvad dig lyster.

SCEN. 3

JEPPE *(alleene.)* Nu gaaer den Soe ind, og æder Froekost, og jeg
stakkels Mand skal gaae fire Miil og faaer hverken Vaat eller
Tørt; kand nogen Mand have saadan forbandet Kone som jeg
har? jeg troer virkelig, at hun er Søskende Barn til Lucifer. Folk
siger vel i Herredet, at Jeppe drikker, men de siger ikke, hvorfor
Jeppe drikker; thi jeg fik aldrig saa mange Hug i ti Aar, jeg var
under Malicien, som jeg faaer paa een Dag af den slemme Qvinde.
Hun slaaer mig, Ridefogden driver mig til Arbeid som et Best,
og Degnen giør mig til Hanrej. Maa jeg da ikke vel drikke? maa
jeg da ikke bruge de Midler, som Naturen giver os at bortdrive
Sorg med? Var jeg en Taasse, saa gik saadant mig ikke saa meget
til Hierte, saa drak jeg ej heller ikke; men det er en afgiort Ting,
at jeg er en vittig Mand, derfor føler jeg saadant meer end en
anden, derfor maa jeg og drikke. Mine Naboe Moons Christoffer-
sen siiger tit til mig, saasom han er min gode Ven: Fanden fare i
din tykke Mave, Jeppe! du maatte slaae fra dig, saa blev Kiellin-
gen nok god. Men jeg kand ikke slaae fra mig for tre Aarsagers
skyld. Først, fordi jeg har ingen Corasie. For det andet, for den
forbandede Mester Erich, som hænger bag Sengen, hvilken min
Ryg ikke kand tænke paa uden han maa græde. For det tredie,
efterdi jeg er, uden at rose mig selv, et ejegot Gemyt, og en god
Christen, som aldrig søger at hevne mig, endogsaa ikke paa Deg-
nen, som sætter mig et Horn paa efter et andet; thi jeg offrer ham
hans 3 Hellige-Dage derfor oven i Kiøbet, da der er ikke den Ære
i ham at give mig et Kruus Øll det heele Aar. Intet gik mig meer
til Hierte end de spidige Ord, som han gav mig forgangen Aar;
thi, da jeg fortaalte, at en vild Tyr, som aldrig frygtede noget
Menneske, engang blev bange for mig, svarede han: Kandst du

soft soap; here's the money for it. But see here; if you're not back on this very spot inside of four hours, Master Eric will dance the polka on your back.

JEPPE. How can I walk four leagues in four hours, Nille?

NILLE. Who said anything about walking, you cuckold? You run. I've pronounced judgment; now do as you like.

SCENE III

JEPPE *(alone)*. Now the sow's going in to eat her breakfast, while I, poor devil, must walk four leagues without bite or sup. Could any man have such a damnable wife as I have? I honestly think she's own cousin to Lucifer. Folks in the village say that Jeppe drinks, but they don't say why Jeppe drinks: I didn't get as many blows in all the ten years I was in the militia as I get in one day from my malicious wife. She beats me, the bailiff drives me to work as if I were an animal, and the deacon makes a cuckold of me. Haven't I good reason to drink? Don't I have to use the means nature gives us to drive away our troubles? If I were a dolt, I shouldn't take it to heart so, and I shouldn't drink so much, either; but it's a well-known fact that I am an intelligent man; so I feel such things more than others would, and that's why I have to drink. My neighbor Moens Christoffersen often says to me, speaking as my good friend, "May the devil gnaw your fat belly, Jeppe! You must hit back, if you want your old woman to behave." But I can't do anything to protect myself, for three reasons: in the first place, because I haven't any courage; in the second, because of that damned Master Eric hanging behind the bed, which my back can't think of without having to weep; and thirdly, because I am, if I do say it who shouldn't, a meek soul and a good Christian, who never tries to avenge himself, even on the deacon who puts one horn after another on me. I put my mite in the plate for him on the three holy-days, although he hasn't the decency to give me so much as one mug of ale all the year round. Nothing ever wounded me more deeply than the cutting speech he made me last year: I was telling how once a savage bull, that had never been afraid of any man, took fright at the sight of me; and he answered, "Don't you

ikke begribe det Jeppe? Tyren saae, at du havde større Horn end
den selv havde, og derfor ikke holdt raadeligt at stanges med sin
Overmand. Jeg kræver jer til Vidne got Folk, om ikke saadane
Ord kunde trænge en ærlig Mand til Marv og Been. Jeg er dog
saa skikkelig, at jeg har aldrig ønsket Livet af min Kone. Tvert
imod, da hun laae syg af Guulsot i Fior, ønskede jeg, at hun
maatte leve; thi som Helvede er allereede fuld af onde Qvinder,
kunde Lucifer, maa skee, skikke hende tilbage igien, og saa blev
hun endda værre end hun er. Men om Degnen døde, vilde jeg
glæde mig, saa vel paa mine egne Vegne som paa andres; thi han
giør mig kun Fortræd og er Meenigheden til ingen Nytte. Det er
en u-lærd Diævel; thi han duer ikke til at holde ringeste Tone,
end sige støbe et ærligt Voxlys. Ney da var hans Formand, Chri-
stoffer, anden Karl. Han tog Troen over fra tolv Degne i sin
Tiid, saadan Stemme havde han. Engang sat jeg mig dog for at
bryde over tverts med Degnen, som Nille selv hørte derpaa, da
han skieldte mig for Hanrej, og sagde: Fanden være din Hanrej,
Mads Degn! Men hvad skeede? Mester Erich maatte strax af
Veggen, og skille Trætten, og blev min Rygg saa brav tærsket af
min Hustrue, at jeg maatte bede Degnen om Forladelse, og takke
ham, at han, som en vel-studeret Mand, vilde giøre mit Huus den
Ære. Siden den Tid har jeg aldrig tænkt paa at giøre Modstand.
Ja! ja! Moons Christoffersen! du og andre Bønder har got ved at
sige, hvis Koner har ingen Mester Erich liggende bag Sengen.
Havde jeg et Ønske i Verden, saa vilde jeg bede, at min Kone
enten ingen Arme havde, eller jeg ingen Rygg; thi Munden maa
hun bruge saa meget som hun gider. Men jeg maa gaae til Jacob
Skoemager paa Vejen, han tør nok give mig for en Skilling
Brændeviin paa Credit; thi jeg maa have noget at ledske mig paa.
Hej! Jacob Skoemager! er du opstaaen? luk op, Jacob!

[Jeppe bliver fuld og sover ind. Baronen finder ham og lader sine
folk bringe ham op paa herregården.]

see how that happened, Jeppe? The bull saw that you had bigger horns than he, so he didn't think it prudent to lock horns with his superior." I call you to witness, good people, if such words would not pierce an honorable man to the marrow of his bones. Still, I am so gentle that I have never even wished my wife dead. On the contrary, when she lay sick of a jaundice last year, I hoped she might live; for as hell is already full of bad women, Lucifer might send her back again, and then she'd be worse than ever. But if the deacon should die, I should be glad, for my own sake and for others' as well, for he does me nothing but evil and is no use to the parish. He's an ignorant devil, for he can't sing a note, much less mould a decent wax candle. Oh, but his predecessor, Christoffer, was a different sort of fellow. He had such a voice in his time that he sang down twelve deacons in the Credo. Once I started to quarrel openly with the deacon, when Nille herself heard him call me a cuckold. I said, "May the devil be your cuckold, deacon!" But what good did it do? Master Eric came right down off the wall to stop the quarrel, and my back got such a drubbing that I had to ask the deacon's leave to thank him, that he, as a well-educated man, should do such an honour to our house. Since that time I haven't thought of making any opposition. Yes, yes, Moens Christoffersen! You and the other peasants can very well talk, because your wives haven't any Master Eric hanging behind the bed. If I had one wish in the world, it would be either that my wife had no arms, or that I had no back. She may use her mouth as much as she pleases. But I must stop at Jacob Shoemaker's on the way—he'll surely let me have a pennyworth of brandy on credit—for I must have something to quench my thirst. Hey, Jacob Shoemaker! Are you up yet? Open the door, Jacob!

[*Jeppe gets drunk and falls asleep. The baron finds him and has his retainers carry him up to the manor house.*]

ACTUS II
SCEN. I

JEPPE. *(Forestilles liggende udi Baronens Seng med en Gyldenstykkes Slaap-*
Rok for Stolen– han vaagner og gnikker sine Øyne, seer sig om og blir for-
skrækket, gnikker sine Øyne igien, tar paa sit Hoved og faaer en Guld-
broderet Nat-Hue i Haanden; han smør Spøt paa sine Øyne, og gnikker
dem igien, vender nok Huen om, og beskuer den, seer paa sin fiine Skiorte,
paa Slaap-Rokken, paa alting, har underlige Grimacer. Imidlertid spilles
en sagte Music, hvorved Jeppe legger Hænderne sammen, og græder; naar
Musiqven har ende, begynder han at tale:)

Ei! Hvad er dog dette? Hvad er dette for en Herlighed, og hvor-
dan er jeg kommen dertil? Drømmer jeg, eller er jeg vaagen?
Ney, jeg er gandske vaagen. Hvor er min Kone, hvor er mine
Børn, hvor er mit Huus, og hvor er Jeppe? Alting er jo forandret,
jeg selv med. Ej! hvad er dog dette? hvad er dog dette?
(Raaber sagte og frygtsom.)
Nille! Nille! Nille! jeg troer, at jeg er kommen i Himmerig, Nille!
og det gandske uforskyldt. Men, mon det er jeg? Mig synes ja,
mig synes ogsaa ney. Naar jeg føler paa min Rygg, som endnu er
øm af de Hug, jeg har faaet, naar jeg hører mig tale, naar jeg føler
paa min huule Tand, synes mig, det er jeg. Naar jeg derimod seer
paa min Hue, min Skiorte, paa all den Herlighed, som er mig for
Øynene, og jeg hører den liflige Musiqve, saa Drollen splide mig
ad om jeg kand faae i mit Hoved, at det er jeg. Ney det er ikke
jeg; jeg vil tusinde gange være en Carnalie om det er. Men mon
jeg ikke drømmer? Mig synes dog ney. Jeg vil forsøge at knibe
mig i Armen; giør det da ikke ondt, saa drømmer jeg, giør det
ondt, saa drømmer jeg ikke. Jo jeg følede det, jeg er vaagen; vist
er jeg vaagen, det kand jo ingen disputere mig, thi var jeg ikke
vaagen, saa kunde jeg jo ikke ... Men hvorledes kand jeg dog
være vaagen, naar jeg ret betænker alting? Det kand jo ikke slaae
feil, at jeg jo er Jeppe paa Bierget; jeg veed jo, at jeg er en fattig
Bonde, en Træl, en Slyngel, en Hanrej, en sulten Luus, en Madike,
en Carnalie; hvorledes kand jeg tillige med være Keyser og Herre
paa et Slot? Ney det er dog ikkun en Drøm. Det er derfor best,
at jeg har Taalmodighed, indtil jeg vaagner op.
(Musiqven begynder paa nye, og Jeppe falder i Graad igien.)

ACT II

SCENE I

*(J*EPPE *is lying in the baron's bed with a cloth-of-gold dressing-gown on a chair beside him. He wakes up, rubs his eyes, looks about, and becomes frightened; he rubs them again, puts a hand to his head, and finds a gold-embroidered nightcap on it; he moistens his fingers and wipes out his eyes, then rubs them again, turns the nightcap around and looks at it, looks at the fine shirt he is wearing, at the dressing-gown and the other fine things in the room, making strange faces. Meanwhile, soft music begins to play, and Jeppe clasps his hands and weeps. When the music stops, he speaks)*

JEPPE. What is all this? What splendor! How did I get here? Am I dreaming, or am I awake? I certainly am awake. Where is my wife, where are my children, where is my house, and where is Jeppe? Everything is changed, and I am, too—Oh, what does it all mean? What does it mean? *(He calls softly in a frightened voice.)* Nille! Nille! Nille!—I think I'm in heaven—Nille!—and I don't deserve to be a bit. But is this myself? I think it is, and then I think it isn't. When I feel my back, which is still sore from the last beating I got, when I hear myself speak, when I stick my tongue in my hollow tooth, I think it is myself. But when I look at my nightcap, my shirt, and all the splendor before my eyes, when I hear the delicious music, then the devil take me if I can get it through my head that it is myself. No, it is not me, I'm a thousand times a rogue if it is. But am I not dreaming? I don't think I am. I'll try and pinch my arm; if it doesn't hurt, I'm dreaming. Yes, I feel it; I'm awake, sure enough; no one could argue that, because if I weren't awake, I couldn't... But how can I be awake, now that I come to think it over? There is no question that I am Jeppe of the Hill; I know that I'm a poor peasant, a bumpkin, a scoundrel, a cuckold, a hungry louse, a maggot, a rogue; then how can I be an emperor and lord of a castle? No, it's nothing but a dream. So I'd better be calm and wait till I wake up. *(The music strikes up again and Jeppe bursts into tears.)*

Ach! kand man dog høre saadant i Søvne? det er jo ikke mueligt.
Men er det en Drøm, saa gid jeg aldrig maatte vaagne op, og er
jeg gall, saa giv jeg aldrig maatte blive viis igien; thi jeg vilde
stevne den Doctor, der curerede mig, og forbande den, der væk-
kede mig. Men jeg hverken drømmer eller er gall, thi jeg kand
komme alting ihu, som mig er vederfaret; jeg erindrer jo,
at min Sal. Far var Niels paa Bierget, min Far-Far Jeppe paa
Bierget, min Hustrue heeder jo Nille, hendes Crabask Mester
Erich, mine Sønner Hans, Christoffer og Niels. Men see! nu har
jeg fundet ud hvad det er: det er det andet Liv, det er Paradiis,
det er Himmerig; jeg, maa skee, drak mig ihjel i Gaar hos Jacob
Skoemager, døde, og kom strax i Himmerig. Døden maa dog
ikke være saa haard at gaae paa, som man bilder sig ind; thi jeg
følede intet der til. Nu staaer maa skee Hr. Jesper denne Stund
paa Prædike-Stolen og giør Liig-Prædiken over mig, og siger:
Saadant Endeligt fik Jeppe paa Bierget; han levede som en Soldat
og døde som en Soldat. Man kand disputere, om jeg døde til
Lands eller Vands; thi jeg gik temmelig fugtig af denne Verden.
Ach Jeppe! det er andet end at gaae fire Miil til Byen for at kiøbe
Sæbe, at ligge paa Straae, at faae Hug af din Hustrue, og faae
Horn af Degnen. Ach! til hvilken Lyksalighed er ikke din Møye
og dine sure Dage forvandlet. Ach! jeg maa græde af Glæde, be-
synderlig, naar jeg eftertænker, at dette er hendet mig saa ufor-
skyldt. Men een Ting staar mig for Hovedet, det er, at jeg er saa
tørstig, at mine Læber henge sammen; skulde jeg ønske mig le-
vende igien, var det alleene for at faae et Kruus Øll at ledske mig
paa, thi hvad nytter mig all den Herlighed for Øynene og Ørene,
naar jeg skal døe paa nye igien af Tørst? Jeg erindrer, Præsten
har ofte sagt, at man hverken hungrer eller tørster i Himmerig,
iligemaade, at man der finder alle sine afdøde Venner; men jeg er
færdig at vansmægte af Tørst, jeg er ogsaa gandske alleene, jeg
seer jo intet Menneske; jeg maatte jo i det ringeste finde min
Bestefar, som var saadan skikkelig Mand, der ikke efterlod sig en
Skillings Restantz hos Herskabet. Jeg veed jo, at mange Folk har
levet ligesaa skikkelig som jeg, hvorfor skulde jeg alleene komme
i Himmerig? Det kand derfore ikke være Himmerig. Men hvad

Oh, can a man hear things like that in his sleep? It's impossible. But if it's a dream, I hope I may never wake, and if I am crazy, I hope I may never be sane again; I'd sue the doctor that cured me, and curse the man that waked me. But I'm neither dreaming nor crazy, for I can remember everything that has happened to me: I remember that my blessed father was Niels of the Hill, my grandfather Jeppe of the Hill; my wife's name is Nille; her switch is Master Eric; my sons are Hans, Christoffer, and Niels. I've got it! I know what it is; this is the other life, this is paradise, this is heaven. I must have drunk myself to death yesterday at Jacob Shoemaker's, and when I died I went straight to heaven. Death can't be as hard to go through as they make out, for I don't feel a thing. Now, perhaps Pastor Jesper is standing this very minute in the pulpit delivering a funeral sermon over me, and is saying, "So ended Jeppe of the Hill. He lived like a soldier, and he died like a soldier." The might be some doubt as to whether I died on land or on sea, for I was easily half-seas-over when I left the world. Oh, Jeppe! how different this is from walking four leagues to town for soap, lying on straw, being beaten by your wife, and having horns put on you by the deacon. Oh, to what delights are your troubles and your bitter days now turned! Oh, I'm ready to weep for joy, particularly when I think how all this has happened to me without my deserving it! But one thing bothers me, and that is that I'm so thirsty that my lips are sticking together. If I wanted to be alive again, it would be just so I could get a mug of ale to quench my thirst, for what good is all this finery to my eyes and ears, if I'm going to die all over again of thirst? I remember, the pastor often said that man neither hungers nor thirsts in heaven, and also that a man finds all his friends there. But I'm ready to faint with thirst, and I'm all alone —I don't see a soul: I should at least find my grandfather, who was such a fine man that he didn't owe his lordship a penny when he died. I'm sure lots of people have lived as good lives as I have; so why should I be the only one to go to heaven? Then it can't be heaven. But what can it be? I'm not asleep, I'm

kand det da være? Jeg sover ikke, jeg vaager ikke, jeg er ikke
død, jeg lever ikke, jeg er ikke gall, jeg er ikke klog, jeg er Jeppe
paa Bierget, jeg er ikke Jeppe paa Bierget, jeg er fattig, jeg er riig,
jeg er en stakkels Bonde, jeg er Keyser, A... A... A... hielp
hielp hielp!

*(Paa dette store Skraal kommer nogle Folk ind, som imidlertid har staaet
paa Luur for at see hvorledes han stillede sig an.)*

[Efter megen vaklen og usikkerhed, i 2. akt, føler Jeppe sig over-
bevist om, at han er baron og handler derefter.]

ACTUS III
SCEN. 2
Jeppe. Cammer-Tienneren. Rifogden. Secreteren.

JEPPE. Hvor er min Rifogd?

CAMMER-TIENNEREN. Han er her uden for.

JEPPE. Lad ham strax komme ind.

RIFOGDEN *(kommer ind udi en Sølvknappet-Kiole, med Geheng om
Livet.)* Har Eders Naade noget at befale?

JEPPE. Intet uden at du skal henges.

RIFOGDEN. Jeg har jo intet ondt giort, Eders Naade! hvorfor skal
jeg henges?

JEPPE. Est du ikke Rifogd?

RIFOGDEN. Jo jeg er, Eders Naade!

JEPPE. Og du spør endda, hvorfor du skal henges?

RIFOGDEN. Jeg har dog tient Eders Naade saa troelig og reedelig.
og været saa flittig i mit Embede, saa at Eders Naade har roset
mig altid frem for andre sine Tiennere.

JEPPE. Ja vist har du været flittig i dit Embede, det kand man jo
see paa dine støbte Sølvknapper. Hvad faaer du aarlig til Løn?

RIFOGDEN. Et halv hundrede Rigsdaler aarlig.

JEPPE *(gaaer og spadserer lidt frem og tilbage.)* Et halv hundrede Rigs-
daler? Ja du skal strax henge.

RIFOGDEN. Det kand jo ikke være mindre, Naadige Herre, for et
heelt Aars møysom Tienneste.

JEPPE. Just derfor skal du henges, efterdi du faaer kun et halv
hundrede Rigsdaler. Du har Penge til Sølvknappet Kiole, til
Krusedoller for Hænderne, til Silke-Pung bag i Haaret, og har

not awake, I'm not dead, I'm not alive, I'm not crazy, I'm not sane, I am Jeppe of the Hill, I'm not Jeppe of the Hill, I'm poor, I'm rich, I'm a miserable peasant, I'm an emperor. O—o—o—! Help! Help! Help!

(At this great cry, some people come in who have in the interim been lying in wait to see how he would react.)

[After much hesitation and uncertainty, in the second act Jeppe feels convinced that he is a baron, and acts accordingly.]

ACT III

SCENE II

Jeppe. Valet. Bailiff. Secretary.

JEPPE. Where is my bailiff?

VALET. He is waiting outside.

JEPPE. Tell him to come in immediately.

Enter the Bailiff in a coat with silver buttons and a swordbelt over his shoulder.

BAILIFF. Has his lordship any orders?

JEPPE. Only that you are to be hanged.

BAILIFF. I have surely done no wrong, my lord! Why should I be hanged?

JEPPE. Are you not the bailiff?

BAILIFF. Yes, indeed, your lordship.

JEPPE. And yet you ask why you should be hanged?

BAILIFF. I have served your lordship so honestly and faithfully and have been so diligent in my office that your lordship has always praised me more than any other of his servants.

JEPPE. Indeed, you have been diligent in your office, as your solid silver buttons plainly show. What wages do you get?

BAILIFF. Fifty rix-dollars a year.

JEPPE *(gets up and walks to and fro)*. Fifty? You surely shall be hanged.

BAILIFF. It couldn't well be less, my lord, for a whole year's hard work.

JEPPE. That's just the reason you are to be hanged—because you only get fifty rix-dollars. You have money enough for a coat with silver buttons, frills at your wrists, and a silk queue for

kun 50 Rdl.r om Aaret. Maa du da ikke stiæle fra mig arme Mand?
thi hvor skulde det ellers komme fra?

RIFOGDEN *(paa Knæ.)* Ach Naadige Herre! spar mig dog for min
fattige Hustrue og u-myndige Børns skyld.

JEPPE. Har du mange Børn?

RIFOGDEN. Jeg har 7 levende Børn, Eders Naade!

JEPPE. Ha ha, 7 levende Børn? Fort heng ham, Sekketeer.

SECRETEREN. Ach Naadige Herre! jeg er jo ingen Boddel.

JEPPE. Hvad du ikke est, det kandst du blive; du seer ud til alle-
haande. Naar du har hengt ham, skal jeg siden henge dig selv.

RIFOGDEN. Ach Naadige Herre! er der ingen Pardon?

JEPPE *(gaaer og spadserer igien, sætter sig ned at drikke, staaer op igien.)*
Et halv hundrede Rigsdaler, Kone, og syv Børn! Vil der ingen
anden henge dig, saa skal jeg giøre det selv. Jeg veed nok, hvad
I er for Karle, I Rifogder; jeg veed hvorledes I har omgaaet med
mig selv og andre stakkels Bønder ... Ej! nu kommer de for-
bandede Bonde-Griller mig i Hovedet igien. Jeg vilde sige, jeg
veed eders Væsen og Handtering saa vel paa mine Fingre, at jeg
selv kunde være Rifogd, om det skulde gielde. I faaer Fløden af
Melken, og Herskabet faaer en Lort (med Tugt at sige). Jeg troer,
om Verden staaer længe, saa blir Rifogder Junkere, og Junkere
igien Rifogder. Naar Bonden stikker jer eller jere Koner noget i
Næven, saa heeder det, naar I kommer til Herskabet: den stakkels
Mand er villig og flittig nok, men adskillige Ulykker slaaer ham
til, at han ikke kand betale, han har en ond Jord, der er kommen
Skab paa hans Qvæg, og andet saadant, med hvilken Snak Her-
skabet maa lade sig afspise. Troe mig, go Karl, jeg lar mig ikke
saaledes tage ved Næsen; thi jeg er selv en Bonde og en Bondes
Søn ... See! nu kommer dette Koglerie igien. Jeg siger, jeg er
selv en Bondes Søn; thi Abraham og Eva, vore første Forældre,
vare Bønder.

SECRETEREN *(falder ogsaa paa Knæ.)* Ach Naadige Herre! hav dog
Barmhiertighed med ham for hans fattige Hustrues skyld; thi
hvoraf skal hun siden leve at føde Kone og Børn?

JEPPE. Hvem siger, de skal leve? man kand jo henge dem op med.

your hair—and all on fifty rix-dollars a year. If you didn't rob
me, poor man, where else could you get it?

BAILIFF *(on his knees)*. Oh, gracious lord! For the sake of my
unfortunate wife and innocent children, spare me!

JEPPE. Have you many children?

BAILIFF. Seven children living, my lord.

JEPPE. Ha! Ha! Seven children living! Have him hanged imme-
diately, Secretary.

SECRETARY. Oh, gracious lord, I am no hangman.

JEPPE. If you're not, you can soon learn to be. You look fit for any
trade. And when you have hanged him, I shall have you hanged
yourself.

BAILIFF. Oh, gracious lord, is there no reprieve?

JEPPE *(walks to and fro, sits down, drinks, and gets up again)*. Half a
hundred rix-dollars, a wife and seven children. If no one else will
hang you, I'll do it myself. I know what sort you are, you bailiffs!
I know how you have cheated me and other miserable peasants—
Oh, there come those damned peasant illusions into my head
again. I meant to say, that I know your games and your goings-on
so well. I could be a bailiff myself if I had to. You get the cream
off the milk, and your master gets dung, to speak modestly. I
really think that if the world keeps on, the bailiffs will all be
noblemen and the noblemen all bailiffs. When a peasant slips
something into your hand or your wife's, here is what your
master is told: "The poor man is willing and industrious enough,
but certain misfortunes have befallen him which make it impos-
sible for him to pay: he has a poor piece of land, his cattle have
got the scab—or something like that—and with such babble
your master has to let himself be cheated. Take my word for it,
lad! I'm not going to let myself be fooled in that way, for I'm a
peasant and a peasant's son myself—see how that illusion keeps
cropping up! I was about to say that I am a peasant's son myself,
for Abraham and Eve, our first parents, were tillers of the soil.

SECRETARY *(on his knees)*. Oh, gracious lord! Pray take pity on
him for the sake of his unfortunate wife; for how can she live if
he is not there to feed her and the children?

JEPPE. Who says they should live either? We can string them up
along with him.

SECRETEREN. Ach Herre! det er saadan yndig smuk Kone.

JEPPE. Saa? du maa skee er forliebt i hende, eftersom du tar dig hende saa an. Lad hende komme herind.

SCEN. 3

Rifogdens Kone. Jeppe. De andre.

(Konen kommer ind og kysser paa hans Haand.)

JEPPE. Est du Rifogdens Kone?

KONEN. Ja jeg er, Naadig Herre!

JEPPE. *(tar hende paa Brystet.)* Du est kiøn. Vil du sove hos mig i Nat?

KONEN. Herren har at befale udi alting; thi jeg er i hans Tienneste.

JEPPE *(til Rifogden.)* Vil du tilstæde, at jeg ligger hos din Kone i Nat?

RIFOGDEN. Jeg takker Herren, at han beviser mit ringe Huus den Ære.

JEPPE. See her! sæt en Stoel til hende, hun skal spise med mig.

(Hun sætter sig ved Bordet, æder og drikker med ham ; han blir jaloux paa Secreteren og siger :)

Du skal faae en Ulykke, dersom du seer paa hende.

(Saa tit han kaster Øye til Secreteren, strax slaaer han Øynene af hende og seer paa Jorden.

Han synger en forliebt gammeldags Viise, medens han sidder til Bords med hende.

Jeppe befaler at spille en Polsk Dantz, og dantzer med hende, men falder 3 gange af Drukkenskab, endelig den fierde gang blir han liggende og falder i Søvn.)

[Da Jeppe vågner, bringes han for en fingeret domstol.]

ACTUS IV

SCEN. 6

DOMMEREN. *(Læser Dommen op.)*

Saasom Jeppe paa Bierget, Nielsis Søn paa Bierget, og Jeppes Sønne-Søn sammesteds, er overbeviset, saavel af lovlige Vidner, som af egen Bekiendelse, at have indsneeget sig paa Baronens Slot, iført sig hans Klæder, og handlet ilde med hans Tiennere:

SECRETARY. Oh, my lord! She is such a lovely, beautiful woman.

JEPPE. So? Perhaps you're in love with her, seeing you feel so badly about her. Send her here.

SCENE III

Enter Bailiff's wife; she kisses Jeppe's hand.

JEPPE. Are you the bailiff's wife?

WIFE. Yes, your lordship, I am.

JEPPE *(takes her by the breasts)*. You are pretty. Would you like to sleep with me to-night?

WIFE. My lord has only to command, for I am his servant.

JEPPE *(to the Bailiff)*. Do you consent to my lying with your wife to-night?

BAILIFF. I thank his lordship for doing my humble house the honor.

JEPPE. Here! Bring her a chair; she shall eat with me. *(She sits at the table, and eats and drinks with him. He becomes jealous of the Secretary.)*

You'll get into trouble, if you look at her like that.

(Whenever he looks at the Secretary, the Secretary takes his eyes off the woman and gazes at the floor.

Jeppe sings an old love-ballad as he sits at the table with her. He orders a polka to be played and dances with her, but he is so drunk that he falls down three times, and finally lies where he falls and goes to sleep.)

[When Jeppe awakes, he is brought before a simulated court.]

ACT IV
SCENE VI

JUDGE. *(Reads the sentence.)* Inasmuch as Jeppe of the Hill, son of Niels of the Hill, grandson of Jeppe of the same, has been proved both by legal evidence and by his own confession to have introduced himself by stealth into the Baron's castle, to have put

Saa dømmes han til at omkommes af Gift, og naar han er død,
hans Legeme at ophenges i en Galge.

JEPPE. Ach Ach! Naadige Dommer! er der ingen Pardon?

DOMMEREN. Ney ingenlunde. Dommen skal strax exeqveres i mit
Paasiun.

JEPPE. Ach! maa jeg da ikke faae et Glas Brændeviin først, førend
jeg drikker Forgiften, at jeg kand døe med Corrasie?

DOMMEREN. Jo det kand nok tilstædes.

JEPPE *(drikker ud trende Glas Brændeviin, falder paa Knæ igien, og spør.)*
Er der ingen Pardon?

DOMMEREN. Ney Jeppe, nu er det alt for silde.

JEPPE. Ach! det er jo ikke for silde. Dommeren kand jo forandre
Dommen, og sige, at han dømte feil første gang. Det skeer jo
saa tit; thi vi ere alle Mennesker.

DOMMEREN. Ney! du skal selv føle inden nogle Minuter, at det er
for silde; thi du har allereede faaet Giften ind med Brændevinen.

JEPPE. Ach jeg elendige Menneske! har jeg alt faaet Giften ind?
Ach far vel Nille! Dog, din Carnali! du har ikke forskyldt, at jeg
skulde tage Afskeed med dig. Far vel Jens, Niels og Christoffer!
Far vel min Dotter Marthe! far vel min Øye-Steen! dig veed jeg
selv at være Far til, thi du blev giort, førend Degnen kom hid;
du har ogsaa din Fars Ansigt, vi ligner hinanden som to Draaber
Vand. Far vel min brogede Hest, og Tak for hver gang, jeg har
reedet paa dig; nest mine egne Børn har jeg intet Beest elsket saa
meget som dig. Far vel Feierfax, min troe Hund og Dørvogter;
far vel Moens, min sorte Kat; far vel mine Stude, mine Faar, mine
Sviin, og Tak for got Compagnie, og for hver Dag, jeg har kiendt
jer. Far vel ... Ach! nu kand jeg ikke meer, jeg blir saa tung og
afmægtig. *(Falder om og blir liggende.)*

DOMMEREN. Det gaaer vel; Dvale-Drikken har allereede giort sin
Virkning, nu sover han som en Steen. Henger ham nu op, men
seer vel til, at han ingen Skade faaer deraf, og at Reebet kommer
kun under Armene. Nu vil vi see, hvordan han bær sig ad, naar
han vaagner op, og finder sig hengende.
(De slæber ham ud.)

on his clothes and maltreated his servants; he is sentenced to be put to death by poison, and when he is dead, his body to be hanged on a gallows.

JEPPE. Oh, oh, your honor! Have you no mercy?

JUDGE. None is possible. The sentence shall be carried out forthwith in the presence of the court.

JEPPE. May I have a glass of brandy first, before I drink the poison, so I can die with courage?

JUDGE. That is permissible.

JEPPE *(drinks off three glasses of brandy, and falls on his knees)* Will you not have mercy?

JUDGE. No, Jeppe! It is now too late.

JEPPE. Oh, it's not too late. A judge can reverse his decision and say he judged wrong the first time. It happens so frequently, for we are all human beings.

JUDGE. No; you yourself will feel in a few minutes that it is too late, for you have already drunk the poison in the brandy.

JEPPE. Alas, what an unfortunate man I am! Have I taken the poison already? Oh, farewell, Nille! But the beast doesn't deserve that I should take leave of her. Farewell, Jens, Niels, and Christoffer! Farewell, my daughter Marthe! Farewell, apple of my eye! I know I am your father because you were born before that deacon came around, and you take after me so we're like as two drops of water. Farewell, my piebald horse, and thank you for all the times I have ridden you; next to my own children I never loved any animal as I love you. Farewell, Feierfax, my good watchdog! Farewell, Moens, my black cat! Farewell, my oxen, my sheep, my pigs, and thank you for your good company and for every day I have known you... Farewell... Oh, now I can say no more, I feel so heavy and so weak. *(He falls, and lies on the floor.)*

JUDGE. That worked well; the sleeping-potion has already taken effect, and he is sleeping like a log. Hang him up now, but be careful not to hurt him, and see that the rope goes only under his arms. Then we shall see what he does when he wakes up and finds himself hanging.

(They drag him out.)

ACTUS V

SCEN. I

(Jeppe forestilles hengende i en Galge.)
Nille. Jeppe. Dommeren.

NILLE *(river sit Haar, slaaer sig for Brystet og raaber:)* Ach Ach! er
det mueligt, at jeg skal see min fromme Mand henge saa skamme-
lig udi en Galge! Ach min allerkiæreste Mand! forlad mig, om
jeg har giort dig imod. Ach! Ach! nu vaagner min Samvittighed;
nu angrer jeg, men forsilde, den Haardhed, som jeg har øvet mod
dig; nu savner jeg dig først, nu kand jeg skiønne paa, hvilken
from Mand jeg har mist. Ach! at jeg kunde redde dig fra Døden
med mit eget Liv og Blod.

*(Hun tørrer sine Øyne og græder bitterlig. Imidlertid har Dvale-Drikken
udopereret, og Jeppe vaagner op igien, og seer sig henge i en Galge, og sine
Hænder bagbundene, hører sin Hustrue klage, og taler til hende:)*
Giv dig tilfreds, min hierte Kone, vi skal alle den Vej. Gak hiem
og tag vare paa dit Huus, og hav Omsorg for mine Børn. Min
røde Trøye kand du lade omgiøre til lille Christoffer; det som
bliver til overs, skal Marthe have til en Hue. Seer til for alting,
at min brogede Hest blir vel plejet; thi jeg har elsket det Beest,
som han kunde være min kiødelige Broer. Hvis jeg ikke var død,
skulde jeg sige dig adskilligt andet.

NILLE. A.... A.... A.... hvad er det? hvad hører jeg? kand en
død Mand tale?

JEPPE. Bliv ikke bange, Nille! jeg skal intet ondt giøre dig.

NILLE. Ach min allerkiæreste Mand, hvorledes kand du tale, naar
du est død?

JEPPE. Jeg veed ikke selv, hvoraf det kommer. Men hør, min hierte
Kone, spring bort som en Ild, og bring mig hid for 8 Skilling
Brændeviin; thi jeg tørster meere nu, end da jeg var levende.

NILLE. Fy dit Beest! dit Skarn! din forgiftige Drukkenbolt! har
du ikke drukket Brændeviin nok i dit levende Liv? tørster din
Fæe-Hund endnu, nu du est død? Det kalder jeg et fuldkommen
Sviin.

JEPPE. Hold din Mund dit Skarn, og spring strax efter Brænde-
vinen. Hvis du det ikke giør, saa skal jeg, Drollen splide mig ad,
spøge hver Nat i Huset. Du skal vide, at jeg er ikke bange for
Mester Erich meer; thi jeg føler nu til ingen Hug.

ACT V

SCENE I

Jeppe is discovered hanging from a gallows.
Nille. Jeppe. Judge.

NILLE *(tearing her hair, beating her breast and crying.)* Oh, oh, can it be that I see my good husband hanging on the gallows? Oh, my dearest husband! Forgive me all the wrong I have done you. Oh, now my conscience is roused; now I repent, but too late, for the ill nature I showed you; now that I miss you, for the first time I can realize what a good husband I have lost. Oh, that I could only save you from death with my own life's blood.
(She wipes her eyes, and weeps bitterly. Meanwhile the effects of the sleeping-potion have worn off, and Jeppe wakes. He sees that he is hanging on the gallows, and that his hands are tied behind him, and he hears his wife's laments and speaks to her.)

JEPPE. Be calm, my dear wife, we must all go the same way. Go home and look after the house and take good care of my children. You can have my red jacket made over for little Christoffer, and what's left will do for a cap for Marthe. Above all, see to it that my piebald horse is well cared for, for I loved that beast as if he had been my own brother. If I weren't dead, I'd have more to say to you.

NILLE. O—o—o—! What is that? What do I hear? Can a dead man talk?

JEPPE. Don't be afraid, Nille, I shan't hurt you.

NILLE. But, my dearest husband, how can you talk when you're dead?

JEPPE. I don't know myself how it happens. But listen, my dear wife! Run like wildfire and bring me eightpence worth of brandy, for I am thirstier now than I ever was when I was alive.

NILLE. Shame, you beast! You scoundrel! You hopeless drunkard! Haven't you drunk enough brandy in your living lifetime? Are you still thirsty, you sot, now that you are dead? I call that being a downright hog.

JEPPE. Shut your mouth, you scum of the earth! and run for the brandy. If you don't, devil take me if I don't haunt you in the house every night. You shall soon find out that I am not afraid of Master Eric any more, for now I can't feel a beating.

(Nille springer hiem efter Mester-Erich, kommer igien og prygler ham i Galgen.)

JEPPE. Au au au! holdt op, Nille, holdt op! du kand slaae mig ihiel paa nye, au au au!

DOMMEREN. Hør, Kone! du maae ikke slaae ham meere. Giv dig tilfreds, vi vil for din skyld tilgive din Mand hans Forseelse og dømme ham til Livet igien.

NILLE. Ach ney! gunstig Herre! lad ham kun henge; thi han er ikke værd at lade leve.

DOMMEREN. Fy! du est en Skarns Qvinde; pak dig bort, eller vi skal lade dig henge ved Siden paa ham.

(Nille løber bort.)

[I 5. akts sjette og sidste scene fremsætter *baronen* for tilskuerne Holbergs kommentar bl. a. med disse vers:]

Af dette Eventyr vi, kiære Børn, maa lære,
At ringe Folk i hast at sætte i stor Ære,
    Ey mindre farligt er, end som at trykke ned
    Den, der er bleven stor ved Dyd og Tapperhed.

(Nille runs home after Master Eric, comes out again, and beats him as he hangs.)

JEPPE. Ow, ow, ow! Stop it, Nille, stop! You'll kill me all over again. Ow! ow! ow!

THE JUDGE *(coming forward)*. Listen, my good woman! You must not beat him any more. Be reassured; for your sake we will pardon your husband's transgressions, and furthermore sentence him back to life again.

NILLE. No, no, good Sir! Let him hang, for he's not worth letting live.

JUDGE. Fie, you are a wicked woman; away with you, or we shall have you hanged alongside of him.

(Nille runs away.)

[In the sixth and last scene of the fifth act the baron provides Holberg's commentary with *inter alia* these verses!]

> Of this adventure, children, the moral is quite clear:
> To elevate the lowly above their proper sphere
> Involves no less a peril than rashly tumbling down
> The great who rise to power by deeds of just renown.

MORALSKE TANKER
LIBR. I
EPIGRAMM. 5

Sur Cæcilianus
Qvis non miratur doctrinam Cæciliani?
Qvid mare qvid tellus, scit qvid & æther habet.
Et noscit qvicqvid Saturnia cum Jove garrit:
At nescit noctas conjugis ille suæ.

Studeringer kand deeles udi fornødne, nyttige og skadelige. De for-
nødne Studeringer ere de, som handle om Menneskets Pligt mod
GUD og sin Næste, og befatte under sig Theologie og Morale. Udi
disse tvende Videnskabers Fornødenhed ere alle Nationer eenige,
skiønt de differere fra hinanden udi Maaden og Øvelsen. Thi de
fleste begaae herudi et *hysteron proteron,* og begynde med Theologien
ved at indprente smaa Børn Religionens Mysteria og Hemmelig-
heder, førend de giøre dem til fornuftige Creature. Thi det er lige-
som man udi Skoler vilde udi Sprog giøre Begyndelse med *Zoro-
astris* Oracler eller de vanskeligste latinske Poeter. Børn maa giøres
til Mennesker, førend de blive Christne: Ligesom Materien maae
tillaves og jævnes førend Skikkelsen bliver giort, og Papiret pla-
neres, førend derpaa skrives. Det var derfor at ønske, at Børne-
Examina bleve af eet giorte til tvende, og at de udi det første bleve
forhørte og confirmerede som Mennesker, og udi det sidste som
Christne Mennesker. Men man begynder først med Guddommelige
Hemmeligheders Catechisation, hvorved foraarsages, at enhver med
yderste Haardnakkenhed forsvarer den Sect, som han er opdragen
udi, og ingen Argumenter siden vil imodtage. Thi den Fold, som
i Barndommen bliver lagt, er ikke let at udslette. Menneskets Hierne
maa først høvles, førend nogen Skikkelse derpaa kand giøres. Thi
begynder man først med Formen, er det siden forsilde at planere
Materien, og rodfæster sig et Præjudicium udi Menneskets Sind,
bliver det til en Plet, som fast aldrig kand udslettes. Man maa først
lære at tvivle, førend man maa lære at troe; ligesom man maa først
smage Maden og Viinen, førend man æder og drikker: thi, hvis
saadant ikke skeer, gaaer man bagvendt til Verks med Informa-
tionen, og derved autoriserer alle Religioner, ja legger ikke Grund-
vold til at lære Sandhed, men til det alleene, som en Informator

MORAL THOUGHTS
BOOK I
EPIGRAM 5

Sur Cæcilianus
Quis non miratur doctrinam Cæciliani?
Quid mare qvid tellus, scit qvid & æther habet.
Et noscit qvicqvid Saturnia cum Jove garrit:
At nescit noctas conjugis ille suæ.

Studies can be divided into the necessary, the useful, and the harmful. Necessary studies are those which are concerned with man's duty toward God and his neighbour, and which comprise theology and ethics. Regarding the necessity of these two disciplines, all nations are in agreement, although they differ from one another with respect to manner and practice. Most commit a *hysteron proteron* in this connection, and begin in theology by impressing upon small children the mysteries and secrets of religion before making them creatures of reason. It is as if in the schools one began with the oracles of Zoroaster or the most difficult Latin poets in teaching language. Children must be made into human beings before they become Christians—just as the raw material must be prepared and kneaded before a figure can be made of it, and paper smoothed before it can be written upon. It is desirable, therefore, that children should be given two examinations instead of one, and that they in the first should be examined and confirmed as human beings, and in the second as Christians. But we begin with the catechisation of divine secrets, and as a result everyone defends with extreme obstinance the sect in which he has been brought up, and is not receptive to any arguments; for the crease which has been made in childhood is not easy to iron out. The human mind must first be planed before any form can be imposed upon it. If one first begins with a form, then it is too late to plane the raw material. And if a prejudice is firmly established in the human mind, it becomes a spot which scarcely ever can be eradicated. One must first learn to doubt before one can learn to believe, just as one must first taste food and wine before one eats and drinks: for if this does not happen, one is starting at the wrong end in teaching, and therewith validating all religions, indeed failing to lay a groundwork for teaching the truth, but

holder for at være Sandhed, hvilket er gemeenlig den Sects Lærdom, som han selv er opdragen udi.

Hvis man herudi gik ordentligen til Verks, begyndte med Morale og endte med Theologie, det er, hvis man foretog at giøre Folk først til Mennesker, førend man forsøgte at giøre dem til Christne, vilde de mange Religions Secter blive reducerede til gandske faa, og den Bitterhed, som regierer blant dem, gandske ophøre. Jeg vil her ikke tale om dem, som have en interessered Religion: thi de samme begynde forsetligen først med deres Sects Theologie, førend de undervise udi Morale, saasom deres Sigte er ikke at oplære Ungdommen udi den rette Sandhed, men udi en *Veritate locali,* det er: udi saadanne Principiis, som hos dem ved Love ere autoriserede. Derfor begynde de Roman-Catholske, sær Jesuiter, som alle ere interesserede Læremestere, at indprente Ungdommen Lærdom om Kirkens Infallibilitet, saasom de ere forsikrede om, at, naar samme Lærdom haver fæstet dybe Rødder, at Sandhed ved intet Middel kand faae Sted udi Menneskers Hierter. Derfor tage Mahomedanerne sig og vel vare ikke at begynde med Philosophie, vel vidende, at ingen kunde faae deres Theologie udi Hovedet, som først var bleven underviset udi de Regler, som en fornuftig Siæl bør betiene sig af til at udlede Sandhed.

Jeg siger, at jeg ikke vil tale om dem, som have en egennyttig Troe, men om dem, som have sundere Principia, om dem, som holde for, at man bør smage, førend man troer, og examinere, førend man underskriver. Det er til dem alleene saadan Erindring giøres, efterdi de udi Ungdommens Opdragelse overtræde deres egne Principia, i det at de lære dem Catechismos og Symboliske Bøger uden ad, førend de have giort *præparatorier* dertil. *Habile Medici* gaae herudi meere ordentligen frem, de begynde med Legemets Renselser, paa det at den rette *Medicine* desbedre maa *operere.* Hvis Lærere giorde det samme, vilde Theologien deskraftigere *operere.* Men man begynder med at raabe: "Troe! Troe!" førend man viser, hvad som bør troes og ikke troes. Det er at gaae til Verks ligesom der fortelles om en vis Dommer, der begyndte først med Executionen, og siden lod Sagen examinere. Jeg vilde derfore glæde mig over den Skole-Forordning, hvorved beskikkedes, at ud⸴ første og anden Lectie skulde drives paa moralske Catechisationer,

rather only for what a teacher considers to be the truth—which is ordinarily the doctrine of the sect in which he was brought up.

If one approached this matter in the right way, one would begin with ethics and end with theology, that is, if one undertook to make people first into human beings before one attempted to make them into Christians, the many religions' sects would be reduced to very few, and the bitterness which holds sway among them would cease completely. I am here not speaking of persons with a vested interest in religion; these begin intentionally with their own sect's theology before they teach ethics, since their aim is not to teach youth by one pure truth, but by *veritate locali;* that is, by such principles as are authorized by law for them. For this reason, the Roman Catholics, particularly Jesuits, all of whom are teachers with a vested interest, begin to impress upon youth the doctrine of the infallibility of the church, since they are convinced that, when this doctrine has firmly taken root, no matter which means are employed, truth can not find a place in human hearts. For this reason, Mohammedans take care not to begin with philosophy, well knowing that no one could get their theology into his head if he had first been instructed in the rules which a reasonable soul should employ in order to deduce truth.

I am saying that I will not speak about persons who have a vested interest in their faith, but about those who have sounder principles; about those who believe that one should taste before one believes and examine before one subscribes. To them alone this memorial is adressed, since they compromise their own principles in the education of youth by teaching the catechism and the symbolic books by rote before they have prepared their pupils for them. Able physicians proceed in a more orderly way; they begin with the purging of the body so that the proper medicine will function the better. If teachers did the same, theology would function more effectively. But one begins by crying: "Believe! Believe!" before one has shown what should be believed and should not be believed. That is proceeding just like a certain judge who began with the execution and then had the case examined. I would therefore rejoice at the school directive which required that the first and second forms should be given moral catechisation and that Luther's catechism should not be a

og at Lutheri Catechismus skulde allerførst blive et *Præceptum* udi
tredie Lectie, saa at den første Institution skulde bestaae i at danne
Sindet, og bevæbne det mod alle Præjudicia, for siden desbedre at
indprente det den sande og sunde Theologie. Thi, hvis een lærer
Theologie, førend han lærer at blive Menneske, bliver han aldrig
Menneske. Den moralske Philosophie har meget været forsømt,
saavel udi den Jødiske, som Christne Kirke. Virkningen deraf haver
været, at smaa Ting ere blevne helligen i agttagne, og vigtige Ting
forsømte. Man har af Vildfarelse overtraad alle Bud, for at hand-
hæve et af de mindste. Man har forfult og myrdet sin Næste for-
medelst U-overeensstemmelse udi en Speculation eller Ceremonie.
Man haver været ivrig udi den udvortes GUdstieneste, og tillige
med veltet sig udi alle Synder og Vellyster: ja man haver bemænget
sig med at beskrive GUD, Engler og Aander, og aldrig bekymret
sig om Egen-Kundskab. Fribytterie for Exempel, som øvedes blant
de Nordiske Christne, kunde ikke have været regned for Heroiske
Dyder, hvis de havde lært at blive Mennesker, førend de bleve
Christne. Det samme kand og siges om mange andre Synder, som
formedelst samme Aarsag ginge i svang, og ikke holdtes for Synder.

Man seer her af, at et *Hysteron proteron* maa giøres udi Ungdom-
mens Information, og at man maa ved Christi Morale og en sund
Philosophie legge Grundvold, førend Christendommens *Dogmata*
og Hemmeligheder læres. Den Franske Konge *Clovis,* efter at han
var bleven Christen, og hørte læse Passions-Historien, blev han saa
heed om Hovedet, at han sagde: "hvis jeg paa samme Tiid havde
levet, skulde jeg med mine Franske Tropper have nedsablet alle
Jøder, og frelset Christum"; hvilket han neppe vilde have sagt,
hvis de Tiders *Convertisseurs* havde søgt at lade ham støbe, førend
de lode ham døbe. Vore Missionairer gaae her udi til Verks, lige-
som vore Skole-Lærere. De begynde gemeenligen med Religionens
Hemmeligheder, hvorover Vantroende strax støde sig, og ville ikke
høre videre derom. Jeg haver paa et andet Sted viset, hvad Virk-
ning den Spanske Biskops Prædiken havde hos den Peruvianske
Konge, nemlig at Kongen dømte af Biskoppens Tale, at han ikke
maatte være rigtig udi Hovedet, og derfor strax brød alting over
tvers: hvilket maaskee ikke havde hendet, hvis han ej havde be-
gyndt Conversionen bagvendt. Det samme sees af mange andres

preceptum until the third form, so that the first instruction should educate the mind and arm it against all prejudices, the better then to impress upon it true and sound theology. If one learns theology before one learns to become a human being, one never will become a human being. Moral philosophy has been much neglected, both by the Jewish and the Christian churches. The result of this has been that small things have been religiously observed, and important things neglected. Out of misapprehension, men have broken all the commandments in order to cope with a trifle. Men have defamed and murdered their neighbours because of a disagreement about a speculative matter or about a ceremony. Men have been zealous about the superficies of divine service, and, at the same time, cast themselves into all kinds of sin and sensuality; indeed, men have occupied themselves with describing God, angels, and spirits, without ever being concerned about knowing themselves. Piracy, for example, which was practised by the Scandinavian Christians, could not have been reckoned as an heroic virtue if they had learned to be human beings before they became Christians. The same can also be said about many other sins which were committed for the same reason and which were not considered to be sins.

From this we see that an *hysteron proteron* must be undertaken in the instruction of youth, and that there must be established a foundation by means of Christian ethics and a sound philosophy before the dogma and secrets of Christianity are taught. The French king Clovis, after he had become a Christian, listened to the story of the Passion and became so exercised that he said, "If I'd lived at that time, I should have massacred all the Jews with my French troops and saved Christ"—which he scarcely would have said if the proselytizers of the time had tried to mold him before they had him baptized. Our missionaries proceed like our school teachers. They generally begin with the secrets of religion, at which the unbelieving immediately take offense and want to hear no more of the matter. I have elsewhere shown what effect the Spanish bishop's sermon had upon the Peruvian king, to wit, that the king concluded from the bishop's speech that he could not be right in his head and therefore broke matters off at once—which perhaps would not have happened if the bishop had not begun the conversion backwards. The same is to be seen from the examples of many

Exempler, hvilke enten have stødet sig over Lærdommen, eller strax efter dens Antagelse igien have deserteret, som man merker den nys omvendte Indianske Ungdom at giøre. Man maa derfore først legge Grundvold ved at danne og tette Karrene, førend man gyder Viinen i dem: man maa indprente Mennesker den sunde Morale, vise dem hvad de bør troe, førend de bydes at troe, og undervise dem udi en slags *Arte critica,* at de ikke skal tage Skygge for Legemet. Derved erhverver Catecheta sig først en Opinion om Ærlighed og U-partiskhed hos de unge Proselyter, efterdi de deraf see, at hans Forsæt alleene er at indprente dem en u-interesseret saliggiørende Sandhed; derved giøres de ogsaa selv beqvemme Redskabe til at imodtage Lærdommen og at beholde den samme.

Naar man gaaer saaledes ordentlig til Verks, og viser udi almindeligt, hvad en fornuftig Siæl bør troe, og hvad den bør forkaste, hvad som er overeensstemmende med Naturens Lov, og hvad som strider derimod, og siden kommer frem med den aabenbarede Lærdom, som man viser dermed at være gandske conform, og at visse Mysteria ikke stride derimod, kand man vente, at Conversionerne ville blive bestandige, og ingen Lærdom kand blive til Troes Artikel uden den er grundig og fornuftig: da Erfarenhed ellers blant alle Nationer viser, at, saasom denne Regel ikke i agttages, man kand paatrykke Ungdommen de allerselsomste og umenneskeligste Meeninger, og som siden ved intet Middel igien kand udrøddes. Jeg vil for at oplyse dette, ikkun anføre tvende Exempler. Een tager sig for at undervise en anden udi Christendom. Han bereeder Vej dertil, først med at forklare ham Naturens Hoved-Bud: han giver ham en almindelig *Idée* om Dyder og Lyder: han forestiller ham, hvad Billighed, Retfærdighed og Godhed er, at de samme ere Dyder blant GUds skabte Creature, og derfore conseqventer maa være det Guddommelige Væsens egne Qvaliteter. Efter at saadan Grundvold er lagt, gaaer han til Religionen, og viser af de Symboliske Bøger, som hans Sect har underskrevet, at GUD har af frie Villie og Velbehag skabet de fleste Mennesker til Fordømmelse. Proselyten studser da nødvendigen derved, og nægter sig at kunne antage en Lærdom, som strider imod den forige, som til Introduction er bleven ham indprentet. Videre en Romersk *Convertisseur* begynder at catechisere med Philosophie og Morale, sigende,

others, who either have taken offense at doctrine or immediately after having accepted it have deserted it, as we notice the newly converted Indian youth doing. One must, therefore, first lay the foundations by shaping and caulking containers before pouring wine into them. One must impress upon human beings sound ethics and show them what they ought to believe before asking them to believe, and instruct them in a kind of *ars critica,* lest they confuse the shadow with the object. Thereby the catechist evokes first an attitude of honesty and impartiality among the young proselytes, whereupon they see that his intent is solely to impress upon them disinterested sanctifying truth; and, in this way, they are instruments to receive the teachings and retain them.

If one begins in the right way, and demonstrates in general what a reasonable soul should believe and what it should reject; what is in accord with natural law and what is in conflict with it, and only then puts forward the revealed teachings, which are thus shown to be in conformity with natural law, with which certain mysteries are not in conflict either, one can expect that the conversion will be permanent; for no doctrine can become an article of faith unless it is basic and reasonable. Experience shows that if this rule is not followed, one can impress upon youth in all nations the strangest and most inhuman opinions, which no means can later eradicate. In order to elucidate this I will give only two examples. One person undertakes to instruct another in Christianity. He prepares the way, first by explaining to him nature's principal commandments; he gives him a general idea of virtues and faults; he represents to him what fairness, justice, and goodness are, that these are virtues among the living things God has created, and, consequently, must be qualities of the divine being. After such a foundation has been laid, he proceeds to religion, and demonstrates, by means of the symbolic books to which his sect subscribes, that God has predestined most people to damnation by his own free will and for his own gratification. The proselyte will necessarily be taken aback at this and refuse to accept a doctrine which contradicts the preceding ones which had been impressed on him by way of introduction. Moreover, a Roman proselytizer begins to catechize by means of philosophy and ethics, saying that the human

at et Menneske bør intet troe, som er imod *Notiones communes,* det er hvad, som han og alle Mennesker, see, høre og føle at være stridigt med det, som foregives. Derpaa skrider han til Lærdommen og viser, naar han kommer til den Artikul om Transsubstantiationen, at Brød er Kiød. Discipelen forarger sig da over en Lærdom, som strider aabenbare mod den forige Sandhed, sigende: "hvis jeg ikke maa troe almindelig Syn og Sandser: hvis jeg maa negte at see det, som jeg seer, og høre det, som jeg og alle andre høre, saa stadfæstes derved en fuldkommen Pyrrhonismus, og ingen Vished bliver meere i Verden; ja saa kand man tvivle om Skrift og Mirakler selv, efterdi man ingen Nytte har af Syn og Hørelse."

Man seer heraf, at, naar een ved slige Præparatorier først giøres til et Menneske, saa dannes Sindet til at modtage en sand og forkaste en falsk Lærdom. Dette maa være nok taelt om de fornødne Studeringer, hvis videre Nytte jeg vil overlade andre at beskrive. Jeg haver alleene udi denne Dissertation ladet mig nøje hermed at antegne en Vildfarelse, som dagligen begaaes af Lærere udi Disciplinens Orden: thi det er til deslige Ting mit Morale fornemmeligen sigter.

Udi denne første Classe, som befatter Theologie og Morale, kand ogsaa sættes Historier, hvorvel de fleste Philosophi give Historier ikke Sted uden iblant de nyttige Studeringer, saa at de gemeenligen sætte dem efter Mathesis. Men det kommer deraf, at faa ansee Historier med rette Øjen, og ej eftertænke, at Morale fornemmeligen læres af Historiske Exempler, og at Religionen maa vise sin Hiemmel og Adkomst af Historier.

Blant de nyttige Studeringer kand sættes Mathesis og Physica. Derom vil jeg intet tale, saasom det er alle bekiendt, hvad Nytte Mathesis fører med sig. Jeg vil ikkun alleene herved erindre en Vildfarelse hos de ældste Philosophi, i det de have giort sig langt anden *Idée* om Mathematiquens Værdighed, end man nu omstunder giør: thi de have holdet for, at det var en Philosopho u-anstændigt at bemænge sig med andet end Theorie, og anseet Praxin eller Mechanicam, som gemeene Haandverker; saa at Mathesis hos dem bestod alleene udi at raisonnere: da man nu omstunder gaaer meere

being should not believe anything which goes against *notiones communes,* that is, anything which he and all men see, hear, and feel to be self-contradictory. Thereupon, he proceeds to doctrine and demonstrates, when he comes to the article about transsubstantiation, that bread is flesh. The disciple is annoyed about a doctrine which obviously contradicts the previous truth and says, "If I may not trust my ordinary sight and senses, if I must deny seeing what I see and hearing what I and everybody else hears, the result is complete pyrrhonism, and there will be no certainty left in the world; indeed, then one can doubt even the Scriptures and the miracles, since one has no use for vision and hearing."

From this we see that when someone has been prepared in this way, his mind is trained to accept a true and reject a false doctrine. We have spoken enough about the necessary studies, the advantages of which I will let others describe. In this dissertation, I have considered it sufficient to cite an error which is daily made by teachers regarding the order in their discipline. It is to these things that the intent of my remarks primarily refers.

Into this first class, which comprises theology and ethics, can also be put history, although philosophers place history only among the useful studies—so that it generally comes after mathematics. But that comes about because few view history correctly, and do not reflect that ethics is primarily taught by historical examples and that religion must demonstrate its authority and origin.

Among the useful studies can be put mathematics and physics. I shall not speak about them, since it is known to all what advantages mathematics brings. I want here only to suggest an error among the oldest philosophers, in that they long had another idea about the value of mathematics than one has today. For they believed that it was improper for a philosopher to concern himself with other than theory, and looked upon practice or mechanics as common handicrafts, so that, for them, mathematics consisted solely of reasoning, whereas we today approach the matter in a more proper way and lay a foundation through mechanical

ordentligen til verks, og legger Grundvold med Mechaniske Experimenter. Derfore have vore Tiders Mathematici saadan Devise: *Nullius in Verba.*

Philosophien var udi gamle Dage deelt udi Secter, ligesom Theologien nu omstunder. Enhver af disse Secter søgte ikke saa meget efter at udlede Sandhed, som at forsvare hvad Fundator eller Stifteren havde læret. Denne Philosophie, som kand kaldes *Philosophia carbonaria,* varede indtil noget efter Christi Tider, da nogle, hvoraf den første var *Potamon,* toge sig for, ikke at sværge paa nogens Ord meere, men af alle Secter at udtrække det beste. Denne Philosophie blev kalden *Philosophia eclectica.* Jeg veed ikke, om det er mod Orthodoxie at ønske, at der ogsaa var en *Theologia eclectica,* efterdi man seer Christne efter de gamle Philosophorum Plan ikke at bekymre sig saa meget om at udlede Sandhed, som at forsvare hver sin Sect. Jeg drister mig ikke til at giøre saadant Ønske, skiønt jeg tilstaaer alleene, at hvis nogen giorde Forslag til en *Theologia eclectica,* vilde jeg ikke føre Krig med ham derfore.

Man kand sige det samme om Physica, som om Mathesi, at dens Vigtighed bestaaer udi Praxi og Experimenter, og, naar saa er, maa man ikke fortænke den, som sætter Bønder og habile Agerdyrkere iblant *Philosophiæ naturalis Professores;* allerhelst eftersom Agerdyrkning er den ædelste og vigtigste Part af Physica eller naturlige Tings Kundskab. Jeg holder den for en lærd Mand, der i Grund forstaaer et vigtigt Videnskab, enten han haver lært det paa Græsk, Latin eller sit Moders Maal, enten han haver erhvervet det ved Læsning eller Erfarenhed. Jeg veed vel, at saadan Meening holdes for egen og u-rimelig. Men alt hvad som er almindeligt, er ikke altid rimeligt. Hvis Agerdyrknings Kundskab blev til et Academisk Studium, vilde i mine Tanker de 9 Musæ ingen Fortrydelse bære derover. Thi Academier ere stiftede for at excolere de Studeringer, hvorved Kirke, Stat og Borgerlige Societeter opbygges. Det kommer ikke an paa, hvo der haver studeret mest, men hvo der haver studeret best. Og, naar saa er, kand jeg ikke see, at man jo med lige saa stor Føje kunde give en Magister- eller Doctorhat til

experiments. For this reason, the mathematicians of our time have the motto *nullius in verba*.

In ancient times, philosophy was divided into sects, just as theology is today. Each of these sects tried not so much to deduce truth as to defend what their founder or originator had taught. This philosophy, which can be called *philosophia carbonaria* lasted until sometime after the beginning of the Christian era, when some men, among the first of whom was Potamon, undertook to swear no longer by the word of any single person, but to extract the best from all sects. This philosophy was called *philosophia eclectica*. I do not know whether it is in contradiction to orthodoxy to wish that there also were a *theologia eclectica,* since one sees Christians after the fashion of the old philosophers not concerning themselves as much about educing truth as defending each his sect. I am not so bold as to make such a wish, although I do admit that if anyone suggested a *theologia eclectica,* I should not attack him because of it.

One can say the same about physics as about mathematics, that its importance consists of practice and experiments, and since that is the case, one must not blame him who classifies peasants and able agriculturalists among *philosophiae naturales professores*—the more so since the cultivation of the soil is the noblest and most important part of physics or the knowledge of natural things. I consider him a learned man who thoroughly understands an important discipline, whether he has acquired it through reading or experience. I know very well that such an opinion is considered uncommon and unreasonable. But what is common is not always reasonable. If knowledge of the cultivation of the soil became an academic study, the nine muses would not, in my opinion, take it amiss. Academies are founded in order to cultivate the studies through which church, state, and civic associations are strengthened. It does not depend on who has studied most but on who has studied best. And since this is the case, I cannot see that one should not give with equal justification a master's or doctor's hood to an agriculturalist and to a grammarian, unless one says that it is more important to arrange words and glosses than it is to improve a piece of land, or more important to weed out copyists' errors from the work of an old poet than to weed a field and make it fertile.

en Agermand som til en Grammaticus, med mindre man vil sige,
at det er meere magtpaaliggende at rangere Ord og Gloser, end at
forbedre et Stykke Land, eller meere magtpaaliggende at reense en
gammel Poet fra Copiist-Fejl, end at reense en Ager og giøre den
frugtbar. Derfore raisonnerede Bondedrengen udi Comoedien ikke
saa ilde, da han holdte Peder Christensen for den lærdeste Mand udi
Byen, efterdi han havde antaget en forfalden Gaard, og giort den
til en af de beste. Jeg veed ikke, om man kand sætte Talekonsten
blant de nyttige Studia. Gamle Græker og Romere have anseet den
som det vigtigste Videnskab. Men derimod kand giøres store Ind-
vendinger. En vis Philosophus ligner Talekonsten ved Fruentim-
merets Sminke. Den sidste forblinder Øjene; den første forblinder
Sindet. *Socrates* kalder den Konst at bedrage Folk. Man seer, at udi
velindrettede Stater, som udi *Creta* og *Lacedæmon,* Talekonsten haver
været udi ingen Agt. Udi *Rom* derimod, Grækenland og andre
Republiquer, hvor alting haver været forvirret, haver den været
anseet, som et Hovedstudium. Herudi vil jeg dog ikke decidere.

Jeg vil og forbigaae at tale om andre nyttige Studeringer, saasom
jeg ingen særdeles Anmerkninger haver at giøre derover; men begive
mig til de unyttige, det er de, som ere mest udi Brug. Thi de fleste
saa kaldne lærde Dissertationer giøres enten over det, som ingen
forstaaer, eller det, som ingen er magtpaaliggende at vide. Saaledes
hører man dagligen disputere om GUds Væsen, om Siælenes, Eng-
lernes Natur, og andet deslige, som er, og stedse vil blive skiulet for
Mennesker, eller om mørke og umagtpaaliggende Ting udi Anti-
qviteter, som om *Homeri* Fæderneland, om *Æneæ* Moder, om *Ro-
muli* Fader, og som Poeten siger:

> – – *qvot Acestes vixerit annos,*
> *Qvot Siculi Phrygibus vini donaverit urnas.*

Saadanne Studia kand ikke alleene kaldes unyttige, men endogsaa
skadelige, saa vidt som Tiden derved spildes. Man kand ligne dem,
der saaledes studere, med Børn der ideligen blade udi Bøger, men
alleene for at see efter Billeder. Men man kand ellers sige om alle
Slags Studeringer, at de ere skadelige, naar *Excés* deraf giøres. Og
er det fornemmeligen herpaa dette *Epigramma* sigter. Thi Erfaren-
hed lærer, at man kand studere sig taabelig. Jeg veed vel, at *Excés*
af Studeringer bliver lagt mange til Berømmelse. *Archimedes* be-
rømmes deraf, at han saaledes havde fordybet sig i Speculationer,

For this reason, the philosophizing peasant boy in the comedy is not so far wrong when he considers Peter Christiansen to be the most learned man in the village, since he had taken over a dilapidated farm and made it one of the best in the country. I do not know whether one can classify rhetoric among the useful studies. The ancient Greeks and Romans looked upon it as the most important discipline, but serious objections to this can be raised. A certain philosopher likens rhetoric to a woman's paint: The latter blinds the eyes—the former blinds the mind. Socrates called it the art of deceiving people. We see that in well organized states such as Crete and Lacedaemonia rhetoric enjoyed no respect. In Rome, Greece, and other republics, however, where everything was in confusion, it was looked upon as a major study. I shall nevertheless pass no judgment in this matter.

I shall also refrain from speaking about other useful studies, since I have no particular remarks to make about them, and proceed to the useless ones, that is to say, those which are practiced the most. Most of our so-called learned dissertations are written either about something which nobody understands, or about something which nobody finds of consequence to know. Thus, one hears daily disputation about God's being, about the nature of souls and angels and such like, which is, and will always remain concealed from men, or about obscure and inconsequential things in antiquity, such as Homer's fatherland, Aeneas's mother, Romulus' father, and, as the poet says:

> ...quot Acestes vixerit annos,
> Quot Siculi Phrygibus vini donaverit urnas.

Such studies can not only be called useless, but even harmful, insofar as time is wasted upon them. One can compare persons who study in this wise with children who idly leaf through books, solely in order to find the pictures. One can, of course, say about all kinds of studies that they are harmful when carried to excess. It is primarily to this which our epigram refers. For experience teaches that one can study until one goes mad. I know well that excess in studies is considered to be a mark of distinction for many. Archimedes is lauded because he had so lost himself in speculation that he was the only person in Syracuse who did not know that the city had been

at han var den eeneste udi *Syracusa,* som ikke vidste, at Staden var bestormed. Det legges og *Carneadi* til Roes, at han for Studeringer glemte at rekke Haanden til Fadet, naar han sad til Bords. Men man kand med al den Respect man maa have for de Gamle, sige, at saadan Roes er ilde grundet. Det er med saadanne Folk *Petronius* skiemter, naar han forestiller *Eumolpum,* reciterende Vers udi Cajuten, da Skibet alt af Storm begyndte at gaae i Grund. En overstadig lærd Mand kand lignes ved en overstadig drukken Mand; thi ligesom man kand drikke sig et Ruus til, saa kand man og studere sig ligesom et bestandigt Ruus paa. Ved det eene Ruus, saavel som ved det andet giøres man uduelig og ubeqvem til Forretninger: Thi Virkningen er den samme, enten Ruset kommer af Brændeviin eller af formegen Læsning. Man kand ligne en saadan overstadig lærd Mand ved den Rhetor hos *Petronium,* der spurte en gammel ubekiendt Kierling paa Gaden, hvor han selv boede. Ja man kand med rette sige om den, det, som *Agrippa* med u-rette sagde om *Paulo*: "Din Lærdom giør dig rasende." Hvad kand man dømme om den, der haver udgransket Dyrs, Fiskes og Insecters Natur, men kiender sig ikke selv: der haver al Verdens Historier udi Hovedet, men veed intet af de Historier, som dagligen passere udi hans eget Huus: Endelig, der veed, som Poeten siger, hvad *Jupiter* taler med *Juno,* men veed intet af den Commerce, som hans Fuldmægtig haver med hans egen Hustrue. Man maa ikke alleene bruge Hiernen for at studere, men studere for at giøre Hiernen brugelig til Forretninger, ligesom man maa ikke leve for at æde, men æde for at leve. Naar *Excés* giøres af Studeringer, ere de heller til Byrde og Skade, end til Nytte, og heder det da: Ἐν τῷ μὴ φρονεῖν ἥδιςος βίος. Herpaa seer man daglige Exempler, og flyder heraf det almindelige Ordsprog: "Han er saa lærd, at han ikke kand prædike," det er at sige: Han kand intet giøre til gavns, efterdi han veed alting. Thi de umaadelige Portioner af Græsk, Latin, Hebraisk og alle Videnskaber, som ere sammenblandede udi Hiernen, kand lignes med den Drik, som de Engelske kalde Punch, hvilken bestaaer udi en Mixture af adskillige Ingrediencer, og er med Flid saaledes tillaved, at man kand være gandske forvisset om dens Virkning i at giøre Hovedet fuldkommeligen kruset. Ligesom Planter ikke kand trives

stormed. Carneadus is praised because his studies made him forget to reach out for the platter when he sat at table. But with all the respect that one may have for the ancients, one may say that such praise is ill-founded. Petronius jests about such people when he represents Eumolpus reciting verses in his cabin when the ship he is on begins to go aground because of a storm. An excessively learned man can be likened to an excessively drunken man; just as one can drink until intoxicated, one can study, as it were, into a constant state of intoxication. The one intoxication, as well as the other, makes a person incompetent and unfit for business, for the effect is the same, whether the intoxication comes from brandy or from too much reading. We can compare such an excessively learned man with the rhetor in Petronius who asked an old woman on the street whom he did not know, where he lived. Indeed, one can justly say of him that which Agrippa unjustly said about Paul, "Much learning doth make thee mad." How should one judge him who has studied the nature of animals, fish, and insects, but does not know himself, or him who has all the history of the world in his head but knows nothing of the history of what takes place daily in his own house, or, finally, him who knows—as the poet says—what Jupiter said to Juno, but knows nothing of the affair which his head clerk is having with his own wife. One must not only use the brain to study, but study to make the brain useful for other business. Just as one must not live to eat but eat to live—when studies are carried on to excess, they are rather burdensome and harmful than useful, and as is said: *'Εν τῷ μὴ φρονεῖν ἥδιςος βίος.* One sees examples of this every day, and of this comes the common proverb, "He is so learned that he cannot preach." That is to say, he can do nothing useful since he knows everything. The immoderate amounts of Greek, Latin, Hebrew, and all the disciplines which are blended in a mind can be compared with the drink which the English call punch, that consists of a mixture of various ingredients, and is carefully made so that one can be quite certain that its effect will be to make one's head reel. Just as plants cannot flourish where there are masses of liquids, and the lamp is extinguished by an overflow of oil, the brain can be dulled by too much reading. One can fill one's house with so many guests that one does not have space to turn around, and one can cram into one's head so many

formedelst Mængde af Vædsker, og Lampen udslukkes formedelst Oliens Overflod, saa kand Hiernen giøres sløv af formegen Læsning. Man kand opfylde sit Huus med saa mange Gieste, at man selv ikke haver Rum til at vende sig, og man kand fylde Hovedet med saa mange fremmede Hierner, at ens egen Hierne ikke kand operere. Det er ikke udi de Stæder, som vrimle af sprenglærde Folk, og hvor man seer Skoler udi alle Gader, hvor Viisdom mest findes, og hvor Dyden mest øves. *Rom* var aldrig meere viis og meere dydig, end da den var maadelig lærd, og studerede ikke uden paa fornødne Ting, og *Athenen* var aldrig meere gal, end da den var opfyldt med lige saa mange Philosophis, som med Mennesker. Maadelig Lærdom og brav Arbeide giør viise og dydige Indbyggere udi et Land. Thi ved det første styrkes Forstanden, og ved det sidste qvæles onde Tilbøjeligheder, som fødes af Lediggang. Jeg vil slutte denne Materie med et Vers, som findes udi vore gamle Ordsprog:

> Megen Æden ej Fædme giver,
> Af megen Læsning man viis ej bliver.

strange brains that one's own brain cannot operate. The most wisdom is found and the most virtue is practiced not in those places which swarm with erudite people and where one sees schools in every street. Rome was never more wise and more virtuous than when it was but tolerably learned and studied only the necessary things, and Athens was never more mad than when it was filled with as many philosophers as there were people. Moderate learning and honest work make for wise and virtuous inhabitants in a country, the former strengthens reason, and the latter quells evil tendencies which are born of idleness. I shall conclude this subject with a verse which is found among our old proverbs:

> Eating much won't change your size,
> Much reading maketh no man wise.

JOHANNES EWALD

I anden halvdel af det 18. århundrede tog den danske poesi et nyt opsving takket være især den geniale Johannes Ewald (1743–81). Samtidig med at han gennemlevede en religiøs krise, skrev Ewald magtfulde lyriske digte om synderens elendighed og frelserens triumf. I sin *Ode til Sjælen* (1780), formet i den antikke, alkæiske strofe, giver digteren faldets, angerens og frelsens historie. I dette digt er sjælen en ulydig ørneunge, der har vovet sig op på redens kant og derfra styrtet ned i afgrundens skumle dyb. I sin fornedrede tilstand føler den sig ørn endnu og gør sig dristige anstrengelser for at nå op igen til de lyse højder. Men først når den stolte fugl erkender, at frelsen ikke kan komme fra den selv, vil ørnen, lysets ånd, stige ned på sine kærlige vinger og drage den faldne sjæl op af det evige mørke.

TIL SIELEN. EN ODE

Siig, du nedfaldne, spæde, afmægtige
Broder af Engle! Siig, hvi udspreder du
    Fierløse Vinger? – Ak, forgieves
    Flagrer du op mod din første Bolig!

Som da, naar Ørnens neppe bedunede
Unge, forvoven glemmer sin Moders Røst,
    Og klavrende paa Redens Kanter
    Styrter, og vaagner i kolde Skygger.

Paa Myrens Fodstie, føler den krybende
Sin tabte Høihed, føler sig Ørn endnu,
    Og higer, som dens ædle Brødre,
    Efter din Straale, du Dagens Hersker!

Som den da drømmer Kræfter, og hoppende
Ofte udstrekker skaldede Vingebeen
    Forgieves, til den ømme Moder
    Bærer den selv til sin høie Rede.

JOHANNES EWALD

In the second half of the eighteenth century, Danish poetry took a new direction, especially through the genius of Johannes Ewald (1743–1781). While experiencing a religious crisis, Ewald wrote a powerful lyric poem concerning the sinner's wretchedness and triumphant salvation. In his *Ode to the Soul* (1780), composed in the Alcaic strophe, the poet describes the fall, repentance, and deliverance of the soul. In this poem, the soul is a disobedient fledgling eagle which has ventured over the edge of its nest and fallen down into the gloomy depths of the abyss. Despite his degrading circumstances, he still feels like an eagle and boldly strives to reach the brilliant heights above. But when the proud bird finally recognizes that deliverance cannot be attained alone, the eagle, the spirit of the light, will descend on wings of love and raise up the fallen soul from the eternal darkness.

ODE TO THE SOUL

Tell me, thou fallen, enfeebled, powerless kin
Of angels! Tell me why thou spreadest forth
    Featherless wings!—Alas, in vain
    Flutt'ring up towards thy first abode!

Just as when the eagle's barely bedownéd
Young, daring to forget his mother's counsel
    And scaling the edges of the nest,
    Falls and wakens in cold shadows.

While crawling on the ant's pathway he feels
His lost grandeur; he seems an eagle still
    And longs, like his noble brethren,
    For thy beams, thou lord of the day!

Just like him who dreams of power, and leaping,
Often stretches forth his feeble wings
    In vain, until the tender mother
    Bears him herself to her high nest.

Saa skal og du, som altid utrettelig
Flagrer og hopper, høit fra dit kolde Muld,
  O faldne Siel, saa skal du aldrig
  Stride dig op til dit lyse Udspring.

Aldrig, før Aanden, under hvis Vinger du
Fordum oplivet undrende fandt dig selv;
  Og i dit Selv et Svelg af Glæde,
  Verdeners Vel, og Algodheds Lovsang.

Aldrig før han, som tænder Cherubernes
Flammende Tanker, medynksfuld bærer dig
  Op til de Himle, som du Arme
  Trodsig forlodst, at udspeide Mørket.

Herlig, ak herlig var du, da Jubelsang
Vakte dig, da dit blivende Øiekast
  Saae Godheds Verk og Viisdoms Under
  Svæve uslørede trint omkring dig.

Natten, med al sin blendende, giftige
Taage undflyede Dagskieret af din Glands,
  Du rene Gnist af den Fuldkomne,
  Skygger forsvandt i din lyse Omkreds.

Men da nu evig Viisdom opelskte dig,
Men da din Flamme voxte, da Kierlighed
  Opfyldte den med Kraft, og gav den
  Evner og Drift, at velsigne Verdner.

O da istemte Dalenes Tusende
Daglig din Lovsang, Biergene svarte dem.
  Du følte dig i deres Glæde,
  Følte dig stor, og din Skaber værdig.

Herlig, ak herlig var du, o faldne Siel!
Lys var din Bolig! Ak, du erindrer det!
  Dybt i dit Mulm, i Slangers Hule,
  Tænker du dig de forsvundne Straaler!

Such is also thy fate, who ever untiringly
Flutters to rise aloft from thy cold earth,
    O fallen soul, thus wilt thou never
    Rise up to thy luminous source.

Ne'er until the spirit whose wings raised thee
Of old found'st thou thyself magnanimous
    And with a voice singing of joy,
    The world's good and the hymn to God.

Ne'er until he who ignites the cherubim's
Flaming thoughts bore sympathy to thee
    Up to heaven, which thou wretched
    Defier left to search out the dark.

Sublime, how sublime wert thou when the glad song
Woke thee, when thy only remaining vision
    Saw God's work and wond'rous wisdom
    Float around thee all unveiled.

The night with all its blinding, poisonous mist
Shirked from the gleam of day in thy splendor,
    Thou pure vestige of perfection;
    Shadows fled thy brilliant sphere.

But when eternal wisdom prompted thee,
When thy soul's flame increased, then did love
    Imbue it with vigor, giving
    Impulse and power to bless kingdoms.

O when the valleys echoed constantly
Thy hymn daily, the mountains answered them.
    Thou didst feel thyself in glory,
    Didst feel noble and worthy of life.

Sublime, how sublime wert thou, O lost soul!
Light was thy abode! How thou recall'st it!
    Deep in thy gloom in the viper's nest
    Thou art minded of lost brilliance!

Blussende ved det Leer, som du kryber i,
Væmmed ved Vrimlets frekke Fortrolighed,
    Opsvinger du dig, vild, utretted,
      Høit, som en springende Hval mod Solen.

Føler du ei din Tunghed, og glemmer du
Evig din Afmagt, og de forsøgte Fald,
    Og seer du ei dig selv, du Dyndets
      Borger, og blues for lyse Himle?

O da frembryde Lynild af Sinais
Truende Skygger! Glimt af Retferdighed
    Adsprede Stoltheds Drøm, og Ondskabs
      Giftige Dunster, og Nattens Blendverk!

O da bestraale Dommerens Øiekast
Pølen, hvori du brusende tumler dig.
    At den maae være dig og al din
      Jammer et Speil, som du ei kan undflye.

See dig! o see din hielpløse Nøgenhed!
See dig nedbøiet under din Last af Leer,
    Udtært af Qvalm og Gift, du blege
      Gispende Giendferd af Jordens Hersker!

See dig omspendt af Snarer, bespeidet af
Lurende Rovdyr, Tiger, og lokkende
    Sireners Vink, og Klapperslangens
      Gnistrende Øien, hvorved man svimler.

Over dig, see dit svulmende Ønskes Vei!
Grundløse Svelg, og – Intet, at hvile ved!
    See dem! og stiig! og naae Cherubens
      Flammende Sverd, og dit Edens Ildhegn!

Drukken af Mismod, kald nu din rasende
Stolthed, og kald hver svermerisk Drøm til Hielp!
    Storm i din Ruus mod Almagt! glem den!
      Troe dig i Pisons bestraalte Lunde!

Smarting at the clay, which thou creepst in,
Repulsed by the vermin's insolent boldness,
    Thou swingst up wild, untiring, high,
    A dauphin springing towards the sun.

Dost thou not feel thy weight and canst thou e'er
Forget thy weakness and the ventured fall,
    And seest not thyself, thou dweller
    In clay, and blush for heaven's light?

O then lightning flashes forth from Sinai's
Threat'ning shadows! Gleam of Rectitude
    Disperses Pride's dream, and Evil's
    Pois'nous vapors, and Night's deceit!

O then the Judge's gaze illuminates
The pool, where convulsively thou flounder'st;
    That it must seem to thee in all
    Thy misery a haunting mirror.

See thyself! O see thy poor nakedness!
See thyself bowed under thy load of clay,
    Spent by disease and poison, thou wan,
    Gasping ghost of the world's master!

See thyself ensnared around, observed by
Preying beasts in ambush, tigers, and sirens'
    Alluring signs, and rattlesnakes'
    Piercing eyes that make one faint.

Above thee, see thy path of swelling desire!
The bottomless abyss, and—nowhere to rest!
    Look and climb! Reach the angel's sword
    Of fire and Eden's burning bush!

Stupified without hope, thy raging pride
Now cold, and ev'ry fanciful dream of aid!
    Blind rage against God! Desist from it!
    Have faith in Pison's golden groves!

Mørkets uhumske Flygtling! og tør du da
Dristig beskygge Glands af den Helligste?
   Veedst du et Figentræ, hvis Blade
   Skiule dit Dynd for hans Vredes Aasyn?

Arme Nedfaldne, vaagn af din stolte Drøm!
Vaagn! og ydmyget under din Brødes Vægt
   Udbred din Angst, og al din Jammer,
   Sukkende for dine Ønskers Fader!

Da skal ham ynkes over den døende
Gnist af sin Aand, som ulmer paa Nattens Bred,
   Da skal han redde den fra Mørkets
   Qvælende Damp, og det kolde Mismod!

Da skal en salig Straale fra Golgatha
Vise den Strøm, som Siele kan lutres i,
   Og Offeret, hvis Blod kan stille
   Dommerens Harm, som nedstyrter Gledne!

Da skal du henrykt see det, at Lysets Aand
Dalende spreder kierlige Vinger ud,
   Og zitrende, veemodig, smelted
   Føle hans Vink, og hans Glæders Aande.

Svulmende af hans voxende Straalers Ild
Skal da din Lovsang stræbe, at møde ham!
   Og undrende skal de Ufaldne
   Høre den Helliges Priis fra Dybet!

Men da, o Himmel! naar nu hans evige
Kierligheds Flamme vældig omspænder dig,
   ¡aar han opløfter dig fra Dybet,
   Op fra dit Mulm, til Algodheds Throne.

Naar du fra Naadens Arme, nu gysende,
Neppe tør see det Svelg, som du frelstes af!
   O da skal Takkens ømme Vellyst
   Fylde din Sang og din høie Harpe!

The night's filthy refugee! And darest thou
Boldly thus dim the gleam of the Holiest?
    Knowest thou a fig tree, whose leaf
    Will hide thy shame from his wrathful sight?

Poor fallen one, wake up from thy foolish dream!
Wake up! And humbled by thy burdensome guilt,
    Let burst thy anguish and misery,
    Sighing for thy desire's father.

Then will he be pitied for the dying
Spark of his breath, which smolders on Night's bank;
    Then will he save it from the dark's
    Choking fog and the cold despair!

Then will a holy beam from Golgatha
Reveal the stream which purifies the soul,
    And the victim whose blood can quell
    The Judge's wrath, which wildness brings down.

Then wilt thou joyfully behold the light's spirit,
Whilst descending, spread forth its wings of love,
    And quiv'ring, melancholy, faint,
    Wilt feel his touch and joyous breath.

Quickened by his growing radiant fire,
Then thy song of praise will strive to greet him!
    And the unfallen ones will be stunned
    To hear the Lord's praise from the abyss!

But then, o celestial power! When his eternal
Flames of love will surround thee prodigiously,
    When he will raise thee from the depths
    And from thy gloom to Benevolence's throne;

When quiv'ring in the Savior's arms scarcely thou
Dar'st to behold the abyss from which thou art freed!
    O then sweet pleasure of gratitude
    Will fill thy song and lofty harp!

Da skal din Taare høit, som Cherubers Chor,
Prise den Aand, som reev dig af Nattens Favn,
Og alle Himlene skal svare:
Stor er den Aand, som opløfter Faldne!

Then thy tears as high as the choir of angels
Will praise the spirit which plucks thee from Night's grasp,
  And all the heavens will resound:
  Great is the spirit which raises the fallen!

ROMANTIKKEN

OEHLENSCHLÄGER OG GRUNDTVIG

Allerede i 1802 brød den romantiske bevægelse sejrrigt igennem i Danmark. I begyndelsen var dansk romantik en universalromantik. Vore digtere anskuede i deres ungdom en urreligion, hvorfra hedenskab og kristendom havde deres fælles udspring. Dette var tankegrundlaget for det store digt, "Guldhornene" af *Adam Oehlenschläger* (1779–1850; se ovf. s. VII). N. F. S. Grundtvig (1783–1872) siger i et dramatisk digt fra 1808, "Maskeradeballet i Danmark": "Høje Odin! Hvide Krist! Slettet ud er Eders Tvist, Begge Sønner af Alfader".

Snart stillede Oehlenschläger dog, inden for en tragedie i fem akter, *Hakon Jarl hin Rige* (1807), hedenskab og kristendom mod hinanden i en kamp på liv og død. Hakon Jarl er det dødsdømte hedenskabs store og grusomme mand, kong Olaf Trygvesøn sandhedsvidne for den nye tro. I den skønne scene nedenfor fra 3. akt stilles tragediens to helte ansigt til ansigt. Efter tilskyndelse af en trofast tilhænger, Thorer Klarke, har Hakon arbejdet på at lade Olaf myrde, men forsøget mislykkedes, rådgiveren er dræbt og Olaf begiver sig nu med tilhyllet hoved hen til Hakon.

Da Grundtvig havde passeret den universelle religions stadier, blev han en patriotisk og dybt kristelig digter. Som fædrelandets digter ville han bl. a. gendigte et kampdigt fra Danmarks oldtid, Bjarkemålet. Vi hidsætter første strofe af *Bjarkemaalets Efterklang* (1817). Som religiøs digter fornyer Grundtvig fuldstændigt dansk kirkesang. Blandt Grundtvigs mange hundrede salmer bringer vi een, *Kirke-Klokken* (1845), der meget hyppigt synges ved begravelser.

ROMANTICISM

OEHLENSCHLÄGER AND GRUNDTVIG

The Romantic movement made its triumphal entry into Denmark as early as 1802. At first, Danish Romanticism was a universal phenomenon. In their youth, our poets envisaged a primitive religion in which heathendom and Christianity had a common origin. This was the basic concept behind the great poem "The Golden Horns" by Adam Oehlenschläger (1779–1850); see above, p. vii. N.F.S.Grundtvig (1783–1872) says in a dramatic poem from the year 1808, entitled "The Masked Ball in Denmark", "High Odin! White Christ! Your dispute has been expunged, both sons of Alfather."

Soon, however, Oehlenschläger set heathendom and Christianity against one another in a struggle to the death. Hakon Jarl is the doomed heathendom's great and brutal man; King Olaf Tryggvason, the witness for the new faith. In the beautiful scene below, taken from the third act, the two heroes of the tragedy are placed face to face. At the instigation of a faithful follower, Thorer Klake, Hakon has arranged to have Olaf murdered, but the effort fails; his counselor is killed, and Olaf proceeds with veiled features to Hakon.

When Grundtvig had traversed the stages of universal religion, he became a patriotic and profoundly Christian poet. As the poet of his fatherland, he wanted to rework a battlesong from Danish antiquity, the lay of Bjarke. We reprint below the first stanza of the "Echo of the Lay of Bjarke" (1817). As a religious poet, Grundtvig completely rejuvenated the Danish hymn. From among Grundtvig's many hundred hymns, we reprint one here, "The Church Bell" (1845) which very frequently is sung at funerals.

OLAF TRYGGVESØN *træder ind, hyllet i en graa Kappemed en siid Hat paa Hovedet.*

HAKON *uden at vende sig.* Min vakkre Thorer Klake, er det dig?
Er alting lykkedes, og bringer du,
Hvad du har lovet? Svar mig, Thorer Klake!

OLAF Alting er gaaet, som det burde, Herre!
Men undskyld Thorer, at han selv ei kommer,
Og bringer Eder hid Kong Olafs Hoved!
Det faldt ham vanskeligt. Thor veed, han havde
En Slags Modbydelighed for at bringe
Det selv, og sendte mig.

HAKON   Vel, vel, saa gaa,
Og grav det dybt i Jordens Mørke ned.
Jeg vil ei see det selv. Mit Øie taaler
Ei slige Syn, det staaer for mig i Drømme.
Grav Liget ned, og siig din Herre, Træl,
At strax han kommer.

OLAF   Thorer Klake sover.

HAKON Han sover?

OLAF   Middagssøvn, stivt har han strakt sig
Hen under nogle dunkle Hyldebuske.

HAKON Saa væk ham da! *afsides.* Nu sove, efter slig
En Gierning? Thorer! Jeg beundrer dig,
Du har et sieldent Mod. *høit.* Gaa, væk ham, Træl!

OLAF Men vil I ikke først see Olafs Hoved?

HAKON Nei, har jeg sagt, nei.

OLAF   Herre Jarl! I troer,
At det seer skrækkeligt og hæsligt ud,
Men intet mindre, Herre! Olafs Hoved
Seer ud saa sundt, som noget her i Landet.

HAKON Gaa, siger jeg.

OLAF   Nu har jeg aldrig seet.
Jeg havde hørt at Jarlen var en Helt,
Som faa i Norden, og han frygter for
At see et livløst og afhugget Hoved.
Hvor vilde I da skielve, Herre! hvis
I saae det end paa Kroppen.

HAKON JARL

OLAF TRYGGVASON *enters in a grey cloak and a wide-brimmed hat.*
HAKON *without turning around.* My valiant Thorer Klake, is it you?
  Have all things prospered, and are you bringing me
  what you have promised? Answer, Thorer Klake.
OLAF It went the way it had to come about.
  But Master, pardon Thorer for not coming
  himself to bring you here King Olaf's head.
  He found it hard, Thor knows. He felt
  a marked distaste to bear the head and bring it here
  himself. And hence sent me.
HAKON   'Tis well, then go
  and hide it deep in darkness of the earth.
  I'll see it not; my eye will suffer
  not such sight to haunt me in my dreams.
  Inter the corpse and tell your master, serf,
  to come at once.
OLAF   But Thorer is asleep.
HAKON Asleep?
OLAF   A noon-day sleep; he stiffly
  stretched himself beneath a shady elder tree.
HAKON Arouse him then. *aside.* To sleep and after such
  a deed! I marvel at you, Thorer,
  the rarest courage yours. *aloud.* Go wake him, serf.
OLAF But will you not first gaze on Olaf's head?
HAKON No, I've told you no.
OLAF   My Lord, you think
  it is a fearful ugly sight.
  But far from that, my Lord, for Olaf's head
  looks just as hale as any in the land.
HAKON Be off! I say.
OLAF   I never heard the like!
  Yet I have heard a hero Hakon was
  like few in Norway and he's now afraid
  of looking at a lifeless, severed head.
  How you would tremble, Sir, if
  on its body it you viewed.

HAKON *vender sig forbittret.*   Træl! du vover –
Hvor har du det?

OLAF *tager Hatten af og slaaer Kappen tilside.*
                Paa mine Skuldre, Herre!
Tilgiv mig at jeg bringer Eder det
Paa denne Viis, der faldt mig mageligst.

HAKON Hvorledes! Olaf! Ha, Forræderi!

OLAF Min Gubbe! Spar dit raske Heltemod.
Vov ingen Dyst med Olaf, husk, at endnu,
Han har sit Hoved heelt og ubeskaaret,
Og at din svagelige Oldings-Kraft
Er ikkun for den hovedløse Olaf.

HAKON Ha, Niflheim. *Falder ind mod Olaf.*

OLAF *slaaer Sværdet tilside, og siger med tordnende Stemme:*
               Saa vær rolig, siger jeg,
Og stik dit Sværd i Balgen. Mine Mænd
Omringe Huset; mine Skibe veie
Vel op mod dine. Jeg er kommen for
At vinde Landet i en ærlig Feide.
Du selv har lokket mig med Rænker til det.
Nu staaer du som en Træl, foragtelig,
Indviklet i din egen Snare. Jeg
Vil ei benytte mig af denne Fordeel,
Som Skiebnen skienker mig. Jeg stoler paa,
At jeg kan dristig gaae dig under Øiet.
Dit Anslag, som du seer, er gaaet ilde,
Din Thorer svømmer i sit eget Blod.
Du seer, det var mig let at gribe dig;
At slaae dig ned var endnu mere let.
Men jeg bekiender mig til Christi Lære,
Og jeg foragter denne usle Fordeel.
Thi vælg imellem tvende Kaar: Bliv Jarl
Paa Hlade, som du varst, og sværg mig Troskab,
Hvis ei, da fly! Hvor vi da sees igien,
Det gielder blodige og røde Pander.

HAKON *stolt og rolig.* Det sidste vælger jeg, det sidste, Olaf!
Du kalder mig en Nidding og en Træl?
Det lokker høit et Smil paa mine Læber.
Man hører, at du est en Yngling, Olaf!

HAKON *turns, embittered.* Serf, you dare!
  Where is it then?
OLAF *throws off cloak and hat.*
                 Upon my shoulders, Sire.
  Forgive me that I bring it thus,
  in such a wise, most comfortable to me.
HAKON What's this? You Olaf! Hah! This is treason—treason!
OLAF Old man, your rash heroic courage spare,
  rush not to fight with Olaf, for recall,
  his head is still his own, without a blemish,
  and that your feeble, senile strength
  suffices only for the headless Olaf.
HAKON Ha, Niflheim! *draws his sword and attacks Olaf.*
OLAF *parries, knocks the sword aside and says with thundering voice.*
                 Be quiet, I command.
  and sheath your sword at once. My men
  surround the house, and, furthermore, my ships
  are just as good as yours. I am not come
  to win the country in an honest fight.
  But your intrigues have dragged me into this.
  Now stand you there, a serf contemptible,
  Entangled in a self-laid snare. But I
  will not make use of this advantage which
  fate gave to me. For I am sure that I
  at any time can meet you face to face.
  And so you see, your plot did not succeed;
  your Thorer swims in blood – but just his own.
  You see, it would be easy now to capture you,
  still easier for me to strike you down.
  But I profess and follow Jesus Christ:
  advantages so wretched I despise.
  Thus you can choose: remain as Jarl
  of Hladé as you were, to me allegiance swear.
  If not, then flee, and when we meet again,
  decisions will be made by bloody brows.
HAKON *(proud and quiet).* I choose the latter, aye latter, Olaf.
  You said I was a blackguard and a serf?
  That brings indeed a smile onto my lips.
  They say, that you are just a youngster, Olaf,

Kaadmundighed og Overmod er det,
Hvormed din Alder melder sig. See mig
I Øiet, Olaf! og betragt min Pande,
Har du hos Trælle fundet sligt et Blik?
Og finder du, at Feighed og at Lumskhed
Har smaalig foldet denne Pandes Rynker?
Jeg lod dig lokke. Ja naturligviis,
Jeg vidste, du behøved kun et Vink,
For strax at flagre efter Lokkemaden,
At i din kloge Siel du agted mere
Dit Slægtskab med en uddød Kongeæt,
End Hakon Jarls beundrede Bedrifter,
At kun du vented paa en Leilighed,
For at forstyrre Gubben i sin Ro.
At denne Færd jeg ønskte overstaaet,
Jo før jo heller, kan det undres dig?
At jeg bedrog en Sværmer, som foragter
De høie Guder, kan det undres dig?
Og kan det undres dig, at jeg tillod
Min Kæmpes Anslag, da en fiendtlig Skiebne
Lod til at ville styrte – mig ei blot –
Men Valhals Guder?

OLAF   Hakon! mindes du,
Erindrer du dig, Hakon! at du selv
Har været Christen? At du lod dig døbe,
Af Biskop Poppo, at du siden sveeg
Din Eed? Hvormange Eder har du sveget?

HAKON Forbandet være dette Øieblik,
Da overilet af den sledske Munk,
Jeg lod mig daare ved en ussel Kunst.
Han kunde bære ildrødt Jern i Haand,
Naar først den vel var overstrøgen med
En Hexesalve.

OLAF   Gamle, blinde Gubbe!
Jeg ynkes over dine sølvgraa Haar.

HAKON Ha, spar din Ynk! Saa som du seer mig her,
Seer du det sidste Glimt, den sidste Gnist
Af gammel nordisk Kraft og Helteliv,
Den skalst du ikke slukke, Ungersvend,

flippancy and arrogance there are,
and these betray your youth. Look now
into my eye, and contemplate my brow –
and did you ever find the like in serfs?
And do you find that cowardice, deceit,
have pettily carved wrinkles in my brow?
I lured you, Olaf, yes, of course I did
I knew you needed but a hint
at once to be attracted to the bait;
that in your wisdom you preferred far more
your kinship with a royal house long dead
than all of Hakon Jarl's renowned achievements;
that only for a chance you lay in wait
in order to destroy an old man's peace.
Does it surprise you that I wanted to
have done with this as soon as possible?
That I deceived a dreamer who but scorns
the gods on high, can that astonish you?
and can it then surprise you I allowed
my warrior's plot, when wicked fate
seemed to destroy not only me, but also
Valhalla's gods?

OLAF   Remember, Hakon!
For do you not recall that you yourself
have been a Christian? By Bishop Poppo
were baptized? That you betrayed your vow?
How many vows have you since then betrayed?

HAKON Cursed be the moment when
I was deluded by the crafty monk
and let myself be hoodwinked by his tricks.
He carried glowing irons on his bare hands,
but only after they were covered with
a witch's salve.

OLAF   You wretched blind old man,
I'm moved to pity by your silver hair.

HAKON Ha, save your pity. As you see me now,
you see the spark, the very last, aflame
with Nordic hero life and strength through ages.
And you shall not extinguish it, my lad,

Med dine sygelige Feberdrømme.
Jeg veed det vel, det er de Christnes Sæd
At ynke, at omvende, at forbedre;
Vor Sæd er den: dybt at foragte Eder.
At pønse paa Jer Undergang og Død,
Som Gudernes og Heltelivets Fiender.
Det Hakon giør, og derudi bestaar
Hans Niddingsfærd. Ved Odin og ved Thor
Du skalst ei slukke Norges Kæmpeild
Med dine fromme, vaade Drømmeskyer.

OLAF Velan! det kommer an derpaa, vi skilles,
Vee dig! naar næste Gang vi atter sees.

HAKON Vee mig! om jeg da ikke knuser dig.

OLAF Himlen vil treffe dig med sine Flammer.

HAKON Ha, Thor skal splintre Korset med sin Hammer.
De gaae hver til sin Side.

with your abnormal fever phantasies.
The Christians' custom well I know:
to pity, to convert, and to amend.
Our custom, this: to view you with contempt
and plan and plot your ruin and your death,
you foes of gods, and the heroic life.
What Hakon does, his villainy
does lie therein. By Odin and by Thor,
you shan't extinguish Norway's heroes' fire
with watery clouds of pious dreaming born.

OLAF Well, we shall see. And thus we part for now,
and woe to you when next we meet again.

HAKON Yes, woe to me, if I do not crush you there.

OLAF Heaven then will smite you with its flames.

HAKON Ha, with his hammer Thor the cross will shatter.

They go out to different sides.

BJARKEMAALETS EFTERKLANG

Soel er oppe,
Skovens Toppe
Glimre alt som Gimles Tag;
Bud os bringer
Hane-Vinger,
Hanegal om klaren Dag.
Vaagner, vaagner, danske Helte!
Springer op og spænder Belte!
Dag og Daad er Kæmpe-Riim.

KIRKE-KLOKKEN

Kirke-Klokke! ei til Hovedstæder
Støbtes du, men til den lille By,
Hvor det høres trindt, naar Barnet græder,
Og inddysses blidt ved Vuggesang.

Mens som Barn paa Landet jeg var hjemme,
Julemorgen var mit Himmerig,
Den du meldte mig med Englestemme,
Kimed klart den store Glæde ind.

Høiere dog stemde dine Toner,
Naar de med "den gyldne Soel frembrød,"
Kimed: Støv! opreist er din Forsoner,
Stat nu op i Paaske-Morgengry!

Lifligt dog det klinger helst om Høsten,
I den stille, svale Aftenstund;
Giennem Jorderig gaaer Himmelrøsten,
Kalder Sjælen til sin Hvile ind.

ECHO OF THE BJARKEMAAL

Sun is risen,
Treetops glisten
Resplendent as a roof of gold;
Rooster winging
Message bringing
Bright the morn by cock-crow told.
Waken, waken, Danish heroes,
Buckle belts and leave repose!
Day and deed are heroes' rhymes.

THE CHURCH BELL

Church bell, not for teeming cities
Wert thou cast, but for the quiet town,
Where all can hear a single weeping child
When lulled to sleep by cradle-song.

While in the country as a child I dwelt,
And Christmas morning was my paradise,
They heralding that day with angel voice
Rang in for me the great joy clear.

Louder though thou voiced thy tones
When they, "The golden sun burst forth,"
Did ring: Dust, arisen is thy saviour,
Rise now up in dawn of Easter morn!

Most spirited in autumn it resounds,
In cool and quiet evening hour;
Through realm of earth goes heaven's voice
And calls the soul to find repose.

Derfor nu, naar Aftenklokken melder:
Solen sank og Fuglen slumred ind,
Da mit Hoved jeg med Blomsten helder,
Nynner sagte mellem Bedeslag:

Kirke-Klokke! naar tilsidst du lyder
For mit Støv, skiøndt det dig hører ei,
Meld da mine Kiære, saa det fryder:
Han sov hen, som Soel i Høst gaaer ned!

Therefore when the evening bell proclaims
The sun is gone and every bird asleep,
And with the flowers I then bow my head,
Murmur soft between each stroke of bell:

Church bell, when at last thy tolling,
Although I hear it not, for my dust sounds,
Then tell my cherished ones to comfort them,
He passed away like autumn's setting sun.

STEEN STEENSEN BLICHER
(1782–1848)

Inden for rammerne af den yngre danske romantik skabte Steen Steensen Blicher den jyske novelle. Fra den skriftlige og mundtlige overlevering hentede han mere eller mindre autentiske beretninger, som han forstod at omskabe til poetisk magtfulde fortællinger. Blichers bedste noveller er menneskelige tragedier. Således hersker i *En Landsbydegns Dagbog* et dybt bevægende tungsind. Til Sophies skikkelse har Blicher delvis benyttet den jyske adelsdame Marie Grubbes skæbne, som halvtreds år senere skulle blive emnet for J. P. Jacobsens historiske roman. Marie Grubbe levede o. 1643–1718. Blicher henlægger Sophies levetid til det attende århundredes første halvdel.

EN LANDSBYDEGNS DAGBOG

Føulum, den 1ste Januar 1708.

Gud skjenke os Alle et glædeligt Nytaar! og bevare vor gode Hr. Søren! han slukkede Lyset iaftes, og Moder siger, han lever ikke til næste Nytaar; men det har vel intet at betyde. – Det var ellers en fornøielig Aften: da Hr. Søren tog sin Hue af efter Maaltidet og sagde, som han pleier: *"agamus gratias!"* pegte han paa mig istedet for Jens. Det var første Gang jeg læste vor latinske Bordbøn; idag et Aar læste Jens; men jeg gjorde store Øine, for da forstod jeg ikke et Ord, og nu kan jeg det halve af Cornelius. Det bæres mig for, at jeg skal blive Præst i Føulum; ak, hvor vil mine kjære Forældre glæde sig, om de leve den Dag! Og saa Præstens Jens kunde blive Biskop i Viborg – som hans Fader siger – nu hvem kan vide det? Gud raader for Alting; hans Villie skee! *amen in nomine Jesu!*

Føulum, den 3die September 1708.

Igaar har jeg ved Guds Naade fyldt mit femtende Aar. Nu kan Jens ikke gjøre mig stort i Latinen. Hjemme er jeg flittigere end han: jeg læser, mens han løber i Marken med Peer Skytte. Paa den Maade

STEEN STEENSEN BLICHER
(1782–1848)

Within the strictures of younger Danish Romanticism, Steen Steensen Blicher created the Jutland novella. From written and oral tradition, he drew more or less authentic reports, which he is able to recreate as poetically impressive narratives. Blicher's best novellas are human tragedies. By this token, a deeply moving melancholy prevails in the "Diary of a Parish Clerk." For the figure of Sophie, Blicher drew on the fate of the Jutland noblewoman, Marie Grubbe, which fifty years later was to become the subject of Jens Peter Jacobsen's historical novel. Marie Grubbe lived from about 1643–1718. Blicher has Sophie live in the first half of the eighteenth century.

THE JOURNAL OF A PARISH CLERK

Föulum, January 1, 1708.

God give us all a happy New Year! and preserve our good Pastor Sören. He blew out the candle last night, and mother says he will not live to see next New Year; but I dare say it means nothing.— We had a merry evening. When Pastor Sören took off his cap after supper, and said as is his wont *"Agamus gratias,"* he pointed to me instead of to Jens. It is the first time I have said grace in Latin. A year ago today Jens said it, and then I opened my eyes wide, for then I didn't understand a word, but now I know half of Cornelius. Just think if I could become pastor at Föulum! Oh, how happy my dear parents would be if they might live to see that day. And then if the Pastor's Jens could become bishop of Viborg—as his father says—well, who can tell? It is all in God's hands. His will be done! *Amen in nomine Jesu.*

Föulum, September 3, 1708.

Yesterday by the grace of God I completed my fifteenth year. Now Jens is not much ahead of me in Latin. I work harder at home than he does; I study hard while he is running about with Peer Gamekeeper. That's hardly the way to become a bishop. I am sorry for

bliver han vel ikke Bisp. Den stakkels Hr. Søren! han seer det nok;
Taarerne staae ham i Øinene, naar han sommetider siger til ham:
"mi fili! mi fili! otium est pulvinar diaboli!" – Til Nytaar begyndte vi
paa græsk, Hr. Søren har givet mig et græsk Testamente: "Er det
ikke nogle underlige Kragetæer? det er som en Slibesteen endnu
for Dine Øine," sagde han venlig til mig og kneb mig i Øret, som
han altid gjør, naar han er fornøiet. Men Hillemænd! hvor vil han
see, naar han hører, at jeg allerede kan læse rask indenad!

Föulum die St. Martini.

Det bliver feil med Jens. – Hr. Søren var saa vred paa ham, at han
talte Dansk til ham hele Dagen. Til mig talte han Latin; jeg hørte
engang, at han sagde som for sig selv: *"vellem hunc esse filium meum!"*
Det var mig han meente. Hvor Jens ogsaa hakkede jammerlig i sin
Cicero! Jeg veed godt, hvoraf det kom, for iforgaars, da hans
Fader var til Bryllup i Vinge, var han med Peer Skytte over i Lin-
dum Skov, og – Gud bevare os! – en Vildbasse havde revet hans
Buxer istykker. Han løi for sin Moder og sagde, at den Thiele Tyr
havde gjort det; men hun gav ham en dygtig Kindhest – *habeat!*

Föulum, Calendis Januar. 1709.

Proh dolor! Hr. Søren er død! *væ me miserum!* Da vi havde sat os til-
bords Juleaften, lagde han Skeen fra sig, og saae ret længe vemo-
digen paa Jens – *"fregisti cor meum"* sagde han sukkende, og gik ind
i Sovekammeret. Ak! han reiste sig aldrig mere. Jeg har besøgt ham
ham hver Dag siden, og han har givet mig mange gode Formanin-
ger og Lærdomme; men nu seer jeg ham aldrig mere. I Torsdags
saae jeg han sidste Gang: aldrig skal jeg glemme, hvad han sagde,
da han havde holdt ret en bevægelig Tale til mig: "Gud! giv min
Søn et retskaffent Hjerte!" Han foldede sine magre Hænder, og
lagde sig tilbage paa Puden: *"pater! in manus tuas committo spiritum
meum!"* Det var hans sidste Ord. Da jeg saae, at Madamen tog For-
klædet op til Øinene, løb jeg ud ret ilde tilmode. Uden for Døren
stod Jens og græd: *"seras dat poenas turpi poenitentia"* tænkte jeg;
men han faldt om min Hals og hulkede. Gud forlade ham hans Vild-
skab! Den har bedrøvet mig meest.

Pastor Sören; he can't help seeing it. The tears come into his eyes sometimes when he says, "*Mi fili ! mi fili ! otium est pulvinar diaboli.*" —At New Year we shall begin the study of Greek. Pastor Sören has given me a Greek Testament. "They're queer crow's feet, are they not? They must seem like a whetstone in your eyes." he said kindly, and pinched my ear, as he always does when he is pleased. But my word, won't he be surprised when he finds that I can read it quite fast already!

Föulum, die St. Martini.

Things are going badly with Jens. Pastor Sören was so angry with him that he talked Danish to him all day. To me he spoke in Latin. I once overheard him saying to himself, "*Vellem hunc esse filium meum.*" He meant me. And how Jens did stammer at his Cicero! I know very well why, for day before yesterday, while his father was attending a wedding in Vinge, he was with Peer Gamekeeper in Lindum woods, and—God help us!—a wild boar had torn his breeches. He lied to his mother and said the Thiele bull had done it, but she gave him a good box on the ear—*habeat !*

Föulum, Calendis Januar, 1709.

Proh, dolor ! Pastor Sören is dead. *Væ me miserum !* When we had sat down to the table Christmas Eve he put away his spoon and looked long and sadly at Jens. "*Fregisti cor meum,*" he said with a sigh, and went into his bedchamber. Alas, he never rose again. I have visited him every day since then, and he has given me much good advice and admonition; but now I shall never see him again. Thursday I saw him for the last time. Never shall I forget what he said, after a very moving address to me, "God, give my son an upright heart!" He folded his thin hands, and sank back on the pillow. "*Pater ! in manus tuas committo spiritum meum.*" Those were his last words. When I saw the mistress put her apron to her eyes, I ran out of the room, feeling very unhappy. Jens was standing outside the door, crying. "*Seras dat poenas turpi poenitentia,*" I thought, but he fell on my neck and sobbed. God forgive him his wildness! That is what has grieved me most.

Föulum, Pridie iduum Januarii MDCCIX.

Igaar gik min kjære Fader til Viborg, at han kunde faae Middags-
mad til mig, naar jeg skal i Skolen. Hvor længes jeg efter den Tid!
Jeg læser vel hele Dagen, men den er saa stakket nu, og Moder siger:
at det ei slaaer til at læse ved Lys. – Jeg kan ikke komme tilrette med
det Brev til Tuticanus – nei, da var det anderledes, mens den gode
Hr. Søren levede! *eheu! mortuus est!*

Det er en forskrækkelig Vinter! Himmel og Jord staae i eet; der
ligger en Sneedrive lige ud med Mønningen af vor Lade. Sidste Nat
skjød Jens to Harer i vor Kaalhave – han har snart glemt sin stak-
kels Fader. Men faaer Peer Skytte det at vide, saa seer det galt ud.

Föulum, Idibus Januarii MDCCIX.

Fader er ikke kommen hjem endnu, og Veiret er lige slemt – bare
han ikke gaaer vild. Der gaaer Jens oppe paa Laden med sin Bøsse og
nogle Fugle i Haanden – han kommer herind. –

– Det var Agerhøns, han havde skudt paa Mads Madsens Mød-
ding. Han vilde havt Moder til at stege dem, men hun torde ikke,
for det kunde komme for Herskabet.

Föulum, XVIII Calend. Febr.

Ak! ak! ak! min kjære Fader er frossen ihjel! Manden i Kokholm
har fundet ham i en Sneedrive, og kom kjørende med ham – jeg er
saa forgrædt, at jeg ikke kan see ud af mine Øine – Moder med –
Gud hjelpe os Begge!

Föulum, den 18de Februar.

Det var nær, jeg ikke havde kjendt Jens igjen: En grøn Kjole havde
han faaet paa, og en grøn Fjer i Hatten. "Kan Du see, sagde han:
nu er jeg en Jæger! hvad er Du? en Skolepebling, en Latiner!" –
"Ja Gud hjelpe os! svarte jeg: med Latinen er det forbi! Jeg kan
blive Præst der, hvor Du er Bisp! Min Moder skal ikke sulte ihjel,
mens jeg synger for Dørre i Viborg: jeg maa blive hjemme, og tjene
Brødet til hende. – Ak Jens! havde Din Fader levet." – "Lad os ikke
tale derom! sagde han: Jeg havde saa aldrig i mine Dage lært Latin

Föulum, Pridie iduum Januarii MDCCIX.

Yesterday my dear father went to Viborg to arrange for my dinners when I am to go to school. How I long for that time to come! I study all day, but the days are so short now, and mother says we cannot afford to use candles to read by. I can't make head or tail of that letter to Tuticanus. No—things were different when the good Pastor Sören was living. *Eheu mortuus est!*

It is a terrible winter. Heaven and earth are one whirl; there is a snowdrift that reaches to the rooftree of our barn. Last night Jens shot two hares in our vegetable garden—he seems to have forgotten his poor father. But if Peer Gamekeeper finds out about it, there will be trouble.

Föulum, Idibus Januarii MDCCIX.

Father has not come home yet, and the weather is as bad as ever. If only he does not lose his way! There is Jens on top of our barn carrying his gun and a brace of birds in his hand—he is coming in here.

They were partridges he had shot on Mads Madsen's dunghill, and he wanted mother to roast them for him, but she was afraid of the squire, and refused.

Föulum, XVIII Calend. Februar.

Alas, alas! My dear father is frozen to death. The man at Kokholm found him in a snowdrift and brought him home in his cart. I have cried till I can't see out of my eyes—and mother, too. God help us both!

The hunter & the schoolboy

Föulum, February 18.

I hardly know Jens; he had gotten a green coat and a green feather in his hat. "There, you can see," he said. "Now I'm a hunter. What are you? A schoolboy, a Latin grind!"—"Yes, God help us," I replied. "There will be no more Latin. I can become a pastor where you're a bishop. My mother is not going to starve to death while I sing at people's doors in Viborg. I have to stay home and earn a living for her. Oh, Jens, if your father had lived!"—"Don't let us talk about it," he said. "Anyway, I'd never in all my days have learned Latin—devil take the stupid stuff! Why don't you try to get ser-

– Fanden med det dumme Tøi! Nei see Du kunde komme paa Gaarden! der ere gode Dage og en herlig Levemaade!" – "Hvorledes skulde jeg det?" svarte jeg. – "Da vil vi prøve det!" raabte han, og løb sin Vei. Han har dog et godt Gemyt, den Jens; men vild og gal er han. For sex Uger siden begravede de hans salig Fader, og for tre Uger siden fulgte hans Moder efter: men nu er det, som det aldrig var ham. Han kan græde den ene Time, og lee den anden.

Thiele, den 1ste Mai 1709.

Saa er jeg da nu Tjener hos det naadige Herskab! Farvel Præstekald! Farvel Latin! O mine kjære Bøger! *valete plurimum! vendidi libertatem* for 12 Sletdaler. De 8 skal min stakkels Moder have, og naadig Herren har desforuden lovet hende Udviisning: saa hun skal hverken sulte eller fryse. Jens har rigtig skaffet mig denne Tjeneste. Han har meget at sige her paa Gaarden; det er en Pokkers Jens, eller snarere en Pigernes Jens! Huusholdersken stak et stort Stykke Kage til ham; Meierksen smidskede saa venlig ad ham; Fruerpigen ligesaa – ja selv een af de naadige Frøkener nikkede mildt, da hun gik ham forbi. Det lader til, at han bliver Skytte i Peers Sted. Det *værste* er, at han har vænt sig til at bande værre end nogen Matros.

Thiele, den 12te Mai 1709.

Det gaaer mig ret godt, Gud være lovet! Vi ere sex Tjenere om Herren, Fruen, Junkeren og to Frøkener. Jeg har Tid nok at læse, og jeg forsømmer heller ikke mine kjære Bøger. Vel har jeg ingen Nytte af dem, men jeg kan alligevel ikke lade det være. Igaar bleve salig Hr. Sørens Bøger solgte: jeg kjøbte for to Daler; jeg fik saa mange, jeg kunde bære. Deriblandt en stor Hob af Ovidius; een har til Titel: "*ars amoris*" en anden: "*remedium amoris*" : dem skal jeg først læse, for jeg gad dog vide, hvad de handler om. Engang havde jeg faaet fat paa dem i Hr. Sørens Studerekammer, men saa kom han og snappede dem fra mig, og sagde: "*abstine manus!* Fingrene af Fittefadet! det er ikke for Dig!"

vice at the squire's? There you'll have a fine time and live well."—
"How should I get in there?" I replied.—"We'll try anyway,"
said Jens, and ran away. After all, Jens has a kind heart, but he is
wild and flighty. Six weeks ago he buried his sainted father, and
three weeks ago his mother followed her husband. But now it is
as if it didn't concern him. He can cry one moment, and laugh the
next.

Thiele, May 1, 1709.

So now I am a servant in the squire's family. Good-bye pastorate!
Good-bye Latin! Oh, my precious books! *Valete, plurimum! Ven-
didi libertatem* for twelve measly dollars. The eight must go to my
poor mother, and the squire has promised her besides fire wood,
so she will neither freeze nor starve. It is really Jens who has gotten
me this place. He has a lot to say here in the big house. He is a devil
of a fellow, or rather cock of the walk. The housekeeper put a big
piece of cake in his hand; the dairywoman smirked at him, the
chambermaid likewise, and even one of the young ladies nodded
kindly as she passed him. It looks as if he may become gamekeeper
in place of Peer. The worst of it is that he has gotten into the habit
of swearing worse than any sailor.

Thiele, May 12, 1709.

I am getting along very well, God be thanked. We are six servants
to wait on the master and mistress, the young master, and the two
young ladies. I have time to read, and I don't neglect my beloved
books. Of course it is not of any use, but I can't leave them alone.
Yesterday the books of our dear Pastor Sören were sold. I bought
for two dollars and got as many as I could carry away. Among them
were a number of Ovidius; one is entitled *Ars amoris* and another
Remedium amoris. I am going to read them first; I do want to know
what they are all about. Once I happened to get hold of them in
Pastor Sören's study, but he snatched them away from me, saying,
"*Abstine manus!* Hands off! That's nothing for you."

Thiele, den 3die juni 1709

Hvem der bare forstod Fransk! Herskabet snakker intet andet,
naar de spise, og jeg forstaaer ikke et Ord. Idag talte de om mig,
for de saae tit hen paa mig. Engang havde jeg nær tabt Taller-
kenen; jeg stod bagved Frøken Sophies Stol, hun vendte sig om
og saae mig lige op i Ansigtet – det er en deilig Frøken, den
Frøken Sophie! jeg har en stor Glæde af at see paa hende.

Thiele, den 13de Sept. 1709.

Igaar var her ret en urolig Dag. De vare her fra Viskum, og her var
stor Jagt. Jeg var ogsaa med, og havde faaet en af naadig Herrens
Bøsser. I Førstningen gik det godt nok, men saa kom der en Ulv
forbi mig. Jeg havde nær tabt Bøssen af Forskrækkelse, og glemte
reent at skyde. Jens stod ved Siden af mig, og skjød Ulven. "Du er
et Hoved! sagde han: men jeg skal ikke røbe Dig." Strax efter kom
naadig Herren forbi mig. "Du est et Fjog, Martæng! raabte han:
Du tager Stikkepenge." – "Jeg beder allerunderdanigst om Forla-
delse! svarte jeg: jeg er gandske uskyldig, men jeg har vist havt onde
Fortalere hos naadig Herren. Jeg skal med Guds Hjelp tjene Dem
ærlig og tro!" Da loe han allernaadigst og sagde: "Du est et stort
Fjog!" Men dermed var det ikke forbi. Da Herskabet kom tilbords,
begyndte de igjen om Ulven, og spurgte mig: hvormeget han gav
mig? og saadant mere. Jeg veed ikke ret, hvad de meente; men det
kunde jeg begribe, at de gjorde Nar ad mig baade paa Fransk og
Dansk. Om det saa var Frøken Sophie, saa loe hun mig lige op i
Øinene – det gjorde mig meest ondt. Mon jeg ikke skulle kunne lære
dette Snøvlemaal? Det kan vel ikke være tungere end Latin!

Thiele, den 2den October 1709.

Det er ikke umuligt – det seer jeg nok. Fransk er slet ikke andet end
galt Latin. Imellem en Kasse med gamle Bøger, som jeg kjøbte, var
ogsaa en Metamorphoses paa Fransk – det traf sig ypperligt! Det
Latinske forstod jeg i Forvejen. Men een Ting er forunderlig; naar

Thiele, June 3, 1709.

If I only understood French! The family never speak anything but French at table, and I don't understand a word of it. Today they were speaking about me, for they looked at me several times. Once I came near dropping a plate. I was standing right behind Miss Sophie's chair, when she turned and looked me full in the face. She is a beautiful young lady, Miss Sophie—it is a joy to look at her.

Thiele, September 13, 1709.

Yesterday was a day full of commotion. The family from Viskum were here, and there was a big hunt. I was along and had one of the squire's guns. At first all went well, but then a wolf passed close to me. I was so frightened, I almost dropped the gun, and quite forgot to shoot. Jens was standing by my side and shot the wolf. "You're a blockhead", he said, "but I won't tell on you." Soon after the squire passed me. "You're a bungler, Morten," he said. "You must have been bribed."—"I humbly beg your pardon, sir," I replied. "I am quite innocent, but someone must have slandered me. God helping, I will serve you honestly and truly, sir." At that he was pleased to laugh, and said, "You're a great bungler." But that was not the end of it, for when the family were at table they began to talk about the wolf again, asked me, "How much did he give you?" and so forth. I don't know just what they meant, but at least I could understand that they were making fun of me in French and in Danish too. Even Miss Sophie was laughing at me to my face—that hurt me most of all. I wonder if I couldn't learn that snuffling gibberish. Surely it can't be more difficult than Latin.

Thiele, October 2, 1709.

It's not impossible—I see that now. French is nothing but garbled Latin. In a box of old books that I bought there was a French translation of *Metamorphoses*—it came in quite pat. The Latin I had learned before. But one thing seems odd to me; when I listen to them

jeg hører dem deroppe snakke, tykkes mig ikke, der er et fransk Ord imellem – det er ikke om Ovidius, de discourerer.

Jeg kommer ogsaa til at lægge mig efter at skyde. Naadig Herren vil endelig have mig med paa Jagten, men der kan jeg aldrig gjøre ham det tilpas: enten skjænder han eller ogsaa leer han – sommetider begge Dele paa eengang: "jeg bærer Bøssen galt, jeg lader den galt, jeg sigter galt og jeg skyder galt." Jeg maa have Jens til at undervise mig. "See til Jens! siger naadig Herren: Det er en Jæger! Du gaaer med Bøssen, som om det var en Høelee, Du havde paa Nakken, og naar Du sigter, seer det ud, som Du skulde falde bagover." Frøken Sophie leer ogsaa ad mig – det klæder hende alligevel smukt – hun har nogle deilige Tænder.

Thiele, den 7de November 1709.

Igaar skjød jeg en Ræv; naadig Herren kaldte mig en brav Garsong, og forærede mig et indlagt Krudthorn. Jenses Underviisning har frugtet godt. Det er morsomt nok med det Skytterie. – Med Fransken gaaer det nu bedre: jeg begynder at komme efter Udtalen. Forleden lyttede jeg ved Døren, da Mamesellen læste med Frøkenerne. Da de vare færdige, og gik op, listede jeg mig til at see, hvad for en Bog, de vel brugte. Hillemænd! Hvor blev jeg forundret! Det var just en, som jeg ogsaa har, og som kaldes: *"L'école du Monde."* Nu staaer jeg hver Dag med min Bog i Haanden udenfor og hører til – det gaaer meget godt an. Det franske Sprog er dog smukkere, end jeg tænkte; det lader Frøken Sophie nu saa nydeligt, naar hun taler det.

Thiele, den 13de December 1709.

Igaar frelste Gud min naadige Herre ved min ringe Haand. Vi havde Klapjagt i Lindum Skov. Da vi fik Graakjær for, kommer der en Vildbasse frem og lige ind mod naadig Herren. Han skjød, og traf ham rigtig nok, men det forslog ikke, og Vildbassen søger ham. Naadig Herren var ikke bange: han trækker sin Hirschfænger, og vil jage den i Bringen paa Svinet, men den gaaer midt over. Nu var gode Raad dyre – det skete ogsaa altsammen i en Haandevending, saa ingen kunde komme til Hjelp. Just i det Øieblik, som jeg vil derhen, seer jeg naadig Herren paa Ryggen af Vildbassen, og den afsted med ham. "Skyd!" raaber han til Ridefogden – som var hans Sidemand

talking up there, I can't make out a French word in what they are saying—it's certainly not Ovidius they're discussing.

I must learn to shoot. The squire wants me to go along when he hunts, but there I can never please him; he either scolds me or laughs at me—and sometimes he does both at once: I don't carry the gun right, I don't take aim right, and I don't shoot right. "Look at Jens!" says the squire. "He's a hunter. You carry the gun as if it were a scythe slung over your shoulder, and when you take aim you look as if you were falling backward." Miss Sophie, too, laughs at me—but laughing is very becoming to her; she has such beautiful teeth.

Thiele, November 7, 1709.

Yesterday I shot a fox; the squire called me a good *garçon* and made me a present of an inlaid powder horn. Jens's instruction has borne fruit. This shooting is quite good fun.—I am getting along better with the French; I am catching on to the pronunciation. One day I listened at the door when the French governess was giving the young ladies their lesson. When they were through and had gone upstairs, I contrived to look at the book to find out which one the were using. My word! How surprised I was! It was one that I too have, one called *L'École du Monde.* So now I stand outside the door every day with my book in my hand, listening to them. It works very well. After all, the French language is much prettier than I realized; it sounds lovely when Miss Sophie speaks it.

Thiele, December 13, 1709.

Yesterday God saved my gracious master's life by my poor hand. We had a battue in Lindum woods. Just as we were opposite Graa-kjær, a wild boar rushed out and made straight for the squire. He fired, and hit it all right, but did not kill it, and the boar went for him. The squire was not frightened; he drew his hunting knife and was about to plunge it in the breast of the boar when it broke in two. Now, what was to be done? It all happened so quickly that no one could reach him. I ran toward him, but in the same moment I saw the squire on the back of the boar, and off it dashed with him. "Fire"! he cried to the bailiff, who had been standing next

paa Venstre – men han torde ikke. "Skyd i Djævels Skind og Been!"
raaber han til Jens, idet han farer ham forbi; Jenses Bøsse klikkede.
Nu vendte Bassen sig og lige hen forbi mig. "Skyd Morten, ellers
rider Bassen med mig til H......!" skreg han. I Guds Navn!
tænkte jeg, holdt ham paa Bagparten, og traf saa heldigt, at jeg
knuste begge Baglaarene paa Dyret. Glad blev jeg, og glade bleve
vi allesammen, men meest Naadigherren. "Det var et Mesterskud,
sagde han: og behold Du nu Bøssen, som Du brugte saa vel! Og
hør! sagde han til Ridefogden: I Ærtekjelling! stempl mig den
største Bøg i Skoven til hans gamle Moder! Jens kan gaae hjem,
og sætte en bedre Steen for hans Bøsse!" Da vi saa kom hjem om
Aftenen, blev der en Spørgen og en Fortællen. Naadigherren klap-
pede mig paa Skuldren, og Frøken Sophie smiilte saa venlig til mig,
at mit Hjerte sad i min Hals.

Thiele, den 11te Januar 1710.

Et plaisant Veir! Solen staaer op saa rød, som en brændende Glød!
det seer ret curieux ud, naar den saadan skinner igjennem de hvide
Træer; og alle Træerne see ud, som de vare puddrede, og Grenene
hænge rundt omkring ned til Jorden. Det gamle Grand Richard
faaer Skam, et Par Grene ere allerede knækkede. Accurat saadant et
Veir var det idag otte Dage, da vi kjørte i Kane til Fussingøe, og
jeg stod bag paa Frøken Sophies. Hun vilde selv kjøre; men da et
Qvarteerstid var gaaen, begyndte hun at fryse om de smaae Fingre:
"*J'ai froid*" sagde hun for sig selv. "Skal jeg da kjøre, naadig Frø-
ken?" sagde jeg. – "*Comment!* sagde hun: Forstaaer Du Fransk?"
– "*un peu mademoiselle!*" svarte jeg. Da vendte hun sig om, og saae
mig stivt i Øinene. Jeg tog en Tømmestreng i hver Haand, og havde
begge mine Arme omkring hende. Jeg holdt dem vidt ud, for ei at
komme hende for nær; men hvergang Kanen gav et Slæng, og jeg
rørte ved hende, var det ligesom jeg havde rørt ved en varm Kak-
kelovn. Det kom mig for, at jeg fløi i Luften med hende, og inden
jeg vidste det, var vi ved Fussingøe. Dersom hun ikke havde raabt:
"*tenez Martin! arrestez vous!*" havde jeg kjørt forbi lige til Randers
eller til Verdens Ende. Mon hun ikke vil ud at kjøre idag igjen?

to him on the left—but the bailiff didn't dare to. "Fire, in the devil's name," he called to Jens as he passed him. Jens's gun missed fire. Then the boar turned and passed close to me. "Fire, Morten, or the boar will ride to hell with me," he screamed. In the name of God, I thought, and aimed for the animal's hindquarters, and was lucky enough to crush both its thighs. Glad was I, and happy were we all, the squire especially. "That was a master shot," he said. "And now you keep the gun, since you can use it so well. And listen," he said to the bailiff, "you mollycoddle! Mark me the biggest beech in the forest for his mother. Jens can go home and fix his gun." Then, when we came home in the evening, there was a questioning and narrating. The squire patted me on the shoulder, and Miss Sophie smiled on me so kindly, that my heart was in my throat.

Thiele, January 11, 1710.
A plaisant weather! The sun rises red as a burning coal. It looks so *curieux* as it shines through the white trees, and all the trees look as if they had been powdered, and the branches hang around them down to the ground. The old Grand Richard is badly battered; a couple of its limbs are broken already. It was just such a day a week ago when we drove to Fussingöe, and I was standing on the runners of Miss Sophie's sleigh. She wanted to handle the reins herself, but after about fifteen minutes her small fingers began to feel cold. "*J' ai froid,*" she said to herself. "Do you want me to drive, Miss?" I asked.—"*Comment!*" she said. "Do you understand French?"— "*Un peu, mademoiselle,*" I replied. She turned round and looked me full in the face. I took one of the reins in either hand, and thus had both my arms round her, but whenever the sleigh gave a jolt and threw her against me, it seemed as if I had touched a hot stove. I felt as if I were flying through space with her, and we were at Fussingöe before I knew it. If she had not called out, "*Tenez, Martin! arretez-vous!*" I should have driven on to Randers or to the world's end. I wonder if she isn't going out driving today! But there is Jens

Men der kommer Jens med naadig Herrens Bøsse, som han har gjort reen – saa skal vi paa Jagt.

Thiele, den 13de Februar 1710.

Jeg er ikke rigtig frisk. Det er ligesom der laae en tung Steen paa mit Bryst. Maden gaaer fra mig, og om Natten kan jeg ikke sove. Sidste Nat havde jeg en forunderlig Drøm: det bares mig for, at jeg stod bag paa Frøken Sophies Kane, men med et sad jeg inden i Kanen, og hun paa mit Skjød. Jeg havde min høire Arm om hendes Liv, og hun sin venstre om min Hals. Hun bukkede sig og kyste mig; men idet samme vaagnede jeg. Ak! jeg vilde saa gjerne have blevet ved at drømme! – Det var en rar Bog, den hun laante mig; jeg diverterer mig med den hver Aften – hvem der engang kunde blive saa lykkelig, som den tartariske Prinds! – Jo mere Fransk jeg læser, jo bedre synes jeg om det; jeg er nærved at glemme mit Latin derover.

Thiele, den 13de Marts 1710.

Igaar, da vi kom hjem fra Sneppejagt, sagde naadig Herren til mig: "Og jeg hører, at Du forstaaer Fransk?" – "Lidt, naadig Herre!" svarte jeg. – "Saa kan Du ikke heller varte op ved Bordet; vi kan jo ikke lukke Munden op for Dig." – "Ak! raabte jeg: naadig Herren vil dog ikke forskyde mig?" – "*Point de tout,* svarte han: Du skal fra nu af være min *Valet de chambre!* Og naar Junker Kresten reiser til Paris, saa følger Du med – hvad synes Du derom?" Jeg blev saa bevæget, at jeg ikke kunne sige et Ord, men kyste hans Haand. Alligevel jeg nu glæder mig saare meget, saa tykkes mig dog, at jeg nødig ville herfra, og jeg troer virkelig, at mit Helbred er blevet slettere siden.

Thiele, den 1ste Mai 1710.

Ak, jeg elendige Menneske! nu veed jeg, hvad det er, jeg feiler: Ovidius har sagt mig det, han har gandske accurat beskrevet mig min Sygdom. Dersom jeg ikke tager feil, saa hedder den Amor, paa Dansk: Kjærlighed eller Elskov, og den jeg er charmeret udi, maa uden al Tvivl være Frøken Sophie. Ak, jeg arme Daare! Hvad skal dette blive til? Jeg maa prøve hans *remedia amoris!*

with the squire's gun, which he has cleaned—so I suppose we are going out hunting again.

Thiele, February 13, 1710.

I don't feel well. It is as if a heavy stone were weighing on my chest. I can't keep my food down, and at night I can't sleep. Last night I had a strange dream. It seemed to me that I was standing on the runners of Miss Sophie's sleigh, and then suddenly I was sitting in the sleigh and had her on my lap. My right arm was around her waist, and her left around my neck. She bent down and kissed me, but in the same moment I awakened. Oh, I wanted so much to go on dreaming!—It is a fine book she lent me. I amuse myself reading it every night. Oh, if one could be as happy as the Tartar prince! The more French I read the better I like it; I am almost forgetting my Latin on account of it.

Thiele, March 13, 1710.

Yesterday, as we were coming home from hunting snipes, the squire said to me, "And I hear that you understand French?"—"A little, sir," I replied.—"But then you can't wait on table; we couldn't open our mouths with you there."—"Oh, sir," I cried, "you don't mean to send me away?"—"*Point de tout,*" he replied. "From now on you shall be my *valet de chambre.* And when Master Kresten goes to Paris, you shall go with him. What do you say to that?" I was so moved that I couldn't say a word, but kissed his hand. But although I look forward to going, I dread the thought of leaving, and I really think my health has worsened since then.

Thiele, May 1, 1710.

Wretched creature that I am! I know what is the matter with me. Ovidius has described my distemper exactly. If I am not mistaken, it is called *Amor,* which means "love" or "infatuation," and the person I am enamored of must without a doubt be Miss Sophie. Miserable fool that I am! What will this lead to? I must try his *Remedia amoris.* A few minutes ago I saw her standing in the hall

– Nu nyssen saae jeg hende staae i Gangen, og tale meget venlig
med Jens; – det skar mig som en Kniv i mit Hjerte. Det kom mig
for, som jeg skulde skyde ham for Panden, men saa hoppede hun
mig forbi med et Smiil; – jeg var tilmode, som naar jeg er paa Klap-
jagt, og et Stykke Vildt kommer mig paa Skud: mit Hjerte klapper
mod mine Ribbeen, jeg kan knap faae min Aande, og mine Øine
ere ligesom groede fast til Dyret – *ah malheureux que je suis!*

Thiele, den 17de Juni 1710.

Hvor dog Gaarden nu tykkes mig øde og keedsommelig. Det naa-
dige Herskab er borte, og kommer først hjem om otte Dage. Hvor-
dan skal jeg faae Ende paa dem? Jeg har ikke Lyst til nogen Ting.
Min Bøsse hænger fuld af Støv og Rust, og jeg gider ikke gjort den
reen. Jeg kan ikke begribe, hvordan Jens og de Andre kan være saa
glade og lystige; de prate og skoggre, saa det giver Echo i Lade-
gaarden – jeg sukker som en Rørdrum. Ak, Frøken Sophie! Gid
Du var en Bondepige, eller jeg en Prinds!

Thiele, den 28de Juni 1710.

Nu er Gaarden for mine Øine, ligesom der nylig var kalket og
pyntet. Træerne i Haven har faaet en deilig lysegrøn Couleur, og
alle Folk see saa milde ud. – Frøken Sophie er kommen hjem igien:
hun kom indad Porten som Solen gjennem en Sky; men alligevel
skjælvede jeg som et Espeløv. Det er baade Godt og Ondt, at være
forlibt.

Thiele, den 4de Oktober 1710.

En magnifiqve Jagt, vi havde idag! Hvidding Krat var indstillet
med over 300 Klappere; for de var her baade fra Viskum og Fus-
singøe med alle deres Støvere. I Dagbrækningen vare vi fra Thiele
der allerede. Det var gandske stille i Luften, og en tyk Taage be-
dækkede hele Egnen; kun Toppene af Bavnhøiene kunde man see
oven over den. Langt borte kunde vi høre de buldrende Fodtrin af
Klapperne og enkelte Hundeglam. "Nu kommer de fra Viskum,
sagde naadig Herren: jeg kan høre Chasseurs Hals." – "Da kommer
de ogsaa fra Fussingøe, sagde Jens: det er Perdrix, som gjøer."
Endnu kunde vi ingen Ting see for Taage, men alt som de kom

and talking to Jens. It cut me to the heart as with a knife. I could have shot him through the head, but then she skipped past me with a smile—I felt as when I am out hunting and the quarry comes within range of my gun; my heart pounds against my ribs, and I can hardly get my breath, and my eyes are as if they were glued to the animal—*ah, malheureux que je suis!*

"The Hunter"

Thiele, June 17, 1710.

How empty and tiresome the house seems. The family are away and won't be back for a week. How shall I get through it? I don't want to do anything. My gun hangs there full of dust and rust, and I don't care to bother about cleaning it. How can Jens and the rest of them be so gay and happy! They're jabbering and roaring with laughter till the yard gives echo—while I sigh like a bittern. Oh, Miss Sophie, if only you were a peasant girl or I a prince!

Thiele, June 28, 1710.

Now the house looks to me as if it had been newly whitewashed and embellished. The trees in the garden have taken on a lovely light green color, and everybody looks kind. Miss Sophie has come home. She came in through the gate like the sun piercing a cloud; but nevertheless I trembled like a leaf. It's both good and bad to be in love.

Thiele, October 4, 1710.

We had a magnificent hunt today. Three hundred beaters were posted in Hvidding copse, for they had come from Viskum and Fussingöe with all their hounds. We of Thiele were on the spot at dawn. There was no wind, and a thick layer of fog covered the land; only the beacon hills could be seen above it. Far away we could hear the heavy footsteps of the beaters and occasionally the baying of a hound. "There they are, coming from Viskum," said the squire; "I know Chasseur's bark."—"And now they are coming from Fussingöe, too," said Jens. "That's Perdrix baying." Still we couldn't see anything on account of the fog, but as they came nearer we

nærmere, hørte vi Vognenes Rumlen, Hestenes Pusten, Skytternes Snak og Latter. Nu kom Solen frem, og Taagen lettede. Da blev det levende paa alle Kanter. Skovfogderne begyndte allerede at stille Klapperne i Orden, man hørte dem hviske og tysse paa dem der vilde snakke høit, og Kjeppene kom sommetider i Bevægelse. Fra Vester og Sønder kom Skytterne kjørende, og bagefter Vognene med Hundene: deres Haler viklede over Vognfjelene, og imellem stak der et Hoved op, som ogsaa strax fik Ørefigen af Jæger-drengene. Nu satte naadig Herren selv af langs ned i den lange Dal midt igjennem Krattet. Da han var færdig stødte han i sin Pibe, og med det samme begyndte Hornblæserne et lystigt Stykke. Hundene bleve koblede af, og det varte ikke længe før de slog an, saa een, saa to, saa det hele Kobbel. Harer, Ræve og Dyr smuttede frem og til-bage paa de skovbegroede Bakker. Saa gik af og til et Skud, og Knaldene gav Echo langs ned gjennem Dalen. Klapperne kunde vi ikke see, men vel høre deres Hujen og Skrigen, naar et Dyr eller en Hare vilde bryde igjennem. Jeg forsvarte min Plads, og skjød to Ræve og en Buk inden Frokosten. Mens den varede bleve Hun-dene kaldte sammen og koblede op, og Hornblæserne spilte, og da det var forbi, gik det atter løs. See! da holdt to Vogne oppe for Enden af Dalen med alle de naadige Fruer og Frøkener, og imellem dem Frøken Sophie. Dette frelste en Ræv; mens jeg saae derop, smuttede han mig forbi. Et Par Timer før Aften var Krattet renset for Vildt, og Jagten havde Ende. Vi fik vist henved 30 Stykker, og Junker Kresten, som havde skudt de fleste Ræve, blev beæret med et Stykke paa Valdhorn.

Thiele, den 17de December 1710.

Igaar fulgte jeg min kjære Moder til hendes Hvilested. Den nye Præst – Gud lønne ham for det! – hædrede hendes Henfart med en Liigpræken, som varede i syv Qvarteer. Hun var mig en god og kjærlig Moder – Herren give hende en salig Opstandel e! † † †

heard the rumbling of the carts, the breathing of the horses, the talk and laughter of the gamekeepers. The huntsmen were already putting the beaters in their positions; we could hear them whispering and hushing those who were inclined to talk too loud, and sometimes using their sticks. From the west and the south the gamekeepers came driving in, and behind them came the carts with the hounds, their tails wagging over the side of the carts and sometimes a head protruding—only to get a box on the ear from the huntsmen's boys. Now the squire himself posted us all down the long valley that runs through the copse. When he was ready, he blew his whistle, and the hornblowers started to play a merry piece. The hounds were loosed, and it was not long before they began baying, first one, then two, then the whole pack. Hares, foxes, and deer darted back and forth in the brushwood on the hills. Now and then a shot rang out, echoing down through the valley. We could not see the beaters, but we heard them shouting and calling when a hare or a deer tried to break through. I held my place and shot two foxes and a buck before lunch. While we were eating, the hounds were called in and tied up, but the hornblowers played. When it was over, off we went again. Just then two carriages stopped at the entrance to the valley with the ladies and the young misses, among them Miss Sophie. That saved a fox, for while I was looking up at them, he slipped past me. Before nightfall the copse was cleared of game. We must have shot about thirty animals, and Master Kresten, who had killed the most foxes, was honored by a piece played on the bugle.

mother's death —

Thiele, December 17, 1710.

Yesterday I followed my dear mother to her last resting place. The new pastor—God reward him for it!—honored her passing with a funeral sermon that lasted an hour and three quarters. She was a good and loving mother to me. God give her a blessed awakening!

Thiele, den 23de Januar 1711.

En jammerlig Vinter! endnu intet Kaneføre! Derefter har jeg ventet lige siden Mortensdag, men forgjeves. Regn og Blæst, sydlige Vinde og trist Veir. Ifjor ved denne Tid var det vi kjørte til Fussingøe; naar jeg tænker paa den Aften! Maanen skinnede saa blank som en Sølvtallerken paa den blaa Himmel, og kastede vore Skygger ved Siden af Veien paa den hvide Snee. Jeg hældede mig imellem saaledes, at min Skygge trak ind i Frøken Sophies: da kom det mig for, som vi to vare eet. En kold Vind havde vi lige imod, den blæste hendes søde Aande tilbage – jeg slugte den som Viin – ak, jeg Daare! jeg forliebte Daare! hvortil nytte mig alle disse Considerationer? Paa Søndag reiser jeg til Kjøbenhavn med Junker Kresten, og der skal vi blive hele Sommeren. Jeg tænker, jeg er død inden Maidag. – *Ah Mademoiselle Sophie adieu! un éternel adieu!*

Paa Havet imellem Samsøe og Sjelland den 3die Febr. 1711.

Solen gaaer ned bag mit kjære Jylland; dens Gjenskin lægger sig langs hen over det rolige Hav som en uendelig Ildvei. Jeg tykkes den hilser mig fra mit Hjem – ak, det er langt borte, og jeg kommer længere og længere derfra. Hvad monstroe de nu bestille paa Thiele? Det ringer for mit høire Øre – mon det er Frøken Sophie, der nu taler om mig? ak nei! jeg er jo kuns en fattig Tjener, hvi skulde hun tænke paa mig? ligesaa lidt, som Skipperen, der traver frem og tilbage paa Dækket med sammenlagte Arme – han kigger saa tit henimod Norden – hvad mon der er at see? En Svensker, siger han; Gud hjelpe os naadelig og vel!

Kallundborg, den 4de Febr. 1711.

Nu veed jeg, hvad Krig er – jeg har været i Bataille, og – den Herre Zebaoth være priset! – vi finge Seier. Det var rigtig, som Skipperen sagde, en svensk Kaper. Imorges, saasnart det dagedes, saae vi ham en halv Miils Vei borte; de sagde, han gjorde Jagt paa os. "Er der nogen af Jer Passenerer, sagde Skipperen: der har Mod og Mands Hjerte, og Lyst til at baxes med den svenske Gast?" – "Jeg har en god Riffel, svarte Junker Kresten: og min Tjener har een; skal vi prøve den Jagt engang, Morten?" – "Som Junkeren befaler!"

Thiele, January 23, 1711.

What a miserable winter! No sleighing yet! I have been longing for it ever since Martinmas, but in vain. Rain and wind, southerly gales, and dreary weather. Last year at this time we drove to Fussingöe. When I think of that night! The moon shone as bright as a silver platter on the blue sky, throwing our shadows to the side of the road on the white snow. Sometimes I leaned over till my shadow mingled with that of Miss Sophie; then it seemed to me that we two were one. A cold wind blew in our faces and carried her sweet breath back to me; I drank it in like wine. Oh, fool that I am!—lovesick fool that I am! What good do such thoughts do me? Sunday I am going to Copenhagen with Master Kresten, and there we are going to stay all summer. I dare say I shall be dead before Mayday.—*Ah, mademoiselle Sophie, adieu! un éternel adieu!*

At sea between Samsöe and Zealand, February 3, 1711.

The sun is setting behind my dear Jutland; the reflection lies over the calm sea like an endless path of fire. It seems to bring a greeting from my home! Alas! it is far away, and I am getting farther and farther away from it. I wonder what they are doing now at Thiele! My right ear is burning—perhaps it is Miss Sophie who is talking about me? Alas, no! I am only a poor servant; why should she think of me?—any more than the skipper who is walking up and down on the deck with arms crossed. Every little while he looks toward the north; I wonder what he sees there? "A Swede," he says. God help us in His mercy and goodness!

Kallundborg, February 4, 1711.

Now I know what war is. I have been in battle, and—the Lord of Sabaoth be praised!—victory was ours. It was, as the skipper said, a Swedish privateer. Early this morning, as soon as it was light, we saw him only two miles away from us; they said he was chasing us. "Are there any of you passengers," said the skipper, "who have courage and stout hearts and would like to try a bout with that Swedish fellow?"—"I have a good rifle," replied Master Kresten, "and my servant has one. What of it, Morten, shall we try this kind

sagde jeg, løb ned i Kahyten, ladte vore Rifler, bragte dem samt
Krudt og Kugler op paa Dækket. Der var to jydske Soldater kom-
men op fra Rummet, de havde hver sin Bøsse, og Skipperen et
spansk Gevær saa langt som han selv. Styrmanden og Matroserne
bragte Øxer og Haandspager. "Kan vi ikke seile fra ham, min kjære
Skipper?" spurgte jeg. – "Fanden kan vi, svarte han: Du seer jo,
han haler ind paa os, alt hvad han kan; Du skal snart faae hans
Stykker at høre; men er Du bange, saa gaae hjem og læg Dig i Din
Moders Dragkiste." Idetsamme væltede Røgen ud fra det svenske
Skib, og strax derpaa hørte vi et forfærdeligt Rabalder og en Susen
over vore Hoveder. Det varte ikke længe, saa kom der nok et
Knald, og nok eet, og den sidste Kugle rev en Splint af vor Mast.
Da blev jeg ret underlig tilmode: mit Hjerte tog til at banke, og det
suste og bruste for mine Ører. Men da Svensken kom saa nær, at vi
kunde lange med vore Rifler, og jeg havde gjort det første Skud,
da var det, som om jeg havde været paa en Klapjagt. Svensken kom
bestandig nærmere, og vi stod i Skjul bag Kahyten, og fyrede bag
ud paa ham alt hvad vi kunde. Der faldt flere af hans Folk, især for
Junkerens og mine Skud. "Kan vi skyde en Sneppe, Morten, kan
vi vel ogsaa ramme en Svensker, naar han staaer stille!" sagde han.
"Raske Gutter! raabte Skipperen: Seer I den svenske Kapitain,
ham der gaaer med den store Sabel frem og tilbage? Pil os ham ud,
saa har vi Spillet vunden!" Da lagde jeg an paa ham, og trykte til,
og som jeg tog min Riffel fra Kinden, saae jeg ham slaae Næsen
mod Dækket. "Hurra!" raabte Skipperen, og alle vi andre med;
men Kaperen dreiede af og seilede sin Cours. Med det danske Flag
paa Toppen fore vi ind ad Kallundborgs Fjord nok saa stolte og
nok saa glade, thi ikke en Mand var saaret, skjøndt Kuglerne fløi
over og igjennem Skibet. Hovmesteren Monsjeur Hartman var den
eneste, som fik sit Blod at see, og det paa en pudsig Façon: Han laae
i Skipperens Køje og røgte sin Pibe, da Slaget begyndte. Lidt efter
kom jeg ned for at hente Lærred til Kuglerne. "Martine! sagde han:
qvid hoc sibi vult?" men før jeg fik svart, foer en Kugle gjennem
Kahytvinduet, tog Piben med sig – som han rakte ud af Køjen –
og Mundbiddet rev Hul paa hans Gane.

of hunt for once?"—"As you please, Master Kresten," I said, ran down into the cabin, loaded our rifles, and brought them up on deck together with powder and shot. There were two soldiers from Jutland who came up from the hold, and they had each a blunder-buss, and the skipper had a Spanish gun as long as himself. The mate and the sailors armed themselves with axes and marlinspikes. "Can't we sail away from him, my good skipper?" I asked.—"The devil we can," he replied. "Don't you see he's gaining on us for all he's worth? We shall soon be hearing his cannon. But if you're scared, you can go home and crawl into your mother's bureau drawer." In the same moment the smoke poured from the Swedish ship, and then we heard a terrific noise and a whizzing over our heads. Before long there was another explosion, and then another, and the last cannon ball tore a splinter from our mast. Then a strange feeling came over me; my heart pounded and there was a ringing and a buzzing in my ears. But when the Swede came so near that we could reach him with our rifles, and I had taken my first shot, then I felt as if I were out hunting. The Swede came nearer and nearer. We stood in the shelter of the cabin and fired at him across our stern as fast as we could. Several of his people fell, most of them hit by the young master or me. "If we can shoot a snipe, Morten, surely we can hit a Swede, when he stands still," he said.—"Brave fellows!" said the skipper. "Do you see the Swedish captain, the man with the big sabre, who's walking up and down? If you can pick him off, we've won the game!" I aimed at him, pressed the trigger, and as I took my rifle from my cheek, I saw him fall and strike the deck with his nose. "Hurrah!" cried the skipper, and we all cheered. But the privateer turned round and sailed away. With the Danish flag flying aloft we sailed into Kallundborg Fjord, proud and happy, for not a man had been wounded, although the cannon balls flew over and through the ship. The tutor, Mon-sieur Hartmann, was the only one who saw his own blood, and that happened in a curious way. He was lying in the skipper's bunk smoking his pipe when the battle commenced. A little later I came down to fetch tow for the bullets. "*Martin*", said he, "*quid hoc sibi vult?*" But before I could answer, a bullet flew through the cabin window and shot away his pipe which he was holding out over the edge of the bunk—and the mouthpiece pierced his palate.

Nu ere vi i Havn og paa tør Land, hvor Hvilen er sød efter saadant et Pust!

Kjøbenhavn, den 2den Juni 1711.

Mit Hoved er gandske fuldt af alle de rare Ting, jeg her har seet og hørt. Jeg kan ikke samle det i mine Tanker, thi det ene forjager det andet, som Skyerne hverandre i Blæst. Men det curiøseste af Alt er dog dette, at jeg er nær ved at blive min Forlibelse qvit. Jo længere jeg bliver her, jo mindre synes mig, at jeg længes efter Frøken Sophie, og jeg kunde næsten troe, at det ere ligesaa smukke Piger i Kjøbenhavn. Skulde jeg skrive Noter til *Ovidii remedium amoris,* da vilde jeg rekommendere en Tour til Hovedstaden, som et af de bedste Midler mod hiin farlige Maladie.

Til Ankers under Kronborg, den 12te Sept. 1711.

Ak, du naadige Himmel! Hvad har jeg oplevet! Hvilken Jammer og Elendighed har jeg seet med disse mine Øine! Gud har hjemsøgt os for vore Synder, og slaget Folket med Bylder. De faldt som Fluer omkring mig, men jeg Uværdige blev udfriet fra Dødens Strube. Ak, min kjære Junker! Hvad skal jeg sige, naar jeg kommer tilbage foruden ham? Men jeg forlod ham ikke, før han udgav sit sidste Suk; jeg vovede mit Liv for ham, dog Gud sparede det – hans Navn være lovet! Naar jeg tænker paa disse Rædselsdage, er mit Hjerte færdigt at briste. Bange og tause sad vi fra Morgen til Aften i vor eensomme Bolig, saae paa hverandre og sukkede. Kun sjelden kigede vi ned i de tomme Gader, hvor det før vrimlede af Mennesker, kun en og anden *triste figure* skreed hen over Broestenene, ligesom en Gjenganger; men indenfor Vinduerne saae man Folk sidde som Arrestantere, de fleste ubevægelige, som om de kun havde været malede Portraiter. Hørtes saa den hule Rumlen af Pestdragernes Vogne, hvor foer de da alle fra Vinduerne, for ikke at see det rædselfulde Syn. Jeg saae det kun engang, jeg forlangte det aldrig mere. Der kjørte disse sorte Dødsengle med de lange Vogne fulde af Liig: de laae slængte paa hverandre som Fæe. Bag ud af Vognen hang Hovedet og Armene af et ungt Qvindemenneske; Øinene stirrede fælt ud af det sortgule Ansigt, og det lange Hovedhaar feiede Gaden. Da rystede det Junkeren første Gang; han vaklede ind i sit Sovekammer, og lagde sig paa Dødens Leie; men jeg

Now we are in port and on dry land, where rest is sweet after such a bout.

Copenhagen, June 2, 1711.

My head is full of all strange things I have seen and heard. I can't dispose them in my mind, for one chases the other like clouds in a wind. But the most curious thing is that I have almost gotten over my lovesickness. The longer I stay here, the less it seems to me I long for Miss Sophie, and I am almost ready to believe there are just as beautiful maidens in Copenhagen. If I were to write a footnote to *Ovidii Remedium amoris,* I would recommend a trip to the Capital as one of the best cures for that dangerous malady.

Anchored under Kronborg, September 12, 1711.

Oh, gracious Heaven! What have I not lived through! What wretchedness and misery have I not seen with these my eyes! God has visited our sins upon us and stricken the people with boils. They died like flies round about me, but I, unworthy that I am, was saved from the jaws of death. Oh, my dear young master! What shall I say when I come back without him? But I did not leave him till he had drawn his last breath; I risked my life for him, and yet God preserved it—praised be His name! When I think of those days of horror, my heart is ready to break. Silent and full of fear, we sat from morning till night in our lonely apartment, gazing at each other and sighing. Once in a while we looked down into the empty streets that used to swarm with people. Now and then a mournful figure would walk across the pavement like a ghost. Inside the windows we could see people sitting like prisoners, most of them as immovable as if they were painted portraits. But when they heard the hollow rumbling of the dead-carts, they would rush away from the windows in order not to see the dreadful sight. I saw it but once, and wanted no more. There those black angels of death drove their long carts, full of corpses piled up like dead cattle. In the back of one cart hung the head and arms of a young woman; her eyes stared horribly in the blackish-yellow face, and her long hair swept the street. Then my young master was shaken for the first time; he tottered into his bedchamber and lay down on

sukkede i mit Hjerte: "De skal lægges i Graven som Faar, Døden skal fortære dem; men Gud skal forløse min Sjel af Gravens Vold, thi han haver antaget mig, *Sela !*"

Thiele, den 29de Sept. 1711.

Saa er jeg da nu her igjen. Da jeg gik ind ad Porten bankede mit Hjerte i mig ongefær som den Dag, vi sloges med Svensken. Og da jeg traadte ind til det naadige Herskab, og saae dem Alle i Sort, da græd jeg som et Barn, og de græd med. Jeg kunde fast ikke tale for Graad, og før jeg havde endt den affreuse Historie, vendte naadig Herren sig bort, og gik ind i sit Kammer – Gud trøste dem efter sin Barmhjertighed, Amen!

Thiele, den 8de October 1711.

Idag var vi førstegang paa Jagt efter min Hjemkomst. Ak! det var ikke som i forrige Dage, den gav kun liden Satisfaction. "Morten, sagde naadig Herren mange Gange til mig: vi savne Junker Kresten!" og saa sukkede han, saa det skar mig i mit Hjerte. Vi kom hjem længe før Aften med en fattig Hare.

Thiele, den 2den Novbr. 1711.

Det begynder atter at blive levende paa Gaarden; vi vente høifornemme Fremmede: Hans Excellence Hr. Gyldenløve med Suite. Han vil blive her nogle Uger og divertere sig med Jagten. Igaar talte det naadige Herskab herom ved Bordet: "Han er af høikongeligt Blod og en fuldkommen Cavalier," sagde naadig Fruen, og saae med det samme til Frøken Sophie. Hun blev rød, saae paa sin Tallerken og smiilte, men jeg blev kold som en Iis over mit hele Legeme – ak! ak! jeg tænkte, at jeg var cureret for min daarlige Inclination, men jeg føler at Sygdommen er vendt tilbage med større Force. Jeg sprætter som en Agerhøne i Garnet, men det hjelper intet – gid jeg var tusinde Mile herfra!

Thiele, den 14de Novbr. 1711.

Endelig er hans Excellence arriveret hertil, og det med allerstørste Pragt og Herlighed: tvende Løbere med høie sølvbeslagne Huer, kom trippende ind i Gaarden en halv Fjerdingvei foran ham. De

his deathbed; but I sighed in my heart: "Like sheep they are laid in the grave; death shall feed on them. But God will redeem my soul from the power of the grave: for He shall receive me. Selah!"

Thiele, September 29, 1711.

So now I am here again. When I went in through the door my heart pounded in me almost as on the day we fought the Swede. And when I came in to the family and saw them all in black, then I wept like a child, and they wept, too. I could hardly speak for tears, and before I had finished the *affreuse* story, the squire turned away and went into his bedchamber. God comfort them in His mercy, amen!

Thiele, October 8, 1711.

Today we went hunting for the first time since my return. Alas, it was not as in former days and gave but little satisfaction! "Morten," said the squire again and again to me, "we miss Master Kresten!" He sighed so that it cut me to the heart. We came home long before nightfall with one poor little hare. *The Hunting is No more —*

Thiele, November 2, 1711.

The house is getting lively again; we are expecting exalted company: His Excellency Lord Gyldenlöve and retinue. He is going to stay a few weeks and amuse himself with the chase. Yesterday the family discussed the matter at table. "He is of royal blood and a perfect gentleman," said the mistress, looking at Miss Sophie. She blushed, looked down at her plate, and smiled, but I grew cold as ice through my whole body. Alas, alas! I thought I had been cured of my foolish infatuation, but I feel the distemper has come back in even greater force. I struggle like a partridge in a snare, but it is of no avail. Oh, that I were a thousand miles from here!

Thiele, November 14, 1711.

At last His Excellency has arrived, in all his glory and grandeur. Two running footmen with tall, silver-trimmed caps came trotting into the yard half a mile ahead of him. They posted themselves

stilte sig med deres lange spraglede Stokke paa begge Sider af den
store Dør. Naadig Fruen vrikkede ind ad een Dør og ud af en anden;
jeg har aldrig før seet hende i saadan Agilité. Frøken Sophie stod
i Storstuen, og kigede snart i Speilet, snart ud af Vinduet. Hun saae
mig slet ikke, naar jeg gik igjennem Værelset. Endelig kom han
selv kjørende med sex gule Heste for sin Vogn, en smuk og magni-
fiqve Herre! Han saae baade fornem og naadig ud, alligevel syntes
mig, at der var noget Modbydeligt hos ham. Han smiilte mig saa
vammelsødt og plirede med sine Øine, som om han saae imod Solen.
Han bukkede for hver især af Herskabet, men det syntes som han
kun bukkede for at reise sig høiere i Veiret. Da han kom til Frøken
Sophie, steg lidt Blod op i hans blege Ansigt, og han hvidskede eller
læspede en lang fransk Kompliment. Ved Bordet vendte han næsten
ikke sine Øine fra hende, ikke engang naar han talte med Andre.
Hun skottede imellem over til ham; men jeg brændte min Haand
paa Tallerkenerne, saa den idag er fuld af Vabler; gid det var det
eneste Sted, jeg havde ondt!

Thiele, den 20de Nov. 1711.

Jo! det er sikkert nok; der bliver en Mariage af. Man behøver
allene at attendere den naadige Frue. Naar hun seer paa Frøken
Sophie, lægger hun Hovedet tilbage som en And, naar den har
faaet Kroen fuld, vender Øinene og lukker dem imellem, som om
hun vilde ret straxen falde i Søvn, og saa snaddrer hun: *"un Cavalier
accompli, ma fille ! n'est ce pas vrai ? et il vous aime, c'est trop clair !"* Ja
desværre, det er klart nok; og hun elsker ham igjen, det er ogsaa
klart. Gid hun maatte blive lykkelig.

Thiele, den 4de Decbr. 1711.

Endnu har hans Excellence ikke profiteret for meget af Jagten: to
Gange har vi været ude; men hvergang er han bleven keed af det
paa Halvveien. Der er et Stykke Vildt hjemme paa Gaarden, det
drager ham til sig som en Magnet. Ak! Gid jeg var blevet i Kjøben-
havn!

with their long motley staves on either side of the big door. The
mistress waddled in at one door and out another; never have I seen
her in such *agilité*. Miss Sophie was standing in the drawing room
and looking now at the mirror, now out of the window. She didn't
even see me when I passed through the room. At last he himself
came in a carriage drawn by six yellow horses, a handsome and
magnifique gentleman. He looked both distinguished and gracious,
and yet I felt there was something repulsive about him. His smile
seemed to me sickly sweet, and his eyes blinked as if he were look-
ing at the sun. Though he bowed to each member of the family, it
seemed as though he only bowed in order to draw himself up all
the higher. When he came to Miss Sophie, the blood rose slightly
in his face, and he whispered or lisped a long French compliment.
At table he never took his eyes from her, not even when he was
speaking to someone else. She threw a glance at him occasionally;
but I burned my hand on the plates, and today it is full of blisters.
Would it were only the hand that pained me!

The royalty (handwritten marginal note)

Thiele, November 20, 1711.

Yes, it's certain enough; there will be a *mariage*. One need only
look at the mistress. When she sees Miss Sophie, she lays her head
back like a duck that has got its crop full, turns as if she were on
the point of going to sleep, and then she gabbles: *"Un cavalier
accompli, ma fille! n'est-ce pas vrai? et il vous aime, c'est trop clair!"*
Yes, more's the pity, it is plain enough; and she loves him in
return, that is plain, too. May she be happy.

Thiele, December 4, 1711.

As yet His Excellency has not profited much from the chase. Twice
we have set out, but each time he has wearied of it before we had
gone half way. There is a quarry in the house at home that draws
him like a magnet. Alas! Would that I had not left Copenhagen!

Thiele, den 8de December 1711.

Idag blev Mariagen declareret, og idag 8 Dage skal Brylluppet staae. Hvor skal jeg skjule mig saalænge? jeg holder det aldrig ud; naar han lægger sin Arm om hendes Liv, er det som En stak mig i Hjertet med en Kniv – –

Du milde Himmel! Jeg troer, Jens er ligesaadan faren som jeg; da jeg sagde ham det om Mariagen, stødte han sin Bøsse saadan imod Jorden, at Kolben sprang istykker, og derpaa rendte han med Stumpen ud i Heden. Saa er jeg da ikke den eneste Nar i Verden.

Thiele, den 16de December 1711.

Frøken Sophie har faaet Børnekopperne. Ak! hvor skjælver jeg for hendes Liv! Gid jeg maatte døe istedet for hende; men jeg kan jo ikke faae denne Sygdom mere end eengang. Hendes deilige Ansigt er gandske fuldt af Vabler.

Thiele, den 19de December 1711.

Her er stor Sorg og Bedrøvelse. Frøken Marie er død; og Herren vil ikke lade sig trøste; men den naadige Frue taler kun om hendes Begravelse, hvorledes med samme skal tilgaae. Frøken Sophie følger vel efter hendes Søster; thi hun er meget slet. Hans Excellence, hendes Trolovede, laver sig til at drage bort – Lykke paa Rejsen! –

Thiele, den 13de Marts 1712.

Saa har jeg atter reist mig fra mit lange Sygeleie. Jeg troede, det skulle blevet det sidste, og sukkede af Hjertet til min Gud om Forløsning. Men jeg skal vandre endnu en Stund i denne Jammerdal – det er hans Villie – den skee! – Det er for mig, som om jeg var opstanden fra de Døde, og jeg tykkes at denne tre Maaneders Sygdom har varet i tre Aar. Igaar saae jeg hende første Gang siden jeg blev lagt ned, og det med en god Contenance; næsten skulde jeg troe, at Sygdommen havde taget min daarlige Forlibelse med sig.

Hun var lidt bleg, og jeg syntes ikke, at hun saae ret fornøiet ud. Desværre! hun har nok ikke synderlig Grund dertil. Hans Excellence kom her igjen forgangen Uge, som jeg hører. Han er vist en stor Libertiner; jeg saae nu nylig igjennem Sprækken paa min Dør, at han tog fat paa Fruens Pige, og det paa en meget indecent

Thiele, December 8, 1711.

Today the *mariage* was declared. The wedding is to be in a week. Where shall I hide till then? I can't bear it. When he puts his arm around her waist, it is as though someone stuck a knife into my heart—

Good heavens! I believe Jens is as badly smitten as I am. When I told him about the *mariage,* he thrust his gun so hard against the ground that the butt broke, and then he dashed out on the heath with the broken piece in his hand. So I am not the only fool in the world.

[handwritten: Morton & Jen are alike]

Thiele, December 16, 1711.

Miss Sophie has the smallpox. Oh, how I tremble for her life! Would that I might die in her place; but they say I can't get this sickness more than once. Her lovely face is full of blisters.

Thiele, December 19, 1711.

Here is great sorrow and lamentation. Miss Marie is dead, and the squire is inconsolable, but the mistress speaks only about the funeral and how that is to be arranged. Miss Sophie will probably be the next to go, for she is very poorly. His Excellency, her fiancé, is getting ready to leave—good riddance!

[handwritten: Morton becomes sick]

Thiele, March 13, 1712.

So now I have risen from my long illness. I thought it would have been my last, and prayed to God in my heart for deliverance. But it seems that I am to wander in this vale of tears yet a while—it is His will—let it be done! It seems as though I had risen from the dead, and I feel as though this illness had lasted three years instead of three months. Yesterday I saw her for the first time since I was stricken, and I kept my countenance. I could almost believe that the illness had taken with it my foolish infatuation.

She was a little pale and did not look particularly happy. Nor has she any reason to be happy, more's the pity. His Excellency came here again last week, I hear His Excellency is surely a great libertine; the other day I saw through a crack in my door how he caught hold of the mistress' maid and that in a very unseemly manner. Oh,

Maneer. O den stakkels Frøken! Var jeg Hs. Excellence, jeg skulde tilbede hende som en Engel udaf Himmelen.

Thiele, den 1ste Mai 1712.

Hs. Excellence er reist bort, og har ladet sin Kjæreste blive her tilbage. Han var nok allerede keed af hende, og – Gud forlade mig det! – troer jeg ikke ogsaa hun af ham. Hun længes da ikke efter ham; thi hun er ligesaa munter og *vive* som før, ja næsten mere; men alligevel af og til ligesom lidt hoffærdig. Sommetider taler hun til mig som til en Stodder, og sommetider, som om jeg var hendes Ligemand. Jeg troer hartad hun vil have mig til Bedste – jeg fattige Stakkel! Jeg er ikke bleven klog endnu, for hun kan gjøre mig glad og bedrøvet ligesom hun vil.

Thiele, den 3die Juni 1712.

Mit Helbred faaer jeg aldrig mere; min Ungdoms Munterhed er gandske borte. Jeg er tung og mat i mit hele Væsen, og ingen ret Lyst har jeg til nogen Ting. Jeg gider ikke jage, og jeg gider ei heller læse: min Bøsse og min Ovidius ere begge lige støvede. Fransken, som tilforn var blevet mig saa plaisant, kan jeg hverken lide at læse eller høre – det er et falsk Tungemaal!

Thiele, den 24de Juni 1712.

Jeg har byttet Kammer med Jens. Han vilde endelig have mit, for han torde ikke ligge ud til Kirkegaarden, den Tosse! Der skal han jo dog engang ligge for bestandig. Jeg er vel fornøiet med Byttet, her kan jeg fra mit Vindue see mine kjære Forældres Grave – de ere vel forvarede – Gud glæde deres Sjele i Himmerige! Hist henne er Hr. Sørens Grav, der groe allerede Tidsler paa den – dem maa jeg dog rydde bort!

Thiele, den 13de Decbr. 1712.

Fruens Pige har bekommet sig en liden Søn. Hun har udlagt en Kniplingskræmmer – men hele Gaarden veed nok, hvem den Skyldige er. Den unge Frøken har selv railleret dermed. Jeg veed ikke, hvordan hun kunde; men hun tager sig Verden let – jeg er ikke af den Natur.

my poor young lady! If I were His Excellency I would worship her as an angel from heaven.

Thiele, May 1, 1712.

His Excellency has gone away and left his fiancée here. He is plainly tired of her already, and—God forgive me!—if I don't think she is tired of him, too. She certainly is not pining for him; for she is just as merry and *vive* or even more so; but once in a while she is a bit overbearing. Sometimes she speaks to me as if I were a beggar, sometimes as if I were her equal. I almost think she wants to make game of me—poor creature that I am! I am afraid I have not yet come to my senses, for she can make me happy or depressed as she pleases.

Thiele, June 3, 1712.

My health is gone forever, and my youthful gaiety is a thing of the past. I am dull and heavy in my whole being and have no pleasure in anything. I don't care to hunt, and I don't care to read; my gun and my *Ovidius* are both equally dusty. French, which used to give me so much enjoyment, I cannot bear either to hear or to read—it is a deceitful language.

despair

Thiele, June 24, 1712.

I have exchanged bedchambers with Jens. He was bent on getting mine, because he was afraid to lie near the cemetery, the silly fool! After all, that is where some time he will lie forever. I am well pleased with the change; from my window I can see the graves of my dear parents—they are at peace—God give their souls great joy in heaven! Over there is Pastor Sören's grave; the thistles are growing on it already. I must pull them up!

Thiele, December 13, 1712.

The mistress' maid has just had a little son. She has declared a lace-peddler to be the father, but everybody in the house knows who is the guilty one. Miss Sophie has even joked about it. I don't see how she could, but she takes things lightly—such is not my nature.

Thiele, den 27de Februar 1713.

Drømmer jeg, eller er jeg vaagen? Har mine Sandser duperet mig,
eller var hun virkelig min? jo! hun var min – jeg har favnet hende
med disse mine Arme, hun har hvilet ved mit Bryst, og bedækket
mit Ansigt med Kys – med hede Kys – nu vilde jeg gjerne døe, saa
lykkelig kan jeg aldrig blive meer. Men nei! Hvorlunde er det fat
med mig? hvad har jeg gjort? ah, jeg veed ikke, hvad jeg skriver –
jeg frygter, jeg er vanvittig.

Thiele, den 5te Marts 1713

Lad mig kalde tilbage i min Hukommelse disse douce Øieblikke!
Lad mig ret overtænke, hvor lyksalig jeg var; det er først nu, jeg
begynder at opvaagne som af en Ruus. – Herren kom hjem fra
Jagten, og Jens var bleven i Skoven for at kaste Tax ud, som sad
fast i en Grav. Jeg vidste vel, at han ikke kom hjem før Dag, og
saa fik jeg isinde at ligge i mit forrige Kammer. Jeg var netop ind-
slumret, da jeg blev vækket ved et Kys. Forskrækket reiste jeg mig
og vilde raabe: da følte jeg en blød Haand paa min Mund, og en
Arm om min Hals, og en sød hvidskende Stemme – Himmel! det
var hendes – hendes, jeg ikke tør nævne. Da – da – o, jeg Synder!
jeg forstokkede Synder! jeg har forraadt min Herre! og jeg kan ikke
engang ret af Hjertet fortryde det. Hvergang jeg vil gjøre Poeni-
tentse, forhindres jeg af en lønlig Fryd, som spotter min Anger.
Jeg føler det: jeg længes efter at repetere den Misgjerning, jeg
burde forbande. "Evindelig min!" vare de første Ord, jeg kunde
fremføre; men da rev hun sig med et let Skrig af mine Arme, og –
jeg var allene. Døren knirkede, og jeg reiste mig overende i Sengen;
jeg var i Tvivl om det ikke altsammen var Spøgerie. Ak! hvorfor
flygtede hun? hvorfor kom hun da selv ukaldet, ufristet? Har hun
elsket mig som jeg hende, taus, inderlig, brændende?

Thiele, den 6te Marts 1713.

O Verden! Verden! hvad er du falsk! Ærlighed er plat forsvunden,
Dyd og Ære traadt under Fødder! Dog hvorfor vil jeg beklage mig?
er jeg bedre end han? Er min Synd mindre, fordi jeg troer, at min
Kjærlighed er større? – Ah, jeg faaer min fortjente Løn, vi ere lige
gode, den ene forraader den anden. – Ha! Du falske Qvinde! Du

Thiele, February 27, 1713.

Am I dreaming or am I awake? Have my senses deceived me, or was she really mine? Yes, she was mine—I have embraced her with these my arms; she has lain on my breast, and covered my face with kisses—with hot kisses. Now I wish I could die, for I shall never be so happy again. But, no! What is the matter with me? What have I done? Oh, I don't know what I am writing—I believe I am going out of my mind.

Thiele, March 5, 1713.

Let me recall in my memory those *douce* moments! Let me reflect on the rapture I felt; it is only now that I seem to awaken as from an intoxication.—The squire came home from the chase, while Jens had stayed behind in the forest to dig out Tax who was stuck in a pit. I knew very well that he would not come before daylight and I had an impulse to lie in my old room. I had just gone to sleep when I was awakened by a kiss. Startled, I sat up and was about to cry out, when I felt a soft hand on my mouth and an arm around my neck, and a sweet voice whispering—heavens! it was hers—hers whom I don't dare to name. Then—then—oh, sinner that I am! hardened sinner that I am! I have betrayed my master! and I can't even repent it from my heart. Whenever I want to do penance I am held back by a secret rapture which mocks my remorse. I feel it: I long to repeat the transgression which I ought to curse. "Ever mine!" were the first words I could utter, but then she tore herself from my embrace with a low cry, and—I was alone. The door creaked and I sat up in bed; I wondered if it had been a wraith. Oh, why did she flee? Why then did she come of herself, uncalled, untempted? Has she loved me as I have loved her, silently, deeply, passionately?

Thiele, March 6, 1713.

Oh, world, world! How art thou false! Honesty has passed away, virtue and honor are trampled under foot! Yet why do I complain? Am I better than he? Is my sin less because I believe my love is greater? Ah, I only got my deserts; one of us is as good as the other—one betrays the other. Ha, you deceitful woman, you

Potiphars Hustru! derfor var det, du skreg og flygtede, da du hørte min Røst. Det var altsaa gammel Vane – kjendt Vei, da du søgte min Seng – nei, Jenses Seng! Gammel Kjærlighed, gammel Synd! mens jeg tilbad dig, mens jeg beskuede dig med Ærefrygt som en hellig Engel, har du bolet med min Medtjener!

– – Det var Midnat. Drukken af søde Erindringer vankede jeg om i Haven. I en mørk Gang saae jeg noget røre sig – det bares mig for, at det maatte være hende. Med hastige Skridt ilede jeg derhen – det var hende! ja, det var hende, men hvorledes fandt jeg hende? paa Jenses Skjød, med Armene om hans Hals – hurtigen foer de fra hinanden, og jeg stod som om jeg skulde synke i Afgrunden. Solen fandt mig paa samme Sted; jeg frøs – jeg bævede som et Espeløv. O du usle, du falske, du fordærvede Verden!

Thiele, den 9de Marts 1713.

Jeg har seet hende første Gang siden hiin syndefulde Nat. En hastig Rødme foer over hendes Ansigt, hun kastede sine Øine rundt omkring i Stuen, for ei at see paa mig. Jeg følte, at jeg blev baade kold og varm. I det Øieblik vi vare allene, gik hun mig hastig forbi og sagde med halvt tillukkede Øine: *"Silence!"* Hun var ude af Døren, inden jeg ret følte Trykket i min Haand.

Thiele, den 13de April 1713.

Alt er opdaget! Herren, Fruen, hele Gaarden veed det, og det er Mamsel Lapouce, som har opdaget og røbet dem. Den unge Frøken vilde gjerne raillere med hende, men det skrev hun bag Øret. Ingen har kundet mærke paa denne listige Qvinde, at hun forstod et Ord Dansk, og derfor har de engang uforsigtigen i hendes Nærværelse sagt Noget, hvoraf hun fik Vinden. Hun har nu gaaet saa længe paa Sporet, indtil hun rigtig har faaet det redet ud, og keget dem i Leiet. Himmel! hvilket Oprør her blev! Naadig Herren løb med sin Bøsse omkring som en Rasende for at skyde Jens; men Jens var allerede paa sin Hest og langt borte. Den unge Frøken blev lukket ind i Hjørnestuen, at Herren ikke skulde forgribe sig paa hende. Ak Himmel! Hvad Ende skal dette faae? Jeg skjælver hvergang jeg hører hans Stemme. Min Samvittighed fordømmer mig, og gjør mig til Cujon. Anger og Frygt har saaledes betaget mig, at Kjærlig-

Potiphar's wife! That was why you cried out and fled when you heard my voice. So it was old habit, a beaten path, when you sought my bed—no, Jens's bed! Old love, old sin! While I worshipped you, while I looked up to you with veneration as to a holy angel, you were whoring with my fellow servant!

It was midnight. Intoxicated with sweet memories I strolled around in the garden. In a dim walk I saw something stirring—something that told me it was she. With quickened steps I hurried to the spot—it was she! Yes, it was she, but how did I find her? On Jens's lap, with her arms around his neck. Quickly they started away from each other, and I stood as if I were sinking into an abyss. The sun found me in the same place; I shivered with cold, trembled like an aspen leaf. Oh, thou wretched, thou false, thou corrupt world!

Thiele, March 9, 1713.

I have seen her for the first time since that night of sin. A quick blush passed over her face; she let her eyes flit around the room in order not to look at me. I felt myself getting hot and cold. As soon as we were alone, she passed me rapidly saying with half-closed eyes, "*Silence!*" She was out of the door before I was quite conscious of something pressed into my hand.

Thiele, April 13, 1713.

Everything is discovered. The master, the mistress, the entire household know it, and it is Mademoiselle Lapouce who has found them out and exposed them. Miss Sophie sometimes amused herself by raillery at her expense, and this she had taken note of. No one has suspected that the sly woman understood a word of Danish, and so they must have said something carelessly in her presence from which she got wind of what was happening. She has followed the scent until she ran them down. Heavens! what a commotion! The squire ran around with his gun threatening to shoot Jens; but Jens was on his horse and already far away. The young lady was locked in the corner room in order that the squire should not lay violent hands on her. Good heavens! What will be the end of it! I tremble whenever I hear his voice. My conscience condemns me and makes a coward of me. Remorse and fear have so overpowered me

hed og Jalousie var reent forjaget af mit Bryst. Ak! Gid jeg var
femten Mile under Jorden!

Thiele, den 14de April 1713.

Jens har været her. Han kom i Nat ind i mit Kammer, for at høre,
hvorledes her stod til. Han var som et drukken Menneske, græd og
bandte imellem hinanden. "Røb ikke, at jeg har været her, sagde
han idet han gik: ellers er Du et dødsens Menneske!" Han skulde
vist holde Ord; jeg skal nok vogte mig. Men hvad mon han egent-
lig vil? han veed det vel ikke selv.

Thiele, den 17de April 1713.

Den unge Frøken er borte! inat er hun echapperet ud af et Vindue.
Jens har sikkert været her og hentet hende, for En har ved Mid-
natstid mødt to Personer paa een Hest, men formedelst Mørket
kunde han ikke see, om de Begge vare Mandspersoner. Det var paa
Viborgveien, og vi har været ude hver Mand hele Dagen for at lede.
Vi ere komne tilbage uden at finde dem. Jeg fik Nys om, at de vare
komne over Skiern Broe, men jeg skal vel tage mig vare for at
komme dem nær. Ak! ak! den Verden, vi leve i! Min arme Herre!
Han tager vist sin Død derover. Han ligger, og intet Menneske
maae komme til ham.

Thiele, den 20de April 1713.

Idag blev jeg kaldet til naadig Herren. Ak! Du milde Frelser! Hvor
bleg og henfalden han var! Han lever ikke, det kunde jeg grand-
givelig see. "Morten! sagde han, da jeg traadte ind: er det Dig?
Kom hid til mig!" Saasnart jeg hørte hans Stemme, brast jeg i Graad.
Før var det, som om han talte ud af en Tønde, og naar han raabte
ud af den store Dør: "Morten! Kom med Hundene!" saa var det
som Gaarden skulde falde, og Høns og Ænder fløi forskrækkede
omkring. Men nu talte han saa sagte, saa mat, at mit Hjerte var fær-
digt at briste. "Morten! sagde han: har Du ingen Snepper seet?"
– "Nei, naadig Herre! svarte jeg hulkende: Jeg har slet ikke været
ude." – "Naa har Du ikke? sagde han: Jeg skyder ingen flere!" –
"Ak jo! svarte jeg: Gud kan endnu hjelpe!" – "Nei, Morten! sagde
han: med mig er det snart ude. Ja, havde jeg endnu havt Kresten!"
Her trykkede han to Taarer ind igjen i de hule Øine. "Hvor er
Vaillant?" spurgte han. – "Han ligger ved Kaminen," svarte jeg. –
"Kald paa ham," sagde han. Hunden kom og lagde sit Hoved paa

that they have driven love and jealousy out of my heart. I wish I were fifteen leagues under the ground. *Wishes for death*

Thiele, April 14, 1713.

Jens has been here. Last night he came into my bedchamber to hear how matters stood here. He was like a drunken man, he cried and cursed alternately. "Don't reveal that I have been here," he said as he left, "otherwise you're a dead man!" He would certainly keep his word; I shall take care. But what does he really want? He probably doesn't know himself. *Jens Speaking*

Thiele, April 17, 1713.

The young lady is gone! Last night she escaped through a window. Jens has surely been here and abducted her; for about midnight someone saw two persons on one horse, but on account of the dark, he could not see whether both were men. They were on the road to Viborg, and we have been out, every man of us, all day long hunting for them. We came back without finding them. I heard a rumor that they had crossed Skiern bridge, but I shall certainly take care not to come near them. Alas! alas! what a world we live in! My poor master! I am afraid it will be the death of him. He lies on his bed, and doesn't allow any human being to come near him.

Thiele, April 20, 1713.

Today I was called in to the squire. Oh, Thou gracious Saviour! How pale and shrunken he was! He will not live, that I could plainly see. "Morten," said he, when I came in, "is that you? Come over here to me." As soon as I heard his voice I burst into tears. Formerly it sounded as if he were speaking out of a barrel, and when he called out of the big door, "Morten, bring the dogs!" the house shook, and chickens and ducks flew up startled. But now he spoke so low and his voice was so feeble that my heart was ready to break. "Morten," he said, "have you seen any snipes?"—"No, dear master," I replied sobbing. "I haven't been out at all."—"Oh, haven't you?" he said. "I shall never shoot any more."—"Oh, you may," I said. "God can yet help you."—"No, Morten," he said, "I am nearing the end. If I had only had Kresten!" At that he suppressed two tears in his hollow eyes. "Where is Vaillant?" he asked. —"He is lying in front of the fire," I replied.—"Call him," said he. The dog came and laid his head on the edge of the bed. The master

Squire's death scene

Sengestokken. Herren klappede ham længe og saae vemodig paa ham. "Du har været mig en tro Svend, sagde han: Du har ikke forladt mig. Naar jeg er død, skal Du skyde ham og begrave ham under den store Ask udenfor Kirkegaarden, men skyd ham godt, og lad ham ikke mærke, hvad Du har isinde – lov mig det!" – "Ja, naadig Herre!" svarte jeg – "Han skal ikke i fremmed Være, sagde han, idet han sank tilbage paa Puden: Min Skydehest og Donner (det er hans Livbøsse) og mit Gehæng, skal Du have; min Blis maa Du aldrig skille Dig ved; naar han bliver saa gammel, at han ikke kan æde længer, saa skal Du skyde ham." – "Ja, kjære Herre!" svarte jeg; jeg kunde neppe for Graad. – "Og der, sagde han: ligger en Tut paa Bordet, den skal Du have for Din tro Tjeneste. – Gaae nu, Morten! og bed til Gud for min syndige Sjel!" – Jeg kyste hans Haand, som han rakte mig, og tumlede ned i mit Kammer – o! Gud skjenke ham en salig Ende! Han var mig en god og naadig Herre!

Thiele, den 3die Mai 1713.

Saa er han da ogsaa hjemfaren! Nu har jeg ingen Ven mere paa Jorden. – Her vil jeg ikke blive; jeg maa ud i Verden, at skille mig ved mine melankoliske Tanker. – Stakkels Vaillant! da jeg tog Bøssen, sprang han saa gladelig omkring, han vidste ikke, at jeg førte ham til Døden. – Nei! saadant et Skud gjør jeg aldrig i mine Dage; da jeg spændte Bøssen, og han hørte Knækket, begyndte han at logre og see sig om, han ventede et Stykke Vildt, og tænkte mindst paa, at det gjaldt ham selv. Da Krudtet tændte, og han krummede sig i Dødens Krampe, var det som om mit Hjerte skulde vælte ud af mit Bryst. O! min kjære salige Herre! Det var den sidste, den tungeste Tjeneste, jeg viste Dig.

Til Sejls under Thunøe, den 17de Mai 1713.

Andengang – kanskee Sidstegang – siger jeg dig Farvel, mit kjære Fødeland! Farvel du grønne Skov! du brune Hede! Farvel alle mine Ungdoms Glæder! Lettere om Hjertet var jeg, da jeg for tvende Aar siden pløiede disse vilde Bølger: da havde jeg min gode Herre; nu er han i Graven, min Junker ligesaa, og hun – som jeg gjerne vilde glemme – drager om i den vide Verden, Gud veed hvor og

patted him a long time and looked sadly at him. "You have been a faithful servant," he said. "You have not left me. When I am dead, you must shoot him and bury him under the big ash outside the cemetery, but shoot him carefully and don't let him suspect what you are about to do—promise me that!"—"Yes, dear master," I said.—"I don't want him to belong to strangers," he said, as he sank back on the pillow. "My hunter and Donner (his favorite gun) and my sword-belt I want you to have. You must never part with my Blis. When he gets so old that he can't eat any more, you must shoot him."—"Yes, dear master," I said; I could hardly speak for weeping.—"And there on the table is a roll of coins, that's for you, for your faithful service. Go now, Morten, and pray to God for my sinful soul." I kissed the hand he held out to me, and stumbled down to my own bedchamber. Oh, may God give him a blessed end! He was a good and gracious master to me.

Thiele, May 3, 1713.

So now he too is departed! Now I have not a friend on earth. Here I cannot stay; I must out in the world and get rid of my melancholy thoughts. Poor Vaillant! When I took my gun he leaped joyfully around me; he did not know I was leading him to his death. No, such a shot I will never fire again as long as I live. When I pulled the trigger, and he heard the click, he began to wag his tail and look around as if he expected a quarry, and least of all suspected that he himself was the object. When the shot was fired, and he writhed in the throes of death, I felt as if the heart would burst in my breast. Oh, my dear blessed master! That was the last, the hardest service I have done you.

Sailing past Thunöe, May 17, 1713.

For the second time—perhaps the last time—I am saying farewell to thee, my beloved native land. Farewell, thou green forest, thou brown heath! Farewell all the joys of my youth! It was with a lighter heart that I ploughed these wild waves two years ago. Then I had my kind master; now he is in his grave, and my young master, too; she—whom I would like to forget—is roving around in the wide

hvorledes. Ogsaa jeg skal prøve Lykkens Spil, og æde mit Brød
blandt Vildfremmede. Ja! Krigen vil jeg prøve! den gier Brød eller
Død! Blis og jeg skal følges ad, han er min sidste Ven paa Jorden.

Sverrig, den 13de Juni 1716.

Her sidder jeg en fangen Mand i fremmed Land. Saalangt har min
Kaarde hjulpen. Min Oberst og jeg gjorde lyst mellem Fjenderne;
men vi vare kun to mod ti. Ak! min gamle Blis! Du maatte døe – –
gid vi havde fulgtes ad!

Stockholm, den 14de August 1717.

Saaledes skal det ikke blive ret længe! De har slæbt mig omkring
fra en Fæstning til en anden; fristet og truet mig, at jeg skulde tage
Tjeneste, men hellere vilde jeg svælte tildøde i et underjordisk Fæng-
sel, end fægte mod min rette Konge og Herre. Endnu hellere vilde
jeg have min Frihed. Jeg vil forsøge det, og enten finde den eller
Døden!

Norkjøping, den 3die Februar 1718.

Saa blev jeg alligevel svensk Soldat! hvor længe jeg end hyttede
mig, og skjulte mig som et jaget Vildt i Skove og Klipper, saa fandt
de mig dog. Hvad skulde jeg gjøre? Bedre under Guds frie Himmel
mellem Kaarder og Kanoner, end mellem et Fængsels fire Vægge!
De har lovet mig, at jeg aldrig skulde stride mod mine Landsmænd,
men allene mod Moscoviten – han har maaskee den rette Kugle med
Morten Vinges Navn.

Siberien, den 15de Mai 1721.

Herre min Gud! Hvor underlige ere dine Veie! Mange tusinde Mile
fra Danmark, færdes jeg her i et raat og sørgeligt Land: jeg gaaer
over tilfrosne Floder og vader i Snee til Knæerne; mens der hjemme
er Skov og Mark iført sin grønne Sommerdragt. Udenfor mit
gamle Kammervindue staaer Abilden nu i Bloster. Irisken qviddrer
i Stikkelsbærhækken, Stæren sidder paa Kjelen og fløiter sit lystige

world, God knows where and how. I too shall try my luck and eat my bread among strangers. Yes, I am going to try war, it will give bread or death. Blis and I shall go together, he is my last friend on earth.

Sweden, June 13, 1716.

Here I sit, a captive in a foreign land. That is what my sword has brought me to. My colonel and I cleared a space among the enemy, but we were only two against ten. Alas, my old Blis! You found death, would that we had gone together!   *desires death*

Stockholm, August 14, 1717.

This cannot go on much longer. They have dragged me from one fortress to another, tempted and threatened me to make me enter their service, but I would rather starve to death in a dungeon than fight against my rightful king and lord. But rather than that I would win my freedom. I will try it and find either that or death.

change

Norrköping, February 3, 1718.

So I became a Swedish soldier after all! However long I fled and hid like a hunted beast in forests and mountain clefts, they found me at last. What could I do? Better be under God's open sky among swords and guns than within the four walls of a prison! They have promised me that I should never have to fight against my countrymen, but only against the Muscovite—perhaps he has the bullet with the name of Morten Vinge.

Siberia, May 15, 1721.

Lord my God! How strange are Thy ways! Many thousand miles from Denmark, I go about in a rough and dreary land; I walk over frozen rivers and wade in snow to my knees, while at home forest and field are putting on their green summer dress. Outside my old chamber window the apple tree is blossoming, the linnet is chirping in the gooseberry hedge, the starling sits on the well-curb and whistles a jolly piece, and the lark is singing high in the sky. Here

Stykke, og Lærken synger høit i Sky. Her tuder Ulve og Bjørne,
Høge og Ravne skrige i de sorte Skove. Hvor mon er Enden paa
denne Udørk? Ak! hvor er Enden paa mit elendige Liv?

Riga, den 2den September 1743.

Skal jeg endnu opleve den Dag, da jeg seer mit Fødeland igjen?
I fire og tive lange, sorrigfulde Aar, i fire og tive Vintre har jeg
jaget Zobel og Maar i Siberiens Skove! hvor mæt af Livet har jeg
alt længe – længe været! men jeg vil taalmodig bie til min Herre
og Frelser kalder mig. Han vil maaskee lægge mine trætte Lemmer
til Hvile i min Fædrenejord – ak! hisset seer jeg det danske Flag,
Korsets og Frelsens dyrebare Tegn! Min Sjel, lov Herren! alt hvad
i mig er hans hellige Navn!

Falster, den 23de October 1743.

Atter nær ved Døden, og atter langt fra den! I Storm og Uveir
nærmede jeg mig mit elskede Fødeland. Bølgerne knuste vort Skib
og truede at opsluge os; men Herren frelste mig, hans Haand op-
holdt mig – han vil ei heller drage den fra mig nu, skjøndt fattig og
halvnøgen jeg vandrer blandt Fremmede.

Corselidse, den 2den November 1743.

Et Fristed har jeg fundet, et Skjul fra Verdens Storme; en from og
ædel Herre, som har taget mig i sit Brød, og lovet at sørge for mig
til min Dødedag. Saa skal jeg nu ikke mere skifte Bolig, førend de
bære mig hen til den sidste.

Corselidse, den 1ste Mai 1744.

Hvilket yndigt Land er dog dette! Alt i sin fulde Flor! Skoven grøn
og Marken grøn! Blomster allevegne! I Siberien er det endnu Vin-
ter. Gud skee Lov for saadant et Bytte!

   Min Herre holder meget af mig; jeg maae tidt sidde hele Timer
og fortælle ham om Krigen og om alle de Lande, jeg har gjennem-
vandret. Og vil han gjerne høre, vil jeg gjerne snakke; det glæder
mig at mindes mine mangfoldige udstandne Fataliteter.

wolves are howling, bears are grunting, hawks and ravens are crying in the black forests. Where, I wonder, is the end of this wilderness? And where is the end of my miserable life?

OVER TWENTY yrs. SPAN

Riga, September 2, 1743.

Shall I really live to see my native land once more? Four and twenty long, sorrowful years, four and twenty winters I have hunted sable and marten in the forests of Siberia. How weary of life have I not been this long, long time! But I will wait patiently till my Lord and Saviour calls me. Perhaps He will lay my weary limbs to rest in my native soil. Ah, there I see the Danish flag with the precious sign of the Cross and of our salvation. My soul, praise the Lord, and all that in me is His holy name!

strong faith, resigned

Falster, October 23, 1743.

Once more near death, and once more saved from it! In storm and bad weather I approached my beloved native land. The waves crushed our ship and threatened to devour us; but the Lord succored me, His hand upheld me—nor will He withdraw it from me now, though I wander, poor and half naked, among strangers.

Corselidse, November 2, 1743.

I have found a place of refuge, a shelter from the storms of the world, a godly and generous lord who has taken me into service and promised to provide for me to the day of my death. So I shall not move again before I am carried to my last home.

Corselidse, May 1, 1744.

What a lovely land this is! Everything in full bloom! The woods are green and the meadow is green. Flowers everywhere! In Siberia it is still winter. God be thanked for such an exchange!

My master is very fond of me. I often have to sit for hours telling him about the war and about all the countries I have wandered through. And if he likes to listen, I like to talk; I take pleasure in recalling to memory the innumerable misfortunes I have endured.

Corselidse, den 2den Juli 1744.

O Du Barmhjertighedens Fader! var denne bittre Skaal endnu tilbage! Skulle de gamle Saar oprives paa ny! ja, thi det var Dig saaledes behageligt! – Jeg har seet hende – hende? ak nei! ikke hende! en falden Engel har jeg seet, en Mørkhedens Gestalt – tidt har jeg ønsket mig Døden, men nu – nu ækles jeg ved Livet – jeg kan ikke skrive meer.

Corselidse, den 8de August 1744.

Det er ikke tor min Plaiseer, at jeg atter tager Pennen; men dersom Nogen efter min Død skulle faae Øie paa denne Journal, skal han dog see, hvorlunde Synden lønner sine Børn.

Jeg gik hiin bedrøvelige Dag og forlystede mig med en Promenade i vor smukke Have. Som jeg gaaer forbi den aabne Stakitport, staaer der en Mand, hvis Ansigt forekom mig bekjendt, uagtet et sortgraat tykt Skjæg og et skummelt Øiekast næsten forskrækkede mig. "Er Du ogsaa her?" sagde han med et sært Grin. Stokken faldt fra min Haand, og alle mine Lemmer skjælvede – det var Jens! "Herre Du min Gud! sagde jeg: skal jeg finde Dig her? hvor er Frøken Sophie?" Han stødte en høi Eed ud: "Frøkenskabet har S.... taget og Frueskabet med; men vil Du see min hjertelskede Kone, saa ligger hun derhenne og luger. Soffi! skreg han: her er en gammel Bekjendter!" Da vendte hun sig halvt om – hun laae paa Knæerne tre Skridt fra mig – saae et Øieblik paa mig, og gav sig derpaa igjen til at luge. Jeg fornam ikke den mindste Bevægelse i hendes Ansigt – dette Ansigt! dette fordum saa deilige Ansigt! hvor var det forandret! bleggult, rynket, fortrædent saae det ud, som om det aldrig nogensinde havde smilet. En hullet Kyse med lange Laser af sorte Kniplinger, gjorde det endnu mørkere. Skidne Pjalter af Klæder, som engang havde været smukke og fine, hang om hendes tykke ildedannede Krop. Jeg følte, at jeg var nærved at faae ondt, og ingen Taare kom i mine Øine. En Angst, en Vammelhed, som naar man pludselig seer en Hugorm, betog mig. Jeg kunde hverken tale eller røre mig af Stedet. Jens vakte mig igjen af min Bedøvelse. "Nu er hun nok ikke saa smuk, raabte han: som dengang hun krøb i Sengen til Dig?" Jeg gyste. "Forgyldningen er slidt af, blev han ved: men det kjønne Sind har hun endnu, storagtig og malicieusk er hun endnu, og Kneveren kan hun bruge. Hej! Naadig Frue!, Snak lidt med os! "Hun taug, og lod som hun ikke hørte det,

Corselidse, July 2, 1744.

Oh, Thou Father of Mercy! Was this bitter cup still left for me! Were the old wounds to be opened again! Ay, for such was Thy will.—I have seen her—her? Ah, no, not her! a fallen angel I have seen, an apparition of darkness. Often have I wished for death, but now—now I loathe my life—I cannot write any more.

Sophie is A fallen angel.

Corselidse, August 8, 1744.

It is not for my pleasure that I once more take up my pen; but if anyone after my death should come upon this journal, I want him to see how sin rewards its children.

On that distressful day I was enjoying a walk in our beautiful garden. As I passed the open gate, I saw standing there a man whose face seemed familiar to me in spite of a thick black beard streaked with grey and a lowering look in his eyes that almost frightened me. "So you are here, too?" he said with a strange grin. The cane fell from my hand, and I trembled in every limb—it was Jens! "Good Lord my God!" said I. "Do I find you here! Where is Miss Sophie?"—He burst out with a loud oath, "No longer Miss or Madame either, but if you want to see my dearly beloved wife, she's down there, weeding. Sophy!" he cried, "here's an old acquaintance." Then she turned half around, looked at me for a moment, and went on weeding. I could not see the least sign of emotion in her face—this face!—this once lovely face! How changed it was!—pale and wan, wrinkled, sullen as if it had never smiled. A ragged hood with long tatters of black lace made it look still darker. Dirty remnants of clothes that had once been handsome and fine hung about her heavy, ill-shaped body. I felt as if I were almost getting sick, and not a tear came into my eyes. A fear, a loathing, as when one suddenly sees a viper, seized me. I could neither speak nor stir from the spot. Jens roused me from my stupor. "Now she isn't as handsome," he cried, "as when she crept into bed with you." I shuddered. "The gilding has worn off," he went on, "but she still has her fine spirit, high and mighty she is still, and spiteful, and she can use her jaws. Hey, gracious lady, talk to us!" She was silent, and pretended not to hear, though he spoke

skjøndt han raabte hoit nok. "Nu viller det hende ikke, sagde han: men naar vi komme hjem, saa faaer hun nok Kjeften paa Gang. Har Du ikke til en Pæl, Morten! for gammel Kjendskabs Skyld?" Jeg gav ham noget, og gik som i Søvne op til Gaarden. Ved Have-døren stod min Herre. "Kjender Du disse Mennesker?" spurgte han. – "Ak Du gode Gud! svarte jeg: Ja, jeg har kjendt dem for mange Aar siden." – "Det er slette Folk, sagde han: hun er arrig og bandsat, og han drikker som en Svamp. De har boet et Par Aar i et Huus nede ved Stranden! Han fisker, og hun gjør Ugedage her i Haven. Hun skal være kommen af skikkelige Folk?" Nu først brød mine Taarer frem og lettede mit beklemte Hjerte. Jeg fortalte ham, hvem hun var, og hans Forfærdelse blev ligesaa stor som min Be-drøvelse.

Corselidse, den 14de September 1744.

Jeg tvivler paa, at jeg her faaer blivende Sted. Mit Ophold behager mig ikke længer, siden jeg veed mig i Nærheden af hende, og ofte ikke kan undgaae at see hende. Endnu har jeg ikke talt med hende, for jeg skyer hende som en ond Aand. Jens søger mig med en Paatrængenhed, som hverken behager mig eller min Herre. Naar jeg lugter hans Brændeviinsaande, er det som En bød mig Forgift at drikke. Han har fortalt mig deres Historie – o, hvor er den skrækkelig, væmmelig! I Danmark, i Tydskland har de flakket om fra en Stad til en anden – han spilte paa Valdhorn og hun sang og spilte paa Luth; derved opholdt de Livet, og naar dette ei kunde strække til, drev hun endnu een Næringsvei, som det sønderriver mit Hjerte at tænke paa. Omsider maatte ogsaa denne ophøre, og de skulde have omkommet af Mangel, naar ikke min medlidende Herre havde forbarmet sig over dem. – Gud forlade mig det! Jeg kunde ønske mig tilbage i Siberien.

Corselidse, den 1ste Mai 1745.

Gud velsigne min rare, ædelmodige Herre! Han har mærket mit Ønske: at ende mine Dage i min Fødestavn; og derfor har han – mig uafvidende – skaffet mig en god Condition hos det nye Herskab paa Thiele. Paa Tirsdag skal jeg afseile med et Skib fra Stubbekjø-bing – Gud lønne ham derfor i Evighed!

loudly enough. "Now it doesn't please her to speak," he said, "but when we get home, she'll shoot her mouth off. Haven't you got something for a drink, Morten, for old acquaintance's sake?" I gave him something, and went up to the house like a sleepwalker. My master was standing by the garden door. "Do you know those people?" he asked.—"Ah, good God," I said. "Yes, I have known them many years ago."—"They're a bad lot," he said. "She is shrewish and damnable, and he drinks like a sponge. They have lived for a couple of years in a house down on the beach. He fishes, and she works by the day in the garden. They say she is come of decent people?" Then at last my tears began to flow, and relieved the pressure on my heart. I told him who she was, and his horror was as great as my sorrow.

Corselidse, September 14, 1744.

I doubt that I shall stay here. I no longer feel happy, since I know that she is near me and I can't avoid seeing her often. As yet I have not spoken with her, for I shun her as an evil spirit. Jens seeks me with an importunity that pleases neither me nor my master. When I smell his breath reeking with brandy, I feel as if someone were offering me poison to drink. He has told me their story—oh, how terrible it is, how loathsome. They have wandered around from one place to another in Denmark and Germany; he played the bugle, and she sang and played the lute. In this way they made enough to subsist, and when it was not enough, she practised another trade which it wrings my heart to think of. At last that had to be given up, and they would have died of want if my kind master had not taken pity on them.—God forgive me, but I could almost wish I were back in Siberia.

Corselidse, May 1, 1745.

God bless my kind, generous master! He has understood my wish: to end my days in the place where I was born; and so he has arranged—without my knowledge—for a good place for me with the new family at Thiele. On Tuesday I shall leave by ship from Stubbekjöbing. God reward him for it in all eternity!

Til Seils mellem Sjelland og Samsøe, den 4de Juni 1745.
"Frygter ikke for dem, som allene ihjelslaae Legemet! men frygter for dem, som fordærve baade Legem og Sjel tillige!" Jeg føler Kraften af disse Frelserens Ord. Da jeg i min Ungdom paa disse Bølger stod for Svenskens Kugler, var jeg bedre tilmode, end da jeg i Corselidse Have saae min Ungdoms faldne Engel. Kaarder og Kugler, Hug og Stik, Saar og Død ere Intet at regne mod Sjelens Fortabelse, mod en uskyldig Sjels Fordærvelse. Havde jeg dengang seet hendes skjønne Legeme sønderrevet af vilde Dyr, ikke kunde det saaledes have knuget mit Bryst, som nu, da jeg fandt hende for-spildt, fordærvet, foragtelig, uden Redning fortabt. Som hun laae der og grov i Jorden, syntes mig, at hun begrov mit sidste Haab, min sidste Levning af Troe paa Ære og Dyd. Men jeg vil sige, som den gamle Tyrk, min Medfange i Siberien, altid sagde midt i de største Elendigheder: "Gud er stor!" ja, og barmhjertig! Han kan og vil gjøre langt over hvad vi arme Mennesker forstaae.

Thiele, den 4de Juli 1745.
Omsider er jeg da indløben i min sidste Vinterhavn! Flere end tre-dive Aar er jeg omtumlet paa Verdens vilde Hav, for at ende, hvor jeg begyndte. Hvad har jeg udrettet? hvad har jeg vundet? En Grav – et Hvilested hos mine Forfædre. Det er Noget, og endda ikke saa Lidet: jeg har Venner og Bekjendtere her baade over og under Jorden. Der staaer endnu Abilden udenfor mit Vindue, den er ogsaa bleven ældre, der er Kræft i dens Stamme, Stormen har bøiet dens Hoved, og paa dens Grene groer Mosset ligesom graae Haar paa en Oldings Hoved. Ved Kirkeveien seer jeg den store Ask, under hvis Rod jeg begrov den stakkels Vaillant. Saaledes gjen-kjender jeg mangt et Træe, mangen en lynggroet Høi og selv de døde Stene, der staae her uforanderlige i Aartusinder, og see een Slægt efter den anden opvoxe og forgaae. Den Slægt, jeg kjendte, er nu ogsaa borte. Nyt Herskab, nye Tjenere – jeg er en Fremmed, en Udlænding blandt dem alle.

At sea between Zealand and Samsöe, June 4, 1745.

"Fear not them which kill the body, but are not able to kill the soul: but rather fear him which is able to destroy both soul and body." I feel the force of these words of the Saviour. When in my youth, on these waters, I faced the bullets of the Swedes, I felt better than in the garden at Corselidse when I saw the fallen angel of my youth. Swords and bullets, stabbing and cutting, wounds and death are as nothing against the wasting of a soul, against the destruction of an innocent soul. If I had seen her beautiful body torn by wild beasts, it could not have wrung my heart as now when I found her ruined, corrupted, contemptible, lost beyond redemption. As she knelt there digging in the dirt, it seemed to me that she buried my last hope, my last vestige of faith in honor and virtue. But I will say, as the old Turk who shared my captivity in Siberia used to say even amidst the greatest sufferings: "God is great." Yes, and merciful. He can do far more than we poor human beings understand. *clings to his faith*

Thiele, July 4, 1745.

At last I have entered my winter haven. For more than thirty years I have been tossed about on the wild ocean waves of the world, in order to end where I began. What have I achieved? What have I gained? A grave—a resting-place with my parents. That is something, indeed not so little; I have friends and acquaintances here both above and under the ground. The apple tree still stands outside my window; it too has grown older, there's a canker in its trunk, the storms have bowed its head, and its limbs are covered with moss like the grey hair on the head of an old man. On the way to the church I see the big ash under the roots of which I buried poor Vaillant. So I remember many a tree, many a heather-grown hill, and even the dead stones that have lain here unchanged for thousands of years and seen one generation after another grow up and pass away. The generation that I knew is gone. New masters, new servants—I am a stranger, and an alien among them all.

age & roots

— At home, yet a stranger —

Thiele, den 2den Septbr. 1749.

Idag er det sex og halvtredsindstyve Aar siden jeg saae Verdens
Lys! Herre Gud! hvor ere disse Aar blevne af? disse mange tusinde
Dage? Hvor ere mine Ungdoms Glæder? de ere hos mine Ungdoms
Venner. – Paa denne Aarsens Tid var det, vi ret nøde Jagtens For-
nøielser. Hvor lystigt gik det da til, naar vi om Morgenen droge ud;
Jægerne raabte og Hundene gjøede, og Hestene trampede ligesaa
utaalmodige som vi selv. Snart hjemsøgte vi Urfuglene paa Heden,
snart de vilde Dyr i Skoven – med Spil og Sang fore vi hen og hjem.
Nu er her stille som i et Kloster, den naadige Herre bryder sig ikke
om Jagten. Taus og ene gaaer Skytten ud, og stille kommer han
tilbage. Denne Slægt er traurig som jeg selv.

Thiele, den 12te Januar 1751.

En stille, herlig Vinternat! Alt hvad jeg seer, Blaat eller Hvidt.
Maanen har jaget Stjernerne fra sig, den vil lyse allene. Saa deiligt
skinnede den ogsaa engang for mange – mange Aar siden, da jeg
var Kudsk for Frøken Sophie. Min unge Sjel straalede ligesaa blankt
og lysteligt som Maanen, og hendes var ogsaa reen, uplettet som
denne nysfaldne Snee. Nu er min Sjel mørk som Heden, naar
Vintersneen er borttøet, og hendes – om hun endnu lever – maa
ligne en siberisk Dal efter Oversvømmelse: mørktfuret af Vand-
strømme, trindt bestrøet med Tuer, Stene og nedvæltede Træer.
"Ja, Herre! Herre! Tugter Du Nogen med megen Straf for Mis-
gjerning, da gjør Du, at dens ynkelige Skikkelse hensmelter som et
Møl; visselig! Alle Mennesker ere Forfængelighed!"

Føulum, den 12te Mai 1753.

I Søndags forrettede jeg førstegang mit Embede som Degn til
Thiele og Vinge. Den naadige Herre kaldte mig paa sin Dødsseng.
Her boer jeg nu i min Faders Huus; men jeg boer her allene. Alle
mine Ungdomsvenner ere forlængst gangne til Hvile; jeg er endnu
tilbage, som et skaldet Træe paa Heden; men om føie Tid skal jeg
samles til dem, og være den sidste af min Slægt. Disse Blade skulle
være det eneste Mærke om mig. Om Nogen – engang, naar jeg er

Thiele, September 2, 1749.

Today it is fifty-six years since I first saw the light of this world. Lord my God, what has become of these years? of these many thousands of days? Where are the pleasures of my youth? They are gone with the friends of my youth. It was at this time of the year that we used to enjoy the delights of the chase. How merrily it went when we set out in the morning; the huntsmen calling, the hounds baying, and the horses stamping, as impatient as we ourselves. Sometimes we went after the black cocks on the heath, sometimes after the wild game in the forest. Singing and with horns blowing we rode out and came back. Now it's quiet as a monastery; the new master doesn't care about the chase. Silent and solitary, the gamekeeper goes out, and quietly he comes home. This generation is joyless like myself.

Thiele, January 12, 1751.

A calm, glorious winter night! Everything that I see is blue or white. The moon has driven away the stars and shines alone. So beautifully it shone many, many years ago when I was coachman for Miss Sophie. My young soul shone as brightly and merrily as the moon, and hers too was pure, unspotted as this newfallen snow. Now my soul is dark as the heath when the snows of winter have melted, and hers—if she is still living—must be like a Siberian valley after a flood: darkly furrowed by streams of water, thickly strewn with tussocks, stones, and fallen trees. Yea, Lord, Lord! "When Thou with rebukes dost correct man for iniquity, Thou makest his beauty to consume away like a moth: surely every man is vanity."

Föulum, May 12, 1753.

Last Sunday I officiated for the first time as parish clerk of Thiele and Vinge. The squire called me on his deathbed. I am now living in my father's house; but I am living here alone. All the friends of my youth have long since gone to rest; I alone am left as a stripped tree on the heath, but in due time I shall be gathered to them, as the last of my line. These pages will be the only memorial of me. If

død og borte – læser dem, da skal han sukke og sige: "Anlangendes et Menneske, hans Dage ere som Græs; som et Blomster paa Marken, saa skal han blomstre. Naar Veiet farer over det, da er det ikke mere, og dets Sted kjender det ikke mere. Men Herrens Miskundhed er fra Evighed og indtil Evighed."

anyone—when I am dead and gone—should read them, he will sigh and say: "As for man, his days are as grass: as a flower of the field, so he flourisheth. For the wind passeth over it, and it is gone; and the place thereof shall know it no more. But the mercy of the Lord is from everlasting to everlasting."

accepts the fragileness/and at times futileness of life on earth; puts all his trust in the LORD.

H. C. ANDERSEN
(1805–75)

Inden for H. C. Andersens ry kan man skelne mellem tre bølger. Som *romanforfatter* opnåede han en øjeblikkelig berømmelse. "Improvisatoren", fra 1835, blev straks oversat til flere sprog. Sammen med H. C. Andersens øvrige romaner fortjener bogen en hæderlig plads i europæisk litteraturhistorie. – Det var også i 1835, at H. C. Andersens første æventyr udkom; men først henimod 1850 var han den berømte *æventyrdigter*. Blandt disse små vidundere af fantasi og iagttagelse har vi hertil valgt et af de korteste og åndfuldeste æventyr, "Prindsessen paa Ærten" (1835). – H. C. Andersen var en utrættelig rejsende, og i vore dage har man forstået, at han i sine rejsebøger har åbenbaret sig som en genial reporter. H. C. Andersen har været "I Sverrig" (1851), "I Spanien" (1863) og "I Portugal" (1866). I "En Digters Bazar" (1842) har balkanfolkene opdaget højst levende øjebliksbilleder af deres lande. H. C. Andersen besad en journalists flair og en kunstners øje. Denne meget smukke bog er oversat til adskillige sprog. Vi bringer her beskrivelsen af dagens gang på Piazza Fiorentini, i Napoli.

PRINDSESSEN PAA ÆRTEN

Der var engang en Prinds, han vilde have sig en Prindsesse, men det skulde være en *rigtig* Prindsesse. Saa reiste han hele Verden rundt, for at finde saadan en, men allevegne var der Noget i Veien, Prindsesser vare der nok af, men om det var *rigtige* Prindsesser, kunde han ikke ganske komme efter, altid var der Noget, som ikke var saa rigtigt. Saa kom han da hjem igjen og var saa bedrøvet, for han vilde saa gjerne have en virkelig Prindsesse.

En Aften blev det da et frygteligt Veir; det lynede og tordnede, Regnen skyllede ned, det var ganske forskrækkeligt! Saa bankede det paa Byens Port, og den gamle Konge gik hen at lukke op.

Det var en Prindsesse, som stod udenfor. Men Gud hvor hun saae ud af Regnen og det onde Veir! Vandet løb ned ad hendes

HANS CHRISTIAN ANDERSEN
(1805–1875)

Three distinct peaks can be discerned in Hans Christian Andersen's reputation. As a *novelist* he achieved immediate fame. *The Improvisatore* (1835) was at once translated into several languages. Along with Hans Christian Andersen's other novels it merits an honourable place in the history of European literature. In 1835 too, Hans Christian Andersen's first fairy-tale appeared, but it was not until almost 1850 that he became the renowned *writer of fairy-tales*. From amongst these small marvels of imagination and observation we have selected one of the shortest and most brilliant: "The Princess and the Pea" (1835). Hans Christian Andersen was an indefatigable traveller, and in our own day it has been realized that he revealed himself in his travelbooks as a *reporter* of real genius. He travelled... *In Sweden* (1851), *In Spain* (1863), and *In Portugal* (1866). The peoples of the Balkans have discovered exceedingly life-like snapshots of their own countries in *A Poet's Bazaar* (1842). Hans Christian Andersen possessed a flair for journalism and the eye of an artist. This work of great beauty has been translated into various languages. We give below his description of the course of a day on the Piazza Fiorentini in Naples.

THE PRINCESS AND THE PEA

Once upon a time there was a prince who wanted to marry a princess, but she would have to be a *real* princess. So he travelled all over the whole world to find one, but there was always something wrong. There were princesses enough, but he could never really be quite certain whether they were *real* princesses—there was always something about them that wasn't right. So he came home again, and he was so sad because he wanted so much to have a *real* princess.

One evening the weather turned quite dreadful; there was thunder and lightning, and the rain was pouring down—it was just terrible. There came a knock on the city's gate and the old king went to open it.

There was a princess standing outside. But, heavens, what a

Haar og hendes Klæder, og det løb ind ad Næsen paa Skoen og ud ad Hælen, og saa sagde hun, at hun var en virkelig Prindsesse.

"Ja, det skal vi nok faae at vide!" tænkte den gamle Dronning, men hun sagde ikke Noget, gik ind i Sovekammeret, tog alle Sengeklæderne af og lagde en Ært paa Bunden af Sengen, derpaa tog hun tyve Madrasser, lagde dem ovenpaa Ærten, og saa endnu tyve Ederduuns-Dyner oven paa Madrasserne.

Der skulde nu Prindsessen ligge om Natten.

Om Morgenen spurgte de hende, hvorledes hun havde sovet.

"O, forskrækkelig slet!" sagde Prindsessen," jeg har næsten ikke lukket mine Øine den hele Nat! Gud veed, hvad der har været i Sengen? Jeg har ligget paa noget Haardt, saa jeg er ganske bruun og blaa over min hele Krop! Det er ganske forskrækkeligt!"

Saa kunde de see, at det var en rigtig Prindsesse, da hun gjennem de tyve Madrasser og de tyve Ederduuns-Dyner havde mærket Ærten. Saa ømskindet kunde der Ingen være, uden en virkelig Prindsesse.

Prindsen tog hende da til Kone, for nu vidste han, at han havde en rigtig Prindsesse, og Ærten kom paa Kunstkammeret, hvor den endnu er at see, dersom Ingen har taget den.

See, det var en rigtig Historie!

UDSIGT FRA MIT VINDUE

Det er *Piazza Fiorentini* vi see; en Plads, netop saa bred, som en almindelig Gade hos os i Norden, og Dybden er som Bredden; ligefor, tæt ved et snevert, bugtet Stræde, udbreder sig Façaden af en lille Kirke, over hvis aabne Forhal Nabomadamerne have hængt Tøi ud at tørre, ligefra Mysterierne, der ikke skulle sees, til de brogede Kjoler, der skulle sees. To unge Præster, læsende i deres Evangeliebog, gaae op og ned i Forhallen. Udenfor sidder en gammel Morlille og sælger Penge. Hun er fattig Mands Vexeleer, Pladsen er hendes Contoir, det lille Bord, hvis Blad er en Kasse med Messingtraade over, er hendes Pengekiste, der ligge de smaa Mønter, som hun mod Procenter sælger for de større! men Handelen gaaer dog ikke ret. Tæt op ved hende staaer, broget, som et Billed klippet

sight she was in the rain and the bad weather. Water was running down her hair and her clothes; it ran in at the toes of her shoes and out at the heels, and she said she was a real princess.

"Well, well, we'll soon find out about that!" thought the old queen, but she didn't say anything; she went into the bedroom and took all the bedclothes off the bed and put a pea at the bottom of the bed; then she took twenty mattresses and laid them on top of the pea, and then twenty eiderdowns on top of the mattresses.

That was where the princess was to sleep that night.

In the morning they asked her how she had slept.

"Oh, terribly!" said the princess, "I have scarcely closed my eyes all night! Goodness knows what there was in the bed. I was lying on something hard, so that I'm black and blue all over! It's just terrible!"

Then they could see that she was a real princess, because she had felt the pea through the twenty mattresses and the twenty eiderdowns. Nobody but a real princess could have such a delicate skin.

The prince made her his wife, for now he knew that he had found a real princess, and the pea was put in the art museum, where it is still to be seen—if nobody has taken it.

Well, that was a real story.

A PROSPECT FROM MY WINDOW IN NAPLES

Here we see Piazza Fiorentina—a square just as broad as one of our ordinary streets in the North, and as long as it is wide; right there, and close by a narrow crooked street, extends the facade of a little church, over the open entrance to which the neighbouring ladies have hung all their clothes out to dry, from the mysteries which should not be seen, to the variegated gowns that are there to be seen. Two young priests reading their breviaries walk up and down in the vestibule. Outside sits an old woman who changes money. She is the poor man's banker; the open square is her office; the little table, the top of which is made by a box covered by brass wires, is her money box; and therein lie the small coins which she, for a fee, exchanges for the larger ones. But business isn't going

ud af en A.B.C., en Frugt-Boutik med et Mosaik af Citroner og
Appelsiner! Billedet ovenover, hvor Madonna lædsker Sjælene i
Skjærsilden, er et passende Skilt. Den hele Plads er brolagt med
brede Lava-Fliser, de arme Heste kunne ikke staae fast, og prygles
derfor under Skrig og Raab. Ikke mindre end 16 Skomagere sidde
og sye der til venstre; de To nærmest Døren have allerede tændt
Lys, de rive Huen af den syndige Dreng og slaae ham med Appel-
siner for Maven, han synes at protestere imod at de anvendes til ud-
vortes Brug. I alle Husene er Stue-Etagen uden Vinduer, men med
aabne, brede Boutikdøre; udenfor den ene brændes Kaffe, udenfor
den anden koges Suppe paa Kastanier og Brød, og Manden har
Søgning; Folk drapperede med Laser spise af et Potteskaar. I Huse-
nes høiere Etager har hvert Vindue sin Balcon, eller denne gaaer
langs med den hele Etage og bærer en blomstrende Urtegaard, store
Baller med Citron- og Appelsintræer; de modne Frugter i det Grøn-
ne skinne jo som Hesperiens Stjerner; en Englænder i Slobrøk har
sin Gyngestol derude, nu gaaer Stolen bag over, og Britten slaaer
Stjernerne med sin stolte Nakke. Men høit over Kirke og Huse hæ-
ver sig Klippen med Fæstningen *St. Elmo,* Aftensolen beskinner de
hvide Mure, Taarne og Telegraphen. Nu sank Solen og Klokkerne
ringe til *Ave Maria;* Folk strømme ind i Kirken, Lamperne derinde
straale gjennem Vinduerne. Restaurateuren sætter Lys i sin hvide
Papirs-Lygte; Skomagerne faae hver sin Lampe, det er jo en heel
Illumination! Morlille lukker sin Pengeboutik, og hendes Dreng
lyser hende hjem med et tændt Lys i et Kræmmerhuus. I Kirken
synges, paa Gaden støies, begge Dele smelte forunderligt sammen.
Men hvad er det? En Procession kommer fra den snevre Gade, hvide,
formummede Skikkelser, hver med et stort Lys i Haanden; fire

very well. Close by her stands a fruit shop, variegated like a picture
cut out of an ABC book, with a mosaic of lemons and oranges. The
picture above the door, in which the Madonna quenches the
thirst of souls in purgatory, is a very suitable sign. The whole
square is paved with broad lava paving stones; the poor horses
cannot keep their footing, and are therefore beaten, with screams
and shouts. No fewer than sixteen shoemakers sit and sew there to
the left; the two nearest the door have already lighted their lamps;
they snatch the cap off a naughty boy, and throw oranges which
hit him in the stomach; he seems to protest against their being
applied externally. In all the houses, the ground-floors are without
windows, but with broad, open shop doors. Outside one coffee is
being roasted, outside another they are boiling a soup of chestnuts
and bread, and the man has many customers. People dressed in
rags eat out of broken pots. In the upper stories of the houses each
window has its balcony, or else the balcony extends along the whole
story, and supports a flourishing garden, in which are large tubs,
with lemon and orange trees. The ripe fruits amongst the green
leaves shine like the stars of the Hesperides. An Englishman in his
dressing-gown has his rocking chair outside. Now the chair tips
over backwards, and the Briton strikes the stars with his proud
head. But far above the church and houses rises the rock of St.
Elmo, with its fortress, the evening sun shines on the white walls,
towers, and heliograph. Now the sun is down and the bells ring
for "Ave Maria." People stream into the church; the lamps within
shine through the windows. The tavern keeper puts lights in his
white paper lanterns; each shoemaker has his lamp; it is as if the
whole square were illuminated. The little old woman closes up
shop, and her boy lights her home with a candle in a paper contain-
er. There is singing in the church, and there are noises in the street;
they harmonize strangely. But what is that? There is a procession
coming from the narrow street. White figures, each with a large
candle in its hand; four men, wearing long white smocks with

Mænd, ligeledes i hvide Kitler med Hætter over Hovedet, bære paa Skuldrene en med Rødt drapperet Liigbaare; en ung, død Pige, klædt som en Brud, med Slør og med hvide Roser om Panden, ligger paa Baaren; Alle tage Hattene af for den Døde, Skomagerne knæle.

Nu er Toget inde i Kirken, og paa Gaden lyder igjen samme Støi, som før.

Den lille Plads er et tro Billede af det store Neapel, ja et særdeles tro, thi Digteren sad ved sit Vindue og tegnede hvert Træk, Alt hvad han saae dernede.

Henimod Midnat ville vi endnu engang see ud og Alt er stille paa Pladsen, intet Lys, uden den matte Lampe foran Madonnabilledet, brænder i Kirkens Forhal; nu høres Fodtrin. Een slaaer med sin Stok i Steenbroen, det er en lystig Knøs, han gaaer forbi og synger af *La figlia del regimento* med fuldt Bryst og med smuk Stemme *"viva la gioia !"* og han gaaer at finde den; hans varme Blod, hans glødende Tanke siger ham, hvor den er at finde. Tys! mange Instrumenter falde ind! den hele Plads er forvandlet til et Orchester, en mandig Bas synger en stor Bravour-Arie! Man bringer den Skjønne en Se-renade! hør kun hvor smukt: "Te voglio bene assai!" aabner ikke Vinduet sig ? Træder hun ikke ud paa Altanen ? Nei slet ikke! Alt er stille i alle Husene; Musiken drager bort; Pladsen er igjen tom! en Skygge bevæger sig langs Huset, nogle faa Accorder klinge fra Gui-taren, men ingen Sang! – Alt er roligt i Huset! endnu en Accord, og Gadedøren aabnes ganske sagte, den unge Herre smutter ind! – *felicissima notte !* – "God Nat, sov vel!" siger man i Norden; det er en ret god Hilsen! – Den som sover, han synder ikke! Italieneren siger derimod *felicissima notte !* og Sydens Sol gløder i dette god Nat!

hoods over their heads, bear on their shoulders a bier draped in red; a young girl dressed like a bride, with a veil and wreath of white roses around her brow lies on the bier. Every one takes his hat off for the deceased, and the shoemakers kneel.

The procession is now in the church, and the same noise is heard in the street as before.

The little square is a faithful picture of big Naples; yes, a very true one; for the poet sat at his window, and described every feature of what he saw below.

Towards midnight we will once more look out. Everything is quiet in the square; not a light except that dim lamp before the image of the Madonna in the vestibule of the church. Now there are footsteps. Some one strikes his stick on the pavement. It is a merry fellow; he goes past, and sings of *La figlia del regimento,* at the top of his lungs, and with a fine voice "viva la gioja!" and he goes to find it; his warm blood, and his glowing thoughts tell him where it is to be found. Shhh! many instruments join in. The whole square is transformed into an orchestra; a manly bass voice sings a bravura! they serenade a pretty girl! Hear how lovely it is: *Te voglio bene assai!*—Will the window not open? Will she not step out onto the balcony?—No; absolutely not! All is still in every house; the musicians depart, and the square is again empty! A shadow moves along the house; some few chords are heard on the guitar, but no song, everything is quiet in the house, there is one more chord, and the street door opens quite gently, the young gentleman glides in——*felicissima notte!*—"Good night, and sleep well! we say in the North, and it is a very good wish!—He who sleeps commits no sin. The Italians, on the contrary, say: *felicissima notte!* and the southern sun glows in this "good night."

SØREN KIERKEGAARD

(1813–1855)

Mod slutningen af Kierkegaards "Stadier paa Livets Vei" (1845) findes en hyldest til forfatterens danske modersmål, et stykke dansk sprog, som i sig selv eksemplificerer den karakteristik af sproget, som det fremsætter:

"Nogle af mine Landsmænd mene, at Modersmaalet ikke skulde være dygtigt til at udtrykke vanskelige Tanker. Dette synes mig en besynderlig og utaknemlig Mening, som det ogsaa synes mig besynderligt og overdrevent at ville ivre for det, saa man næsten glemmer at glæde sig ved det, at forfægte en Uafhængighed saa ivrigt, at Iveren næsten synes at tyde paa, at man allerede føler sig afhængig, og at det stridige Ord tilsidst bliver det Spændende, ikke Sprogets Fryd det Vederqvægende. Jeg føler mig lykkelig ved at være bunden til mit Modersmaal, bunden som maaskee kun Faa er det, bunden som Adam var til Eva, fordi der ingen anden Qvinde var, bunden fordi det har været mig en Umulighed at lære noget andet Sprog og derved en Umulighed at fristes til at lade stolt og fornemt om det medfødte, men ogsaa glad ved at være bunden til et Modersmaal, der er riigt i indre Oprindelighed, naar det udvider Sjelen, og lyder vellystigt i Øret med sin søde Klang; et Modersmaal, der ikke stønner forfangent i den vanskelige Tanke, og derfor er det maaskee Nogen troer, at det ikke kan udtrykke den, fordi det gjør Vanskeligheden let ved at udtale den; et Modersmaal, der ikke puster og lyder anstrænget, naar det staaer for det Uudsigelige, men sysler dermed i Spøg og i Alvor indtil det er udsagt; et Sprog, der ikke finder langt borte, hvad der ligger nær, eller søger dybt nede, hvad der er lige ved Haanden, fordi det i lykkeligt Forhold til Gjenstanden gaaer ud og ind som en Alf, og bringer den for Dagen som et Barn den lykkelige Bemærkning, uden ret at vide af det; et Sprog, der er hæftigt og bevæget, hver Gang den rette Elsker veed mandligt at hidse Sprogets qvindelige Lidenskab, selvbevidst og seierrigt i Tankestriden, hver Gang den rette Hersker veed at føre det an, smidigt som en Bryder, hver Gang den rette Tænker ikke slipper det og ikke slipper Tanken; et Sprog, der om end det paa et enkelt Sted synes fattigt, dog ikke er det, men forsmaaet som en beskeden Elskerinde, der jo har den høieste Værd og fremfor Alt ikke er forjadsket; et Sprog, der ikke uden Udtryk for det Store, det Afgjø-

SØREN KIERKEGAARD
(1813–1855)

Toward the end of Kierkegaard's *Stages on Life's Way* (1845) is found a tribute to the author's Danish mother-tongue, a bit of Danish which in itself exemplifies the character of the language that it presents.

"Some of my countrymen are of the opinion that their mother tongue is not capable of expressing difficult thoughts. This seems to me a peculiar and ungrateful attitude—just as it also seems to me peculiar and exaggerated to be so eager about it that one almost forgets to take satisfaction in it—to champion an independence so eagerly that the eagerness almost seems to indicate that one already feels oneself dependent, and that the stubborn word finally becomes what is absorbing, and delight in the language is not what is refreshing. I am happy to be bound to my mother tongue, bound as perhaps few are, bound as Adam was to Eve because there was no other woman, bound because it has been an impossibility for me to learn any other language, and thus an impossibility to act proud and haughty about my heritage; but I am also happy to be bound to a mother tongue which has a wealth of inner originality when it expands the soul and resounds sensually in one's ear with its sweet ring; a mother tongue which does not groan when it is involved with a difficult thought; and therefore there may be someone who believes it is unable to express the thought, for it alleviates the difficulty by articulating it; a mother tongue which does not pant and sound strained when confronted with the ineffable, but works with it in jest and in earnest until it is said; a language which does not search far away for what is near, or does not seek deep down what lies close at hand, because in its happy relationship to the object it moves freely like a supernatural creature, and, like a child, brings forth the happy remark without really being conscious of it; a language which is impetuous and deeply stirred every time the right lover knows virilely to arouse the language's feminine passion, which is conscious and victorious in mental struggle every time the right master understands how to guide it, lithe as a wrestler every time the right thinker will not let go of it and not let go of the thought; a language which, although it in a way may seem impoverished, nevertheless is not, but is

rende, det Fremtrædende, har en yndig, en tækkelig, en livsalig
Forkjærlighed for Mellemtanken og Bibegrebet og Tillægsordet,
og Stemningens Smaasnakken, og Overgangens Nynnen, og Bøi-
ningens Inderlighed og den dulgte Velværens forborgne Frodig-
hed; et Sprog, der forstaaer Spøg nok saa godt som Alvor: et Mo-
dersmaal, der fængsler sine Børn med en Lænke, som "er let at bære
– ja! men tung at bryde"."

I de sidste ord citerer Kierkegaard frit et digt af Blicher, der be-
synger fødelandets magt over sindet.

I sit forfatterskab viste Kierkegaard sin vældige magt over det
danske sprog. Det kan med korte stykker vises, hvorledes han for-
går at variere sin stil efter emne og budskab. Sprogkunstneren står
i digterens, filosoffens, prædikantens og den religiøse polemikers
tjeneste.

I sin første store bog "Enten-Eller" (1843) giver Kierkegaard
ordet til to mennesketyper, den gudløse æstetiker, som lever i øje-
blikkets lyst og smerte, og etikeren, hvis grundbegreber er pligt,
norm, regel. – Æstetikeren, sønderreven og tungsindig, taler med
selvopgivelsens klagende røst: "Hvor er dog Kjedsommelighed
rædsom – rædsom kjedsommelig; jeg veed intet stærkere Udtryk,
intet sandere, thi kun det Lige erkjendes af det Lige. Gid der var et
høiere Udtryk, et stærkere, saa var der dog endnu een Bevægelse.
Jeg ligger henstrakt, uvirksom; det Eneste, jeg seer, er Tomhed,
det Eneste, jeg lever af, er Tomhed, det Eneste, jeg bevæger mig i,
er Tomhed. End ikke Smerte lider jeg. Gribben hakkede dog be-
standig i Prometheus's Lever; Loke dryppede der dog bestandig
Gift ned paa; det var dog en Afbrydelse om end eensformig. Smer-
ten selv har tabt sin Vederqvægelse for mig. Om man bød mig al
Verdens Herligheder eller al Verdens Qvaler, de røre mig lige me-
get, jeg vilde ikke vende mig om paa den anden Side hverken for at
naae eller for at flye. Jeg døer Døden. Og hvad skulde kunne ad-
sprede mig? Ja, hvis jeg fik en Trofasthed at see, der bestod enhver
Prøvelse, en Begeistring, der bar Alt, en Tro, der flyttede Bjerge;
hvis jeg fornam en Tanke, der forbandt det Endelige og det Uende-

disdained like an unassuming mistress who is of the highest worth and above all is not slovenly; a language which without expressing what is great, decisive, conspicuous, has a lovely, an attractive, a blissful predilection for the passing thought, the connotation and the adjective and the small talk of a mood and the hum of transition and the intensity of inflection and the veiled well-being of hidden luxuriance; a language which understands jest as well as serious-ness: a mother tongue which keeps its children captive with a chain, "easy to bear... yes, but hard to break!"

With these last words, Kierkegaard is freely quoting a poem of Blicher, who celebrates his native land's power over the mind.

In his work, Kierkegaard demonstrates his formidable power over the Danish language. Short passages can show how he was able to vary his style according to the subject and the message. The artist of language is in the service of the poet, the philosopher, the preacher, and the religious polemicist.

In his first great work, *Either-Or* (1843), Kierkegaard lets two types of men speak, the godless aesthetic man who lives in the pleasure and the pain of the moment, and the ethical man whose principles are duty, the norm, and the rules. The aesthetic man, torn and melancholy, speaks with the plaintive voice of despair: "How dreadful tedium is—dreadfully tedious; I know no stronger expression, no truer, for only like is recognized by like. If there were only a more elevated expression, a stronger one, then there would still be one more movement. I lie stretched out, idle; the only thing I see is emptiness, the only thing I live on is emptiness, the only thing I move in is emptiness. I do not even suffer pain. The vulture pecked continually at Prometheus' liver, the poison continually dripped upon Loki; there was nevertheless interrup-tion, albeit monotonous. Pain itself no longer refreshes me. If someone offered me all the glories of the world, or all the agonies of the world, they would be all the same to me; I would not turn over onto the other side either to reach them or to flee them. I die death. And what should be able to divert me? Indeed, if I saw a loyalty which withstood every trial, an enthusiasm which carried everything before it, a faith which removed mountains; if I ex-perienced a thought which united the finite and the infinite. But

lige. Men min Sjæls giftige Tvivl fortærer Alt. Min Sjæl er som det
døde Hav, over hvilket ingen Fugl kan flyve; naar den er kommet
midtveis, synker den mat ned i Død og Undergang. "

Etikeren er så fast forankret i sin overbevisning, at han, i sine
breve til det æstetiske menneske kan bruge sproget med fasthed og
myndighed. Han fortæller om sin forundring, da en elev i skolen,
hvor han var discipel, måtte tages ud, da han ikke kunne komme
ud af det med læreren: "Jeg vidste, det var min Opgave at gaae i
Skole, i den Skole, jeg engang var sat i, om saa alt Andet blev for-
andret, dette kunde ikke forandres". "Vi læste i min Tid latinsk
Grammatik med et Fynd og Klem, som man i vor Tid ikke kjender.
Ved denne Underviisning fik jeg et Indtryk, som paa en anden
Maade virkede eensartet hermed paa min Sjæl. Forsaavidt jeg tør
tiltroe mig Evne til at betragte Noget philosophisk, da skylder jeg
den dette Barndommens Indtryk. Den ubetingede Respect, med
hvilken jeg betragtede Reglen, den Ærbødighed, jeg nærede for den,
den Foragt, med hvilken jeg skuede ned paa det kummerlige Liv,
Undtagelsen fristede, den i mine Øine retfærdige Maade, paa hvil-
ken denne blev forfulgt i min Stilebog og altid brændemærket, hvad
er det Andet end den Distinction, der ligger til Grund for enhver
philosophisk Betragtning? Naar jeg nu saaledes paavirket betrag-
tede min Fader, da forekom han mig en Incarnation af Reglen, hvad
der kom andetstedsfra, det var Undtagelse, forsaavidt det ikke var i
Overeensstemmelse med hans Bud. Naar jeg betragtede hiin Med-
discipel, saa følte jeg, at det maatte være Undtagelse, der ikke var
værd at agte paa, og det saameget mere som de mange Ophævelser,
der gjordes med ham, tilstrækkelig viste, at han var Undtagelse.
Den barnagtige Rigorisme, hvormed jeg dengang adskilte mellem
Regel og Undtagelse, saavel i Grammatiken som i Livet, er vel
bleven formildet, men endnu bestandig har jeg Adskillelsen i mig,
jeg veed at kalde den frem, især naar jeg seer Dig og Dine Lige, der
synes at foredrage den Lære, at Undtagelsen er det Vigtigste, ja
at Reglen kun er til, for at Undtagelsen kan tage sig ud.

Energien, hvormed jeg bliver mig ethisk bevidst, er det da, hvor-
paa det kommer an, eller rettere, jeg kan ikke blive mig ethisk be-
vidst uden Energi. Jeg kan derfor aldrig blive mig ethisk bevidst,
uden at blive mig mit evige Væsen bevidst. Dette er det sande Be-

my soul's poisonous doubt consumes everything. My soul is like the Dead Sea, over which no bird can fly; when it has gone half-way, it sinks down, exhausted, to death and destruction."

The ethical man is so firmly anchored in his conviction that, in his letters to the aesthetic man, he can use language with firmness and authority. Kierkegaard tells of his amazement when a pupil in the school he attended had to be withdrawn because he could not get along with the teacher. "I knew it was my duty to go to school in that school in which I had been placed, and even though everything else could be changed, that could not be changed... In my time, we studied Latin grammar with a will which in our time is not known. Through that instruction, I received an impression which affected my soul singularly in another way. Insofar as I dare credit myself with the ability to view things philosophically, I am indebted to that childhood impression. The absolute respect with which I viewed rules, the reverence I cherished for them; the disdain with which I looked down on the wretched life the exception led; the way, justified in my eyes, in which the exception was persecuted in my exercise book and always stigmatized—what is this other than the distinction which lies at the base of every philosophical reflection? When, under such an influence, I now viewed my father, he seemed to me an incarnation of the rule; whatever came from elsewhere was an exception, insofar as it did not correspond with his commandment. When I viewed my fellow pupil, I felt that here must be an exception which was not worthy of attention, the more so because all the fuss they made about him clearly showed that he was an exception. The childish rigour with which at that time I differentiated between rules and exceptions in grammar as in life, has probably been mitigated, but I still have the differentiation within me constantly; I evoke it, especially when I see you and your equals who seem to proclaim the doctrine that the exception is most important, indeed, that the rule exists only so that the exception may show up to advantage.

"It is the energy through which I become ethically conscious that is important, or rather, I can not become ethically conscious without energy. Therefore I can never become ethically conscious without becoming conscious of my eternal being. This is the true

viis for Sjælens Udødelighed. Fuldbaarent er det naturligviis først
da kun, naar Opgaven congruerer med Forpligtelsen, men det, jeg
for en Evighed er forpligtet til, er en evig Opgave."

I sit største skrift, "Afsluttende uvidenskabelig Efterskrift til de
philosophiske Smuler (1846) bekæmper Kierkegaard som filosof
den filosofi der som Hegels system hævder objektivt at kunne af-
gøre de store spørgsmål om menneskets bestemmelse, om liv og
død. Vi kan af Sokrates lære, at den slags spørgsmål afgøres ikke
objektivt, videnskabeligt, men personligt, lidenskabeligt: "Naar
En forsker objektivt efter Udødeligheden, en Anden sætter Uende-
lighedens Lidenskab ind paa Uvisheden: hvor er der saa meest
Sandhed, og hvo har meest Vished? Den Ene er eengang for alle
gaaet ind i en Approximeren, som aldrig ender, thi Udødelighedens
Vished ligger jo netop i Subjektiviteten; den Anden er udødelig og
kæmper netop derfor ved at stride mod Uvisheden. Lad os betragte
Socrates. Nuomstunder fusker Enhver jo paa nogle Beviser, Een
har flere, en Anden færre. Men Socrates! Han henstiller Spørgsmaa-
let objektivt problematisk: dersom der er en Udødelighed. Han
var da altsaa en Tvivler i Sammenligning med en af de moderne
Tænkere af tre Beviser? Ingenlunde. Paa dette "dersom" sætter han
hele sit Liv ind, han vover at døe, og han har indrettet hele sit Liv
med Uendelighedens Lidenskab saaledes, at det maatte findes anta-
geligt – dersom der er en Udødelighed. Gives der noget bedre Be-
viis for Sjelens Udødelighed? Men De, der have tre Beviser, ind-
rette slet ikke deres Liv derefter; hvis der er en Udødelighed, maa
den væmmes ved deres Maade at leve paa: gives der noget bedre
Modbeviis mod de tre Beviser? Uvishedens "Smule" hjalp Socrates,
fordi han selv hjalp til med Uendelighedens Lidenskab; de tre Be-
viser gavne de Andre slet Intet, fordi de dog ere og blive Død-
bidere, og have ved deres tre Beviser i Mangel af at bevise Andet
netop beviist det. Saaledes har maaskee ogsaa en Pige ved et svagt
Haab om at være elsket af den Elskede eiet al Forelskelsens Sødme,
fordi hun selv satte Alt ind paa dette svage Haab: mangen Ægte-
madame derimod, som mere end eengang har ligget under for El-
skovens stærkeste Udtryk, har vel havt Beviser, og dog besynder-
ligt nok, ikke eiet det quod erat demonstrandum. Den socratiske
Uvidenhed var saaledes det med Inderlighedens hele Lidenskab
fastholdte Udtryk for, at den evige Sandhed forholder sig til en

demonstration of the immortality of the soul. Of course it is only fully developed when the task coincides with obligation, but that to which I have an obligation for eternity is an eternal task."

In his greatest work, *Concluding Unscientific Postscript to the Philosophical Fragments* (1846), Kierkegaard attacks, as a philosopher, that philosophy which, like Hegel's system, claimed to be able to answer objectively the monumental questions about the destiny of man, about life and death. We can learn from Socrates that this sort of question is not answered objectively, scientifically, but personally, emotionally: "While one man searches objectively for immortality, another stakes infinity's passion on uncertainty: where is then the greatest truth, and who has the greater certainty? The one has entered an approximation which never ends, for the certainty of immortality lies precisely in subjectivity; the other is immortal, and therefore struggles by combatting uncertainty. Let us consider Socrates. At present, everyone dabbles with a few proofs; one has more, the other fewer. But Socrates! He puts the question objectively in a problematic manner: in case there is immortality. Was he then a doubter when compared with one of the modern thinkers with his three proofs?[1]) Not at all. On this 'in case' he stakes his entire life, he dares to die, and he has arranged his whole life with the passion of infinity in such a way that it must be found acceptable—in case there is immortality. Is there any better demonstration of the immortality of the soul? But they who have three proofs do not at all arrange their lives accordingly; in case there is immortality it must be disgusted with their manner of life: is there any better counterproof countering the three proofs? The 'fragment' of uncertainty helped Socrates because he himself helped along with the passion of infinity; the three proofs benefitted the others not at all, because they are and remain dullards and have with their three proofs proved it for want of having proved anything else. Thus perhaps a girl, by having had a faint hope of being loved by her beloved, possessed all of love's sweetness because she herself staked all on that faint hope; many a wedded lady, however, who more than once has succumbed to the most powerful manifestations of love has certainly had proofs, and yet peculiarly enough has not possessed the *quod erat demonstrandum*. The Socratic ignorance was the expression preserved by all fervour's passion that

[1]) The reference is to the German theologian Carl Friedrich Göschel.

Existerende, og derfor maa blive ham et Paradox, saalænge han existerer, og dog turde det være muligt, at der i den socratiske Uvidenhed i Socrates var mere Sandhed end i hele Systemets objektive Sandhed, der coquetterer med Tidens Fordringer og lemper sig efter Privat-Docenter. " – Men i den kristne lære om Gud der blev menneske, og om arvesynden, troen på dette som betingelse for nåden forstærkes uendeligt kravet til personligheden: "Subjektivïteten er Sandheden. Ved at den evige væsentlige Sandhed forholdt sig til den Existerende, blev Paradoxet til. Lad os nu gaae videre, lad os antage, at den evige væsentlige Sandhed selv er Paradoxet. Hvorledes fremkommer Paradoxet? Ved at den evige væsentlige Sandhed og det at existere sættes sammen. Naar vi da altsaa sætte det sammen i Sandheden selv, saa bliver Sandheden et Paradox. Den evige Sandhed er bleven til i Tiden. Dette er Paradoxet. Blev Subjektet i det nærmest Foregaaende forhindret i at tage sig selv tilbage i Evigheden ved Synden, nu skal det ikke bekymre sig derover, thi nu er den evige væsentlige Sandhed ikke bag ved, men kommen foran det ved selv at existere eller have existeret, saa hvis Individet ikke existerende, i Existentsen, faaer fat paa Sandheden, faaer det den aldrig.

Skarpere kan Existents aldrig accentueres end den nu er bleven det. Speculationens Svig med at ville erindre sig ud af Existentsen er gjort umulig. Her kan kun være Tale om at fatte dette, enhver Speculation, der vil være Speculation, viser eo ipso, at den ikke har fattet dette. Individet kan støde alt dette fra sig og tye til Speculationen, men antage det og saa ville hæve det ved Speculationen er umuligt, fordi det er lige beregnet paa at forhindre Speculationen. [– – –]

Naar Socrates troede, at Gud er til, da fastholdt han den objektive Uvished med Inderlighedens hele Lidenskab, og i denne Modsigelse, i denne Risico er netop Troen. Nu er det anderledes, istedetfor den objektive Uvished, er her Visheden om at det objektivt seet er det Absurde, og dette Absurde fastholdt i Inderlighedens Lidenskab er Troen. Den socratiske Uvidenhed er som en vittig Spøg i

the eternal truth stands in relation to an existing individual, and therefore must be for him a paradox as long as he exists; and yet it might be possible that in the Socratic ignorance in Socrates there was more truth than in the objective truth of the whole system, which flirts with the demands of the times and adapts itself to *Privatdozenten*." But in the Christian doctrine about God who became man, and about original sin, belief in this as a requisite for grace increased endlessly the demand upon a personality: "Subjectivity is truth. In that the eternal essential truth stands in relation to something existing, the paradox came into being. Let us now go further, let us assume that the eternal essential truth is itself the paradox. How does the paradox occur? In that the eternal essential truth and existence are joined. Therefore when we join it together in truth itself, then truth becomes a paradox. Eternal truth has come about in time. This is the paradox. If the subject in the above was prevented by sin from moving back into eternity, he should not be perturbed on that account, for now the eternal essential truth is not behind him but has come in front of him, by existing or having existed, so that if the individual existing in existence does not grasp the truth, he will never grasp it.

"Existence can never be accentuated more sharply than it now has been. Speculation's deceit in wanting to recollect itself out of existence is made impossible. Here, there is only a question of understanding this; every speculation which would be speculation shows *eo ipso* it has not understood that. The individual can push all this aside and resort to speculation; but to accept it and then to abrogate it by speculation is impossible, since it has been calculated in order to prevent speculation....

"When Socrates thought that God existed, he maintained objective uncertainty with all of fervour's passion, and faith is precisely in this contradiction, in this risk. Now it is different, instead of the objective uncertainty, here the certainty is that what is viewed objectively is the absurd, and that absurd, maintained in fervour's passion, is faith. Socratic ignorance is like a witty jest in comparison

Sammenligning med det Absurdes Alvor, og den socratiske existe-
rende Inderlighed som en græsk Sorgløshed i Sammenligning med
Troens Anstrængelse.

Hvilket er nu det Absurde? Det Absurde er, at den evige Sandhed
er bleven til i Tiden, at Gud er blevet til, er født, har voxet o.s.v.,
er blevet til aldeles som det enkelte Menneske, ikke til at skjelne fra
et an det Menneske, thi al umiddelbar Kjendelighed er før-socratisk
Hedenskab og jødisk seet Afgudsdyrkelse; og enhver Bestemmelse
af Det, som virkelig gaaer videre end det Socratiske, maa væsentli-
gen have et Mærke af, at det staaer i Forhold til dette, at Guden er
blevet til, fordi Tro, sensu strictissimo, refererer sig til Tilblivelse."

Således er Kierkegaards fremstillingsform for filosoffer og teolo-
ger. I hans opbyggelige taler, der er bestemt for hvermand, er fore-
draget let og ligefremt; Kierkegaard dvæler med forkærlighed ved
Bibelens lignelser og digter selv nye. For at vise hvad mange men-
nesker kan præstere, når de, som apostlene, handler under Guds op-
syn, efter Guds lov og vilje, fortæller han hvad man kunne kalde lig-
nelsen om kongens kusk: "Der var engang en Rigmand; han lod i
Udlandet kjøbe i dyre Domme et Par aldeles feilfrie og udmærkede
Heste, som han vilde have til sin egen Fornøielse og Fornøielsen af
selv at kjøre. Saa gik der vel omtrent et Aar eller to. Dersom Nogen,
som tidligere havde kjendt disse Heste, nu saae ham kjøre dem, han
vilde ikke kunne kjende dem igjen: Øiet var blevet mat og døsigt,
deres Gang uden Holdning og Sluttethed, Intet kunde de taale,
Intet udholde, neppe kunde han kjøre en Miil uden at han maatte
tage ind underveis, stundom gik de istaa ligesom han allerbedst sad
og kjørte, derhos havde de faaet allehaande Nykker og Vaner, og
uagtet de naturligviis fik Foder i Overflod, skæmmede de sig Dag
for Dag. Da lod han Kongens Kudsk kalde. Han kjørte dem i en
Maaned: der var paa hele Egnen intet Par Heste, der bar Hovedet
saa stolt, hvis Blik var saa fyrigt, hvis Holdning saa skjøn, intet Par
Heste, der saaledes kunde holde ud at løbe om det var syv Miil i eet
Træk, uden at der toges ind. Hvori stak det? Det er let at see: Eie-
ren, der, uden at være Kudsk, gav sig af med at være Kudsk, han
kjørte dem efter Hestenes Forstand paa hvad det er at kjøre; den

with the seriousness of the absurd; and Socratic existential fervour is like Greek insouciance in comparison with the exertion of faith.

"What is now the absurd? The absurd is—that eternal truth has come into being in time, that God has come into being, has been born, has grown, and so forth, has come into being just as the individual man, not to be differentiated from another man. For all immediate perceptibility is pre-Socratic heathendom, and from a Jewish point of view, idolatry; and every determination of that which actually goes beyond the Socratic must essentially bear the stamp of standing in relation to this, that God has come into being; because faith *sensu strictissimo* refers to genesis."

Such is Kierkegaard's way of expressing himself to philosophers and theologians. In his *Edifying Discourses*, which are meant for every man, the delivery is easy and forthright; Kierkegaard likes to dwell on Biblical parables, and he himself creates new ones. In order to show what many people can accomplish when they, like the apostles, act according to the surveillance of God, according to God's law and will, he tells what might be called the parable of the king's coachman: "There was once a rich man who had bought abroad for a large sum a pair of flawless and excellent horses which he wanted for his own pleasure and for the pleasure of driving them himself. Then about a year or two passed. If anyone who previously had known these horses now saw him drive them, he would not have recognized them again: their eyes had become dull and drowsy, their gait lacked bearing and decisiveness, they could not endure anything, they had no stamina, he could hardly drive a league without having to stop along the way, sometimes they came to a halt just as he was seated and driving in the best of form; moreover, they had acquired all sorts of caprices and habits, and although they naturally got fodder in excess, they wasted away from day to day. Then he sent for the king's coachman. He drove them for a month: in the whole district there was no pair of horses which carried their heads so proudly, whose glance was so fiery, whose bearing was so handsome, no pair of horses which could last so long, and even run seven leagues at a stretch without being stabled. Wherein lay the difficulty? That is easy to see. The owner, who without being a coachman tried to act like a coachman, drove them according to the horses' concept of what it is to drive; the royal

kongelige Kudsk kjørte dem efter Kudskens Forstand paa hvad det
er at kjøre. " (Til Selvprøvelse Samtiden anbefalet, 1851).

Da Kierkegaard nåede frem til at betragte den bestående kirke
som en forvanskning af den oprindelige, nutidens kristendom som
en forhånelse af Gud, gik han til storm på kirken, både præsterne og
de vanekristne. Han undgår nu alle omskrivninger, hans litterære
våben er reportagen og injurien. I tidsskriftet "Øieblikket" (1855)
tegner han blandt adskillige andre følgende "Billede" af hverdagen
i et såkaldt kristeligt land:

"Det er en ung Mand – lad os tænke det saaledes, Virkeligheden
giver rigeligt Exempel – det er en ung Mand endog med mere end
almindelige Evner, Kundskaber, inde i det offentlige Livs Begiven-
heder, Politiker, selv Agerende som saadan.

Hvad Religion angaaer, er hans Religion: han har slet ingen. At
tænke paa Gud falder ham aldrig ind; at gaae i Kirke lige saa lidet,
og det er saa vist ikke af religieus Grund han lader det være; og
hjemme at læse i Guds Ord vilde han næsten befrygte var at gjøre
sig latterlig. Da det engang føier sig saaledes, at hans Livs-Forhold
foranlediger ham til, forbunden med nogen Fare, at ytre sig om
Religionen, vælger han den Udvei, at sige hvad Sandhed er: jeg
har slet ingen Mening om Religionen, Sligt har aldrig beskjeftiget
mig.

Samme unge Mand, som ingen Trang føler til Religion, føler
derimod en Trang til at blive – Fader. Han gifter sig; nu har han et
Barn; han er – Barnefader: og hvad skeer?

Ja, vor unge Mand er, som man siger, i Vinden med dette Barn,
han bliver nødsaget til i Egenskab af – Barnefader at have en Reli-
gion. Og det viser sig, at han har den evangelisk-lutherske Reli-
gion.

Hvor ynkeligt paa den Maade at have Religion. Som Mand har
man ingen Religion; hvor der kunde være Fare forbunden med blot
at have en Mening om Religion, har man ingen Religion: men i
Egenskab af – Barnefader har man (risum teneatis!) den christelige
Religion, som just anpriser eenlig Stand.

Saa bliver der sendt Bud til Præsten; Jordemoderen arriverer
med Barnet; en ung Dame holder coquet Huen; nogle unge Mænd,
der heller ingen Religion have, viser Barnefaderen den Tjeneste,
som Faddere at have den evangelisk-christelige Religion, og at over-

coachman drove them according to a coachman's concept of what it is to drive." *(For Self Examination Recommended to the Times* [1851]*)*.

When Kierkegaard had come to view the established church as a perversion of the original church, and modern Christianity as an insult to God, he attacked the church, both the clergy and the conventional church-goers; he avoids all circumlocution, his literary weapons are journalism and defamation. In the periodical *The Moment* (1855) he drew, among various others, the following "picture" of the everyday in a so-called Christian land:

"There was a young man—let us imagine it thus, reality provides abundant examples—there was a young man with more than average ability and knowledge, caught up in the events of public life, a politician, even acting as such.

"As far as religion is concerned, his religion is: that he has none at all. It never occurs to him to think of God, any more than to go to church, and it is certainly not for religious reasons that he desists; he is almost afraid that to read God's word at home would make him ridiculous. When it comes to pass that his situation causes him, not without some danger, to express himself about religion, he chooses the expedient of saying what is true: 'I have no opinion at all about religion, such matters have never concerned me.'

"The same young man who feels no need of religion feels, however, a need to become—a father. He marries, he has a child, he is—the child's father. And then what happens?

"Well, our young man is, as they say, in a tight spot because of this child; in the capacity of—the child's father, he must have a religion. And so it turns out that he has the Evangelical Lutheran religion.

"How pitiful to have a religion in that way. As a man, a person has no religion; where there could be danger connected with merely having an opinion about religion, a person has no religion: but in the capacity of a child's father a person has (risum teneatis!) precisely that Christian religion which praises the celibate state.

"So a message is sent to the clergyman, the midwife arrives with the child; a young lady holds the bonnet coquettishly; some young men who also have no religion do the child's father the service of having, as godfathers, the Evangelical Christian religion, and of

tage Forpligtelse for Barnets christelige Opdragelse; en Silke-Præst stænker med Gratie tre Gange Vand over det søde lille Barn, aftørrer sig gratieust i et Haandklæde – –

og det vover man at byde Gud under Navn af: christelig Daab. Daaben; det var ved den hellige Handling at Verdens Frelser indviedes til sit Livs Gjerning, og efter ham Disciplene, Mænd, der længst vare komne til Skjelsaar og Alder, og som nu, døde for dette Liv (derfor neddukkede de sig tre Gange, betydende at være døbte til Christi Døds Samfund), lovede at ville leve som Offrede i denne Løgnens og Ondskabens Verden.

Dog Præsterne, disse hellige Mænd, forstaaer nok deres Dont, og ligeledes, at hvis det skulde være, som Christendommen ubetinget maa fordre og ethvert fornuftigt Menneske, at først naar En er kommet til Skjelsaar og Alder faaer han Lov at bestemme sig for hvilken Religion han vil have – Præsterne forstaae meget godt, at saa blev det ikke rigtigt til Noget med Næringsveien. Og derfor trænge disse hellige Sandhedsvidner ind i Barselstuerne og benytte det zarte Øieblik, hvor Moderen er svag efter overstanden Lidelse, og Fatter er – i Vinden. Og saa vover man under Navn af christelig Daab at byde Gud en Handling som den beskrevne, hvori der dog kunde bringes en lille Smule Sandhed ind, hvis den unge Dame istedetfor sentimentalt at holde Huen over Barnet, satirisk holdt en Nathue over Barnefaderen. Thi paa den Maade at have Religion er, aandeligt, en comisk Ynkelighed. Man har ingen Religion; men paa Grund af Omstændighederne: fordi først Moderen kom i Omstændigheder, og saa, som Følge deraf, Fatter igjen kom i Omstændigheder, har man paa Grund af Omstændighederne med dette lille søde Nussebeen, paa Grund deraf har man: den evangelisk-lutherske Religion."

Det er dog ikke Kierkegaards sidste ord. Under Øjeblikkets ubændige polemik udgav han en sidste opbyggelig tale; den hedder "Guds Uforanderlighed" og udgår fra Jakobs brev 1, 17–21. Talen ender med et digterisk billede: "Tænk Dig i Ørkenen en Eensom; forbrændt næsten af Solens Hede, forsmægtende finder han en Kilde. O liflige Kølighed! Nu er jeg, Gud være lovet, siger han – og han fandt dog kun en Kilde, hvorledes maatte ikke Den tale, der fandt Gud! og dog maatte ogsaa han sige "Gud være lovet", jeg

assuming the obligation for the child's Christian upbringing; a silken clergyman gracefully sprinkles water on the sweet little child three times, dries his hands gracefully with a towel—and this we dare to proffer God in the name of Christian baptism. Baptism—it was through this sacred act that the Saviour of the world was initiated into His life's calling, and after Him the apostles, men who had long since arrived at the age of discretion and who now, dead to this life (therefore immersed three times, signifying that they were baptized into the community of Christ's death) promised to be willing to live as sacrificed men in this world of falsehood and evil.

"But the clergymen, these holy men, understand their business, and also that, if it should be, as Christianity and every sensible man necessarily must demand, not until one has reached the age of discretion should one be allowed to determine which religion he will have—then the clergymen understand very well that there would not be much of a livelihood in it for them. And therefore these holy witnesses to the truth force their way into the lying-in room, and exploit the delicate moment when the mother is weak after the suffering she has gone through, and the father is—in a tight spot. And then we dare, in the name of Christian baptism, to proffer God an act such as the one described here, into which a little bit of truth might be introduced if the young lady, instead of sentimentally holding a bonnet over the child, satirically held a night cap over the head of the child's father. To have a religion in this way is, spiritually speaking, comic pathos. A person has no religion; but because of circumstances—first since the mother was in blessed circumstances, and then as a result the father in turn got into difficult circumstances, and then because of the circumstances connected with the sweet little baby—because of all this a person has—the Evangelical Lutheran religion."

These are not Kierkegaard's last words. During the immoderate polemics of *The Moment,* he published a final edifying discourse. Its title is "The Unchangeability of God" and it has its origin in James I: 17–21. The discourse concludes with a poetic image. "Think of a lone man in the desert, almost burned up by the heat of the sun; dying of thirst; he finds a spring, oh, delicious coolness! Now I am...God be praised, he says—and he only found a

fandt Gud! – nu er jeg, Gud være lovet, forsørget. Thi Din trofaste Kølighed, o elskede Kilde, er ikke underlagt Forandring. I Vinterens Kulde, hvis den naaede her hen, Du bliver ikke koldere, men bevarer nøiagtigt den samme Kølighed, Kildens Vand fryser ikke! I Sommersolens Middags-Brand, Du bevarer nøiagtigt Din uforandrede Kølighed, Kildens Vand lunknes ikke! Og der er intet Usandt i hvad han siger (han, der i mine Tanker ikke valgte nogen utaknemlig Gjenstand for en Lovtale, en Kilde, hvad Enhver bedre forstaaer, jo bedre han veed, hvad det vil sige: Ørken og Eensomhed), der er ingen usand Overdrivelse i hans Lovtale. Imidlertid, hans Liv tog en ganske anden Vending, end han havde tænkt. Han forvildede sig engang bort, blev saa revet ud i den vide Verden. Mange Aar efter vendte han tilbage. Hans første Tanke var Kilden – den var der ikke, den var udtørret. Et Øieblik stod han taus i Sorg; da fattede han sig og sagde: nei, jeg tilbagekalder dog ikke eet Ord af hvad jeg sagde til Din Lov, det var Sandhed Alt. Og prisede jeg Din liflige Kølighed, medens Du var, o elskede Kilde, saa lad mig ogsaa prise den, nu Du er forsvunden, at det maa være sandt, at der er Uforandrethed i et Menneskes Bryst. Ei heller kan jeg sige, at Du bedrog mig; nei, havde jeg fundet Dig, jeg er forvisset, Din Kølighed vilde være uforandret – og Mere havde Du ikke lovet.

Men Du, o Gud, Du Uforanderlige, Du er uforandret altid at finde, og lader Dig uforandret altid finde, Ingen reiser, hverken i Liv eller Død, saa langt bort, at Du ikke er at finde, at Du ikke er der, Du er jo overalt, – saaledes er der ikke Kilder paa Jorden, Kilderne ere kun paa enkelte Steder. Og desuden – overvældende Sikkerhed! – Du bliver jo ikke som Kilden paa Stedet, Du reiser med; ak, og Ingen forvilder sig saa langt bort, at han ikke kan finde tilbage til Dig, Du der ikke blot er som en Kilde, der lader sig finde, – fattige Beskrivelse af Dit Væsen! – Du ,der er som en Kilde, der selv søger den Tørstende, den Forvildede, hvad man aldrig har

spring; how might he speak who found God! And still he might also say 'God be praised,' I have found God! Now I am, God be praised, provided for. Thy faithful coolness, O beloved spring, is not subject to change. In the cold of winter, if that were to reach here, thou wouldst not become colder, but preserve exactly the same coolness; the water of the spring does not freeze! In the midday heat of the summer sun, thou preservest quite thy unchanged coolness, the water of the spring does not grow tepid! And there is nothing untrue in what he says, (he who in my opinion did not choose some unrewarding subject for a eulogy, a spring—as ever-one will understand the better, the better he knows what desert and loneliness signify), there is no untrue exaggeration in his eulogy. In the meantime, his life took quite another turn than he had thought. Once he wandered off and was snatched up into the wide world. Many years later he returned. His first thought was the spring—it was not there; it had dried up. For a moment he stood silent in sorrow. He composed himself and said, No, I do not retract one word of what I said about thy law; it was the truth, every word. And I praised thy delicious coolness while thou existed, O beloved spring; let me also praise it now thou hast disappeared, that it may be true that there is unchangeableness in the human breast. Nor can I say that thou hast deceived me; no, I have found thee, I am assured that thy coolness would be unchanged, and more thou hast not promised.

"But thou, O God, thou who art unchanging, thou art ever to be found unchanged, and thou permittest thyself ever to be found unchanged; neither in life nor in death does anyone travel so far away that thou art not to be found, that thou art not; thou art everywhere—thus on earth there are no springs; the springs are only in certain places. What is more—an overwhelming certainty! thou art not, like the spring, in a certain place, thou goest along; alas, and no one wanders so far away that he can not find his way back to thee, thou who art not only like a spring which lets itself be found—feeble description of thy being!—thou who art like a spring which itself seeks out him who is thirsting, him who has lost his way, something no one has ever before heard about any

har hørt om nogen Kilde. Saaledes er Du uforandret altid og over-
alt at finde. O, og naarsomhelst et Menneske kommer til Dig, i
hvilken Alder, til hvilken Tid paa Dagen, i hvilken Tilstand: der-
som han kommer oprigtigt, han finder altid (som Kildens uforan-
drede Kolighed) Din Kjerlighed lige varm, Du Uforanderlige!
Amen."

spring. Thus thou art ever unchanged and everywhere to be found. Oh, and whenever a human being comes to thee, of whatever age, at whatever time of day, in whatever condition: if he but comes with sincerity, he always finds (like the spring's unchanged coolness) thy love equally warm, thou who art unchanging! Amen."

M. GOLDSCHMIDT
(1819–1887)

Meïr Goldschmidt var en udsøgt epiker og en prosaens mester. Når han i sine romaner og noveller afmaler danske jødiske eller ikkejødiske kredse, tolker han personernes tilværelse i lyset af en lov om universel retfærdighed. Han mener, der i den skabte verden findes en ligevægt, der for at opretholdes må kræve, at enhver synd sones i dette liv, og at de højeste glæder må betales med lidelser der svarer dertil. I den eventyragtige fortælling, *Bjergtagen* (1868), er det karakteristisk nok den borgerlige ret, som bliver redskabet for den universelle retfærdighed.

BJERGTAGEN
Efter et Sagn

Dengang Borgen eller Herregaarden Debelsborg paa Furland endnu stod paa det Sted, hvor nu kun svage Jordforhøininger betegne, at der har været bygget og boet, var der ogsaa i Nærheden af Borgen en lille Sø. Hinsides Søen var Kornmarker, som strakte sig lige til den meget omtalte Smedehøi, der skyder ud som et Forbjerg fra Høilandet og danner Grændsen mellem det dyrkede og det udyrkede eller vilde Land.

Ved Søen gik en Vinterformiddag et ungt Ægtepar, Borgherren og hans Hustru. Det havde kun frosset lidt; selve den lille Sø var uden Is; men de smaa Bølger havde om Natten vædet Græsset paa Søens Rand, og de efterladte Draaber vare blevne til Is, som derpaa var bleven forøget med nye Draaber, saa at hvert Græsstraa paa en lang Strækning nu bar ligesom en Klokke af Is, og naar da den lette Vind foer hen over Søbredden, sloge disse smaa Klokker lempelig imod hinanden og frembragte en besynderlig Musik. Hvergang Vinden kom paany og Græsstraaene med deres Klokker svaiede og klang, bøiede den unge Borgfrue lyttende Hovedet, og endelig sagde hun: "Det er dog forunderligt!"

"Hvad er forunderligt?" spurgte hendes Ægtemand.

"Den Melodi," svarede hun.

"Melodi?" sagde han; "hvor er den?"

M. GOLDSCHMIDT

Meir Goldschmidt was an exemplary narrator and a master of prose. When, in his novels and short stories he depicts Danish, Jewish or non-Jewish, circles he interprets his characters' existences in the light of a principle of universal justice. He is of the opinion that there is a balance in creation which in order to be preserved demands that each sin must be expiated in this life, and that the greatest pleasures must be compensated for by sufferings which correspond to them. In the fairy tale-like story "Bewitched" (1868) bourgeois law characteristically becomes the instrument of universal justice.

BEWITCHED
Based on a legend

At the time the castle or manor of Debelsborg on the island of Furland was still standing where now only slight rises indicate that the place once had had buildings and inhabitants, there was a small lake in the vicinity of the castle. On the other side of the lake were fields of grain which extended all the way to the notorious Blacksmith's Hill, which juts out like a promontory from the highlands and forms a boundary between the cultivated and the uncultivated or wild land.

One winter forenoon a young couple was walking along the lake—the lord of the castle and his wife. There had been only a light freeze; the little lake itself was free of ice, but during the night the small waves had moistened the grass at the edge of the lake, and the drops of water that remained had turned to ice. These had then been enlarged by new drops, so that it was as if each blade of grass in a wide area now bore a bell of ice, and when the light wind blew across the expanse of the lake, these little bells struck softly against each other and produced a strange kind of music. Each time the wind blew and the blades of grass with their bells swayed and tinkled, the young lady of the manor bent her head and listened, and finally she said, "Why, that's strange!"

"What's strange?" asked her husband.

"That melody," she answered.

"Melody?" he said. "Where?"

"I don't know; it's as if the whole lake were singing, and the

"Jeg veed ikke; det er ligesom hele Søen sang, og Jorden og Luften med, og Melodien er saa deilig, saa deilig ... saadan –"

Hun gjorde Forsøg paa at nynne den efter, men holdt strax inde ligesom skamfuld eller misfornøiet med sin egen Stemme, der skjøndt smuk, gjorde et saa magtesløst Forsøg paa at gjengive, hvad der klang enten udenfor eller indeni hende.

"Naa, det er Melodien!" sagde hendes Ægtefælle leende og raabte strax efter til sin Hund: "Hector! Hallo!"

For hende syntes hans Stemme at gaae ud i Luften mellem Tonerne ligesom en stærk Haand, der kvalte en uendelig Mængde smaa Væsner; men snart var Ægteparret saa langt fjernet fra Søen, at Intet kunde høres, og hun glemte eller bestræbte sig for at glemme den lille, saare lille Begivenhed.

Vinteren kom stærkere og gik igjen og gjorde Plads for det livsalige Foraar og den blide, varme Sommer.

Det var en Juni eller Juli Aften. Borgherren og hans Hustru sad udenfor deres Havestue. Der rørte sig i den milde, lyse Aften ikke en Luftning mærkelig for Nogen, undtagen engang imellem for Bladene i Bæveraspen, som stod tætved Huset. Medens Alt var saa stille, og medens de hvide Blomsterblade fra Æble- og Pæretræerne laae paa Jorden, var det, som om de sølvagtig skinnende, sagte bævende Aspeblade saae eller følte Noget, som Andre ikke kunde mærke, og dette Ubekjendte meddelte Sindet en let, ikke ubehagelig Angst, en Anelse om et sagte, hemmelighedsfuldt Naturens Aandedræt. Og skjøndt Alt var stille, kunde man dog ved at hengive sig og lytte høre Lyd i Stilheden. Det summede i Luften og svirrede i Græsset, det var en Lyd ingensteds og allestedsfra, en Lyd uden Mening og dog en Lyd af Leg eller af Glæde, der snart snurrede rundt, snart gjorde et Hop, snart piblede frem som forunderlig fine Kildevæld, derpaa med Et syntes at standse og see paa sig selv for saa at begynde forfra. Nu slog Taarnuhret, og medens Slagene langsomt dønede hen i Rummet, vare de som en Stemme, paa engang forstandig og høitidelig, der bød alt det Skjulte og Hemmelighedsfulde at tie, og det taug ogsaa, indtil det havde mærket, at nu kunde eller vilde Klokken ikke mere. Saa lød et Fugleskrig fra et ensomt Træ, og saa begyndte det igjen overalt, dandsende, svirrende, hoppende, summende, piblende, og Vinden, der hævede sig lidt, bragte Aspens Blade til at bæve stærkere og slaae med let, me-

earth and the air along with it, and the melody is so lovely, so lovely ... like—"

She made an attempt to hum it, but stopped immediately, as if ashamed, or displeased with her own voice, which, although beautiful, made so feeble an attempt to reproduce what resounded either in nature or within her.

"So that's the melody?" said her husband, laughing and at once calling his dog, "Here, Hector!"

To her, his voice seemed to go out into the air among the musical notes like a strong hand that stifled an infinite multitude of tiny beings; but the couple was soon so far away from the lake that nothing could be heard, and she forgot or tried to forget the small, very small incident.

The winter grew more severe—but, finally departed and made room for blissful spring and mild, warm summer.

It was an evening in June or July. The lord of the manor and his wife were sitting outside their sunroom. In the mild, light evening, the breeze was imperceptible except occasionally to the leaves of the aspen, which stood next to the house. While everything was so still, and the white petals of the apple and pear trees lay on the ground, it was as if the gently trembling aspen leaves, shining like silver, saw or felt something that others could not perceive, and this Unknown imparted to the mind a slight, not unpleasant fear, a presentiment of a soft, mysterious breath of nature. And, although everything was still, one could, by concentrating and listening, hear sounds in the stillness. There was a humming in the air and a buzzing in the grass; it was a sound from nowhere and everywhere, a sound without meaning and nonetheless a sound of playfulness or of joy, which now whirred in a circle, now made a hop, now trickled out like a wonderfully fine spring, then suddenly seemed to stop and observe itself, then to begin all over again. Now the tower clock struck, and while the strokes slowly reverberated away in space, they were like a voice, at once intelligent and solemn, which bade everything hidden and mysterious to be silent, and it was silent, until it perceived that the clock could not, or did not want to, continue. Then a bird's cry resounded from a solitary tree, and then it began again everwhere, dancing, buzzing, hopping, humming, trickling; and the wind, rising a little, caused the aspen leaves to tremble more strongly and to strike against each other

talagtig Raslen imod hinanden og de andre Træers Kroner til at bølge.

"Det er dog besynderligt!" sagde den unge Borgfrue.

"Hvad er besynderligt?" spurgte Borgherren.

"Ingenting ... Du vil lee af mig."

"Nei, hvad er det? Lad mig høre. Hvad er saa besynderligt?"

"Ja, men Du maa ikke lee, og Du maa ikke skjænde. Det forekom mig med Et, ligesom der var en overordentlig Mængde lyse, engleagtige Væsner, altfor smaa til at kaldes Børn, og de stillede sig op i Kreds, og Kredsen blev alt større og større, og saa skulde de til at dandse, og saa blev Æbletræet derhenne en Kone, der gav sig til at synge for dem – og det var den samme Melodi, den samme forunderlige, deilige Melodi, som Klokkerne spillede i Vinter ved Søen."

Hendes Ægtefælle følte et ham selv uforklarligt Had til den Melodi, han aldrig havde hørt, og han sagde mismodigt: "Det er jo ikke Noget at skjænde for; men Du skulde dog tage Dig iagt med de Indbildninger, at det ikke skal gaae Dig som Smedens tossede Ane."

"Hvad var da det med Smedens tossede Ane?"

"Aa, jeg veed ikke engang rigtig. Det var Noget, der blev fortalt mig som Barn, og andet Sandt er der naturligvis ikke deri end, at hun ikke kunde taale sine egne Indbildninger og Drømme."

"Ja, men hvad indbildte hun sig da? Hvad drømte hun om?"

"Det er da ikke godt for mig at vide! Men hun havde vel faaet Hovedet fuldt af Eventyr, som Folk gaae og snakke om, og her paa Egnen er det jo Smedehøien, de have travlt med, og de have vel ogsaa allerede fortalt Dig om Stenen, der gjør Musik?"

"Nei! Er der saadan en Sten? Vilde en vanvittig Pige høre den Sten synge?"

"Nei, hun var ikke tosset dengang; tvertimod, hun var en kjøn Pige og havde mange Beilere, men mistede Alting og Forstanden ovenikjøbet, fordi hun vilde høre Musiken fra Stenen. Hun gik hen i Kornmarken nedenfor Høien og lyttede; men rimeligvis kunde hun ikke taale Sindsbevægelsen, og saa fandt de hende sandseløs, og til sine Sandser kom hun aldrig mere."

"Kunde hun da aldrig tale? Sagde hun ikke, at hun havde hørt Noget?"

"Hvor Du spørger! Hun havde jo ligget besvimet."

with a light metallic rustling, and caused the tops of the other trees to wave.

"Why, that's odd!" said the lady of the manor.

"What's odd?" asked the lord of the manor.

"Nothing. You will laugh at me."

"No, what is it? Tell me. What's so odd?"

"All right, but you mustn't laugh, and you mustn't scold. It suddenly seemed to me as if there was an extraordinary multitude of radiant, angel-like beings, too small to be called children, and they placed themselves in a circle, and the circle got larger and larger, and then they were going to dance, and then the apple tree over there became a woman, who began to sing to them—and it was the same melody, the same wonderful, lovely melody that the bells played last winter by the lake."

Her husband felt a hatred, inexplicable to himself, for that melody, which he had never heard, and he said disheartened, "There's nothing to scold about, but you really ought to beware of those delusions, so that the same thing won't happen to you that happened to the blacksmith's crazy Anna."

"What about the smith's crazy Anna?"

"Oh, I don't even know exactly. It was something that was told to me as a child, and naturally there's nothing true in it, save that she could not endure her own delusions and dreams."

"Yes, but what did she imagine? What did she dream about?"

"How should I know? But she had probably had her head filled with fairy tales that country people are always chattering about, and around here it's Blacksmith's Hill that preoccupies them; and they have probably already told you about the stone that makes music!"

"No! Is there such a stone? Did a mad girl claim to hear the stone sing?"

"No, she wasn't crazy then; on the contrary, she was a pretty girl and had many suitors, but lost everything, and her sanity to boot, because she claimed to hear music from the stone. She went over into the field of grain at the foot of the hill and listened, but she probably couldn't endure the emotion, and so they found her unconscious, and she never came to her senses again."

"Couldn't she ever speak? Didn't she say that she had heard something?"

"Ja, men hvad havde bragt hende til at besvime?"

"Hendes Indbildninger og Angst naturligvis. Det, hun sagde, at hun havde seet, var ellers ikke saa slemt endda; men det var jo ydmygende, det forstaaer sig, for en kjøn Pige."

"Saa? Hvad var det da?"

"Hun havde i Høien seet en gammel Mand, der sagde til hende: Det er ikke Dig."

"Naar var det da? Hvor mange Aar er det siden?" spurgte Husfruen med Øine besynderlig store.

"Men, Herregud, Barn, Du spørger jo, som om det havde været nogensinde!" svarede hendes Ægteherre; "det var jo kun Smedens tossede Ane, der drømte det!"

Den følgende Morgen havde Borgherren et Ærinde paa Gaarden eller Borgen Voiel, og medens han drog dertil, mod Sydøst, gik hun ud imod Nordøst, forbi Søen, gjennem Kornmarken, og da hun kom paa Markens Rand, var hun overfor Smedehøien. Der var to Høie tæt ved hinanden; men hun kunde kjende den rette derpaa, at der midt i den var en stor, rød Sten, og med Blikket fæstet paa den satte hun sig paa en Tue for at lytte.

I samme Øieblik bevægede Stenen sig, Høien aabnedes, og i Aabningen stod en ung Mand. Saadan som Sangen havde lydt fra de smaa Isklokker om Vinteren og fra Æbletræet om Sommeren, saadan saae han ud, han var Sangen i menneskelig Skikkelse, og hun reiste sig og gik til ham som til En, hun forhen havde seet med lukkede Øine, baaret som Billed i sit Indre, ventet paa at see udenfor sig for at sige til ham: Du er mig, og jeg er Dig.

Der var ingen Hule eller Fordybning i Høien. Saasnart hun kom gjennem Aabningen, var der strax vidt Land med Himmel ovenover ligesom andet Land. Det forekom hende, at dette Land, idet hun uden at see paa det, dog opfangede et Billede deraf paa Afstand, var stenet og lyngklædt Hede; men uden at hun undredes derved, viste denne Opfattelse sig strax urigtig; thi ved hvert Skridt, hun tog, kom hun imellem Græs og Blomster; hvad der nys havde forekommet hende blegt, stod i Farvepragt, hvad hun havde anseet for Stilke, blev til store, fyldige Træer, og da hun var kommen helt indenfor og stod ved hans Side, var det Hele et uendeligt, rigt Landskab.

"You're full of questions! She had been lying unconscious, after all."

"Yes, but what had made her faint?"

"Her delusions and fear, of course. What she said she had seen wasn't so bad, after all; but it was naturally humiliating for a pretty girl."

"Oh, what was it then?"

"In the hill she had seen an old man, who said to her, 'It's not you.'"

"When was that? How many years ago?" asked the wife, her eyes strangely wide.

"Why, good Lord, child, you're asking as if it had actually happened.'" answered her husband. "After all, it was only the smith's crazy Anna who dreamed it!"

The next morning the lord of the manor had an errand to the manor or castle of Voiel, and as he set out toward it, to the southeast, she went out to the northeast, past the lake, through the field of grain, and when she came to the edge of the field, she was opposite Blacksmith's Hill. There were two hills close together, but she was able to recognize the right one, because there was a great red stone in the middle of it, and with her gaze fixed upon it, she sat down on a mound to listen.

At that moment the stone moved, the hill opened, and in the opening stood a young man. He looked just like the song had sounded from the little ice bells during the winter and from the apple tree during the summer; he was the song in human form, and she rose and went to him as to one she had previously seen with her eyes closed, had borne as an image within her, had waited to see outside herself, in order to say to him, "You are I, and I am you."

There was no cave or hollow in the hill. As soon as she came through the opening, there was instantly a wide land with sky over it, like any other land. It seemed to her that this land—while, even without looking at it, she nevertheless caught a glimpse of it from a distance—was a stony and heather-covered heath. But, without her being surprised at it, this impression at once proved incorrect, for with each step she took she was walking through grass and flowers; what had just seemed pale to her stood in glow-

Han sagde ikke Andet til hende end: "Du har tøvet længe," og tog hende ved Haanden, og i samme Øieblik, som hendes Haand berørte hans, stod der et Slot, ganske tyst og stille, der var intet Tjenerskab, men Alting syntes at see paa hende med saa blide, hengivelsesfulde Øine, som hun aldrig forhen havde mødt.

Selve Tystheden og Stilheden var, naar hun ret lyttede, Musik, en sagte Gjenklang fra Isklokkerne og fra Æbletræet, og Landskabets Uendelighed var ligeledes Musik, en bestandig voxende, gyngende Kreds af de lysende Smaaskikkelser, og Tiden, der gled hen, bar hende som en bølgende Sø af Toner, og kun imellem lød den dybe Røst fra Taarnuhret, og saa standsede Alt et kort Øieblik, og hun kunde spørge.

Hun spurgte ham engang, af hvad Slægt han egentlig var, og han svarede: "Jeg nedstammer paa mødrene Side fra den Fugl Phønix, som, naar den faaer en saa stor Sorg, at den ikke kan overkommes, brænder sig selv op og da fødes igjen; men Ingen veed, hvor det er, at den gjenfødes."

Saa sælsomt Ordet end var, syntes hende dog, at det var klar Tale, og hun forstod den.

Hvergang saa igjen Landet klang og Stilheden sang og den bølgende Sø af Toner bar hende, syntes det hende, at hun selv talte. I hendes forrige Tilværelse, forekom det hende, saavidt hun nu kunde erindre eller forstaae den, var hvert Ord kommet fra en Skal, der laa om hendes Sjæl; nu var det Sjælen, som blev til Ord, men dog ikke strømmede ganske med; thi paa samme Tid fornam den med stor Tilfredsstillelse sig selv i Behold og ligesom indhyllet i et fint Slør. Paa lignende Maade var det, naar hun hørte, hvad han sagde. Forhen vare Ord komne til hende som usikkre, vaklende Tegn paa Noget, der famlede efter sig selv; nu hørte hun Ordene, som de fødtes i Hjertets Dyb og bleve til Et med Stemme og Blik.

Naar hin dybe Røst fra Taarnuhret da igjen lød og gjorde Stilhed, var der Intet, de jo kunde tale med hinanden om, end ikke den mørke Baggrund for deres gyldne Lykke. Hun spurgte ham, om det ikke var sandt, at Alt havde hun for sig, undtagen Loven, og han svarede sørgmodig, at saaledes var det: Alt kunde de modstaa; men hvis man fra hin anden Side af Stenen kaldte paa hende i Lovens Navn, saa vare de Begge magtesløse, og ved at faae denne Bekræftelse paakom hende en Følelse af en truende, stor, hellig Son-

ing colors, what she had taken for stalks became large, luxuriant trees; and when she had come all the way in and stood at his side, the whole was an infinite, rich landscape.

He said nothing to her other than, "You have hesitated a long time," and took her by the hand, and the instant her hand touched his, a palace stood there, absolutely silent and still. There were no servants, but everything seemed to look at her with gentle, devoted eyes such as she had never encountered before.

Even the silence and stillness were music, when she listened properly, a soft echo of the ice bells and of the apple tree, and the landscape's infinity was similarly music, a constantly growing, swaying circle of the luminous little forms; and time, gliding by, carried her like an undulating sea of tones, and only now and then the deep voice of the tower clock resounded, and then everything stopped for a brief moment and she could ask questions.

She asked him once of exactly what lineage he was, and he answered, "I am descended on my mother's side from the bird Phoenix, who, when he receives such a great sorrow that it cannot be overcome, burns himself up and is then born again; but no one knows where it is that he is reborn."

However strange his words were, they nevertheless seemed to her to be intelligible speech, and she understood it.

Every time that the land resounded and the stillness sang and the undulating sea of tones bore her up, it seemed to her that she herself spoke. In her former existence, it seemed to her, insofar as she could now remember or understand, that each word had come from a shell that lay around her soul; now it was the soul that became words, but could not quite keep up with them, for at the same time the soul noted with great satisfaction that it was secure and enveloped in a fine veil, as it were. It was the same when she listened to what he was saying. Formerly, words had come to her as unsure, faltering symbols of something that groped to find itself; now she heard the words as if they were born in the depths of the heart and became one with voice and glance.

When the deep voice of the tower clock again sounded and created stillness, there was nothing they could not talk to each other about, even the dark background of their golden happiness. She asked him if it were not true that she had everything in her favor except the Law, and he answered sadly that this was so: they could

offring, som hun stod i Gjæld for, og hvortil hun var indviet, og hun fornam det med en Bæven, der lignede Taarnuhrets hendønende og hendøende Klang.

Naar det saa sang og klang igjen, i Luften, i Landet og i Havet, syntes det hende, at de vare Fyrste og Fyrstinde i et Rige, og at Meget blev udført, at baade hans og hendes Liv var en Virksomhed, en Bedrift, hvoraf Andre havde Gavn, og hvoraf de selv voxede; men hun kunde ikke gribe fat i og komme til Vished om, hvad enten dette var eller blot syntes hende at være; thi endog naar hun troede det allervirkeligst, forekom det hende dog ikke at have Betydning i sig selv, men var blot en Følelse i hendes Hjerte, der gik ud og tog Skikkelse af Handling og vendte tilbage til Hjertet igjen. Dette forklarede han med de Ord: Al Bedrift er Kjærligheds Tanke –

> Solen, som stolt over Himlen gaaer,
> Saften i gyldne Ranke,
> Mandens Daad, som til Stjernerne naaer,
> Alt er Kjærligheds Tanke.

Men hvergang og hvor fjernt de end droge ud, kom altid hint Øiebliks Standsning fra Taarnuhret, og han sagde med Sørgmod til hende: Vi ere dog tætved Stenen og kunne høre, hvis der kaldes –

> Altid, end i den fjerneste Vraa,
> Hvor vi saa monne vanke,
> Ere vi nær, og høre vi maae
> Loven paa Stenen banke.

– Imidlertid havde Borgherren naturligvis strax savnet hende, og da han paa alle Efterspørgsler fik det Svar, at hun var bleven seet gaae ind i Kornmarken under Høien, og Alle vare af den Overbevisning, at hun var tagen derind, saa maatte han tilsidst ogsaa troe det, og forespurgte hos gamle, erfarne Folk om, hvad der nu var at gjøre. De raadede enstemmigt til, at der skulde ringes foran Høien med Kirkeklokken, og naar hun saa kom ud, paalagde de ham, maatte hun aldrig mindes om, at hun havde været derinde.

Kirkeklokken blev da tagen ned og bragt hen til Høien, og man ringede med den i tre Dage og Nætter; men det hjalp ikke.

withstand everything; but if she were called from the other side of the stone in the name of the Law, they would both be powerless; and on hearing this affirmation, she was overcome with a feeling of a menacing, great, holy sacrifice of atonement which she owed and to which she was dedicated, and she felt this with a trembling that resembled the tower clock's reverberating and dying sound.

When it sang and rang out again in the air, over the land, and on the sea, it seemed to her that they were prince and princess in a kingdom, and that something great was being accomplished, that both his life and her own were a mission, an achievement from which others gained benefit and through which they themselves grew; but she could not grasp or ascertain whether this existed or only seemed to her to exist; for just when she believed it the strongest, it seemed to her to have no significance in itself after all, but was only a feeling in her heart that went out and took the form of action and then returned to her heart again. This she explained with the words, "All achievement is love's design."

> The sun which proud through heaven goes,
> The juice of the golden vine,
> The deed of man which starward grows,
> All is love's design.

But whenever they went out, no matter how far they went, that moment's interruption from the tower clock always came, and he said sadly to her, "We are still very close to the stone, and can hear if anyone calls—

> Always, yea in the farthest spot,
> Wherever we may withdraw,
> Upon the stone, to hear's our lot:
> Still near, the knock of the law.

In the meantime the lord of the manor had missed her at once, and since to all inquiries he received the answer that she had been seen going into the grain field below the hill, and everyone was of the conviction that she had been taken inside, he was forced to believe that too, and he asked the old experienced poeple what was now to be done. They unanimously advised that the church bell be rung in front of the hill, and when she had come out, they enjoined him, she must never be reminded that she had been inside.

Da huskede Borgherren, at hans Hustru havde talt om en Klang, en Melodi, der havde lydt fra Isklokkerne og fra Æbletræet, og som hun havde fundet saa skjøn, og han tænkte, at naar man kunde opdage og gribe den Melodi og synge den ved Høien, saa vilde hun komme ud. Derfor udlovede han en stor Belønning til den, som kunde opfange og synge Melodien, og Flere kom ogsaa og sagde, de havde den, og deres Sang blev prøvet udenfor Høien; men den hjalp ikke.

Meget prøvede endnu Borgherren; hver Dag gik han til Høien og forsøgte Et eller Andet, som maaskee kunde have Magt, men altid lige frugtesløst, indtil han en Dag, kummerfuld og mismodig, idet han vilde gaae bort, uden at tænke videre derover, løftede Haanden truende mod Høien og sagde: "Hun er dog min lovlige Hustru."

Da hørte han en Lyd, som om Stenen blev løs i Høien og smækkede til igjen; men han saae Intet, før han vendte sig for at gaae hjem, da saae han sin Hustru ligge sovende i Kornmarken.

Han ilede til hende og løftede hende op i sine Arme for at bære hende hjem. Hendes Ansigt var vaadt som af Dug og hendes Læber kolde, da han kyssede dem. Hun vaagnede, saae sig om med et Blik, der var ham besynderlig fremmedt, og spurgte: "Har jeg været længe borte?"

"Nei," svarede han og vidste ikke selv, om han svarede sandt eller ei.

Han bragte hende hjem, og han indbød sin Slægt og Egnens Fruer til at komme og holde hende med Selskab. Han fortalte dem nøiagtig, hvorledes Alt var tilgaaet, hvad han med sine egne Øine havde seet, hvorledes han havde fundet hende i Kornmarken, saa at hun egentlig ikke kunde siges at have været borte; men det Uforklarlige, som var i, at hun dog syntes at have været borte, paalagde han dem, i Henhold til de erfarne Folks Raad, ikke at berøre for hende, ei heller bringe Noget paa Bane, som kunde minde derom. Hvad Fruerne tænkte eller troede, berettes ikke; men de lovede at opfylde hans Anmodning.

Da de saa Alle vare samlede, fandt de Sagen vanskelig; den af dem, som tiltroede sig mest Sikkerhed, begyndte dog en Samtale, idet hun fortalte, at et Barn om Morgenen var blevet kastet omkuld paa Veien af en Ko, der bissede. En anden Frue spurgte, hvis Ko

The church bell was then taken down and brought to the hill, and it was rung three days and nights; but it did not help.

Then the lord of the manor remembered that his wife had spoken of a sound, a melody, that had come from ice bells and from the apple tree, and which she had found so beautiful, and he thought that when one could discover and seize upon the melody and sing it at the hill, she would come out. Therefore he offered a large reward to anyone who could find and sing the melody, and many did come and say they had it, and their song was tried out in front of the hill; but it did not help.

The lord of the manor tried many more things; every day he went to the hill and tried one thing or another that might have an effect, but always equally futile, until one day, sad and discouraged, as he was on the point of leaving, without thinking further about it, he raised his hand threateningly toward the hill and said, "She is after all my lawful wife."

Then he heard a sound, as if the stone had come loose in the hill and slammed closed again; but he saw nothing until he turned to go home, whereupon he saw his wife lying asleep in the field of grain.

He ran to her and lifted her in his arms to carry her home. Her face was wet as if from dew and her lips were cold when he kissed them. She woke up, looked about her with a gaze that seemed to him singularly odd, and asked, "Have I been away long?"

"No," he answered, and did not himself know whether he answered truthfully or not. *He is not positive about what has happened to her.*

He brought her home, and he invited his family and the women of the district to come and keep her company. He told them exactly how everything had happened, what he had seen with his own eyes, how he had found her in the field of grain, so that she really could not be said to have been away; but the inexplicable in the fact that she nevertheless seemed to have been away he ordered them, in accordance with the advice of the experienced folk, not to mention to her, nor to bring up anything that could remind her of it. What the women thought or believed is not recorded, but they promised to comply with his request.

When they were all together, they found the matter difficult; the one among them who was the most sure of herself nevertheless started a conversation, she told that a child had been knocked down on the road that morning by a runaway cow. Another wo-

det var, der havde gjort denne Fortræd, og der blev svaret, at det var Degnens Blakkede – men Degnens Blakkede var kommen til Verden, medens Hun var borte, og da de ikke turde berøre dette, skyndte de sig bort.

"Vi have ogsaa bedre af at være ene," sagde hendes Ægteherre.

De sad igjen om Aftenen i Haven. Det var September, men en mild Aften. Alt var tyst, Træernes Løv hang fyldigt, men ubevægeligt; Intet svirrede i Græsset, og Intet summede i Luften; Naturen var saa stille sammenbøiet over sig selv, at den end ikke syntes at lytte eller at ane Noget at lytte efter.

Pludselig sagde hun: "Det banker!"

"Hvor?" spurgte han, næsten angst.

"I Æbletræet."

"Det maa have været en Fugl, der pikkede paa en Gren; jeg hørte Intet."

"Jo, det bankede … det var heller ikke en Fugl … det var heller ikke i Æbletræet …"

"Hvor var det da?"

"Jeg veed det ikke … i alle Træerne …"

Næste Dag, da han var ude paa Egnen, befalede hun Gaardens samtlige Mænd ned i Haven, lod dem omhugge alle Træerne og Buskene og nedpløje Blomsterbedene, for at der kunde blive Kaalhave.

Da han kom hjem, sagde hun til ham: "Nu vil der ikke blive banket mere."

Han fandt dette underligt, men var glad over, at hun var kommen af med sin Forestilling – da udbrød hun: "Jo, det banker!"

"Hvor?" spurgte han.

"Inde i Huset! Inde i vort Kammer!"

"Hvordan kan Du høre det? … Men lad os gaae derind!"

Da de kom derind, var der ingen Lyd, og han sagde: "Kan Du see! Her er ikke det Ringeste!"

Hun lagde begge Hænder paa Brystet og sagde: "Det banker paa begge Sider af Stenen – paa begge Sider!"

Det kunde han aldeles ikke forstaae; men han bar Nag til Stenen og besluttede nu at skaffe sig af med den, sendte sine Karle til Høien for at grave den ud.

man asked whose cow it was that had done this mischief, and she was told that it was the parish clerk's dun cow—but the clerk's dun cow had come into the world while she was away, and since they didn't dare to refer to this, they hastily departed.

"We're better off being alone anyway," said her husband.

Of the evening they were sitting in the garden again. It was September, but a mild evening. Everything was still, the foliage hung dense but motionless on the trees. Nothing buzzed in the grass, and nothing hummed in the air; nature was so wrapped up in itself that it did not seem to listen or even to perceive there was anything to listen for.

Suddenly she said, "Something's knocking!"

"Where?" he asked, almost frightened.

"In the apple tree."

"It must have been a bird, pecking on a branch; I didn't hear anything."

"No, something was knocking ... it was no bird, either ... it wasn't in the apple tree, either ..."

"Where was it then?"

"I don't know ... in all the trees ..."

The next day, when he was out in the district, she ordered all the men on the estate down to the garden, and had them chop down all the trees and bushes and plow the flower beds under, so that there could be a cabbage bed.

When he came home, she said to him, "Now there will be no more knocking."

He found this strange, but was happy that she had rid herself of her delusion—then she burst out, "No, something's knocking!"

"Where?" he asked.

"Inside the house! In our room!"

"How can you hear it? ... But let's go inside!"

When they came inside, there was no sound, and he said, "You can see! There's not the slightest sound here!"

She laid both hands on her breast and said, "It's knocking on both sides of the stone—on both sides!"

He could not understand it at all; but he hated the stone and decided now to get rid of it, and sent his men to the hill to dig it out.

Den sad dybere, end man havde formodet, og hele Dagen gik
hen med Arbeidet.

Det var begyndt at mørkne, men pludselig lyste det i Stuen med
et stærkt Skin udefra. Borgherren og hans Hustru gik Begge hastig
til Vinduet.

"Aa," sagde han, "det er Hedebrand. Det er vist kommet af
Uforsigtighed, Karlene have tændt Ild derovre."

"Hvorovre?" spurgte hun.

"Ved Høien. Jeg har befalet dem at tage Stenen ud af Høien."

"Og det har tændt Ild i Høien!" sagde hun.

"Ikke i Høien, men i Lyngen, tænker jeg; det er Lyngbrand."

"Ja, det er Lyngbrand!" sagde hun med underlig Tone og blev
staaende og stirrede ufravendt paa den store Lue.

Stedse høiere hævede Ilden sig og blev til et Flammehav, funk-
lende, flagrende, snart som mægtige Tunger, snart som store Vin-
ger af en Fugl, der vilde bort, men ikke kunde, hævede sig og sank
og hævede sig igjen, Altsammen ombølget af røde, lette Skyer og
tindrende Gnister og undertiden umaadelig høit, som om det var
store Bygninger, der brændte nedenfor.

Med Et fløi Flammen stærkt op og sank derpaa dybt, og hun
udbrød: "Nu faldt Slottets Vinduer, nu fløi Fuglen!"

Han blev ikke synderlig forbauset over dette Udbrud; thi skjøndt
det ikke var faldet ham selv ind, at det saae ud som et brændende Slot
eller som en Fugls Vinger, paakom Forestillingen ham ved hendes
Ord.

Hele Natten saaes endnu Ildslue; men den sank mere og mere
sammen, og da Solen stod op, var istedenfor de lyse Flammer kun
en trist Røg synlig.

Husherren kaldte paa sin Hund og gik ud for at besee Brand-
stedet og tillige jage, hvis der bød sig Vildt.

Da han var paa Hjemvejen, opdagede han med Et, at det lysnede
stærkt paa den Kant, hvor hans Gaard laa, og i stor Uro og Angst
paaskyndte han sin Gang. Snart saae han, at hans Frygt ikke havde
været ugrundet; det var hans Gaard, der brændte, og da han kom
ind i Borggaarden, saae han til sin endnu større Gru, at hans Hustru

It lay deeper than had been thought, and the whole day was spent at the task.

It had begun to get dark, but suddenly the room glowed with a strong glare from outside. The lord of the manor and his wife both went hurriedly to the window.

"Oh," he said, "it's a fire on the heath. It surely was caused by carelessness, the men have lit a fire over there."

"Over where?" she asked.

"By the hill. I ordered them to take the stone out of the hill."

"And that lit a fire in the hill!" she said.

"Not in the hill, but in the heather, I think; that's a heather fire."

"Yes, that's a heather fire!" she said in a strange tone and remained standing and staring fixedly at the huge blaze.

The fire grew steadily and became a sea of flame, sending off sparks, flaring up, now like immense tongues, now like huge wings of a bird that wanted to escape but could not, rose and sank and rose again, everything was surrounded by red, billowing clouds and flashing sparks at times tremendously high, as if great buildings were burning down.

Suddenly the flame blazed up high and then sank low, and she burst out, "Now the windows of the palace have fallen, now the bird has flown!"

He was not particularly surprised at this outburst; for although it had not occurred to him that it looked like a burning palace or like a bird's wings, he was seized by the notion at her words.

The whole night, the glow of the fire was still visible; but it died down more and more, and when the sun rose, in place of the bright flames only dismal smoke was visible.

The master of the house called his dog and went out to look over the site of the fire, but also to hunt, if any game presented itself.

When he was on his way home, he suddenly noticed that the area where his manor lay was brightly lit up, and in great anxiety and fear he quickened his step. Soon he saw that his fear had not been unfounded; it was his manor that was burning, and when he entered the courtyard, he saw, to his still greater horror, that his wife was

stod oppe i det øverste Stokværk, nærved at naaes af Ilden, medens Husfolkene stode ubevægelige i Gaarden og stirrede op.

"En Stige! En Stige!" raabte Husherren.

"Det kan ikke overkommes!" raabte hun og forsvandt i Ilden.

Senere sagde Folk i Debel og paa hele Egnen, at "den gale Frue" havde stukket Ild paa Debelsborg.

standing up on the top floor, where the fire was about to reach her, while the servants were standing motionless in the courtyard and staring upward.

"A ladder! A ladder!" cried the master.

"It's impossible!" she cried and disappeared into the fire.

Later the people at Debel and in the entire district said that "the mad mistress" had set fire to Debelsborg.